DIE FLUGZEUGTRÄGER

DIE FLUGZEUGTRÄGER

von Clark G. Reynolds

UND DER REDAKTION DER TIME-LIFE BÜCHER

BECHTERMÜNZ

DIE GESCHICHTE DER LUFTFAHRT

Redaktionsstab des Bandes
Die Flugzeugträger:
Redakteur: Jim Hicks
Designer: Donald S. Komai, Raymond Ripper
Leiter der Dokumentation: W. Mark Hamilton
Bildredakteur: Robin Richman
Textredakteure: Roberta Conlan, Lee Hassig,
David S. Thompson
Vertragsautoren: Kevin D. Armstrong, Robert A. Doyle,
Glenn Martin McNatt
Dokumentation: Barbara Brownell, Robert Ortega (lei-
tend), Carol Enquist Beall, Adrienne George, Marguerite
Johnson, Elizabeth L. Parker, Dominick A. Pisano
Assistent des Designers: Van W. Carney
Textkoordination: Elizabeth Graham, Anthony K. Pordes
Bildassistentin: Anne K. DuVivier
Bildkoordination: Betsy Donahue
Redaktionsassistenten: Stafford Levon Battle,
Caroline A. Boubin

Leitung der deutschen Redaktion:
Hans-Heinrich Wellmann
Textredaktion: Birgit Brandau, Madeleine Jakits,
Gisela Meyer

Fachberater für die deutsche Ausgabe:
Dr. Albrecht Lampe

Aus dem Englischen übertragen von
Alžbeta Lettowsky

Korrespondenten: Elisabeth Kraemer (Bonn); Margot
Hapgood, Dorothy Bacon (London); Susan Jonas, Lucy
T. Voulgaris (New York); Maria Vincenza Aloisi, Jose-
phine du Brusle (Paris); Ann Natanson (Rom). Wertvolle
Hilfe leisteten außerdem: Caroline Alcock, Linda Proud
(London); Gretchen Wessels, Donna Lucey (New York);
M. T. Hirschkoff (Paris); Mimi Murphy (Rom); Akio Fujii,
Susumu Naoi, Kazuo Ohyauchi, Katsuko Yamazaki
(Tokio).

Authorized German language edition
© 1982 Time-Life Books B.V.
Original U.S. edition © 1982 Time-Life Books Inc.
All rights reserved.
Lizenzausgabe für den
Bechtermünz Verlag GmbH
Eltville am Rhein, 1993

ISBN 3 86047 054 X

TIME-LIFE ist a trademark of Time Incorporated U.S.A.

DER AUTOR

Clark G. Reynolds, Kurator des Museumsflug-
zeugträgers U.S.S. *Yorktown* in Patriots Point,
South Carolina, lehrte früher an der amerikanischen Marineakademie in Annapolis. Er ist Autor
des Buches *The Fast Carriers: The Forging of an
Air Navy.* Darüber hinaus ist er Verfasser zahlreicher militärhistorischer Artikel.

DER BERATER für Die Flugzeugträger

E. T. Wooldridge jr. ist Kurator der Luftfahrtabtei-
lung am National Air and Space Museum in
Washington, D. C., und Autor des Buches *The
P-80 Shooting Star: Evolution of a Jet Fighter.* Der
Absolvent der amerikanischen Marineakademie in
Annapolis war als Jagdflieger an Bord verschiede-
ner Flugzeugträger im Atlantik und im Mittelmeer
im Einsatz, darunter auch an Bord der U.S.S
Independence und U.S.S. *Enterprise.*

DIE BERATER für Die Geschichte der Luftfahrt

Charles Harvard Gibbs-Smith, Mitglied des Wis-
senschaftsbeirats am Science Museum in London
und emeritierter Kustos des Victoria and Albert
Museum in London, hat rund 20 Bücher und
zahlreiche Artikel geschrieben und herausgege-
ben, die sich mit der Geschichte der Luftfahrt
befassen. 1978 wurde er zum ersten Lindbergh-
Professor für Luft- und Raumfahrtgeschichte am
National Air and Space Museum der Smithsonian
Institution in Washington ernannt.

Dr. Hidemasa Kimura, Honorarprofessor der Nip-
pon-Universität in Tokio, ist Verfasser zahlreicher
Bücher über die Geschichte der Luftfahrt und ein
bekannter Fachmann für Luftfahrttechnik und
Flugzeugbau. Ein von ihm entworfenes Flugzeug
stellte 1938 einen Weltrekord im Streckenflug auf.

VORSATZBLATT

Dauntless-Sturzkampfbomber des amerikanischen Flugzeugträgers *Enterprise* drehen ab und
bringen sich in Sicherheit, nachdem sie auf dem
Flugdeck des japanischen Trägers *Akagi* verheerende Brände verursacht haben. Der bekannte
Künstler R. G. Smith malte die Szene, die sich am
4. Juni 1942 während der Schlacht um Midway
abspielte, für den Band *Die Flugzeugträger.* Die
Amerikaner errangen in dieser Schlacht einen der
entscheidendsten Siege im Pazifik während des
Zweiten Weltkrieges.

D.L.TO:339-1993

INHALT

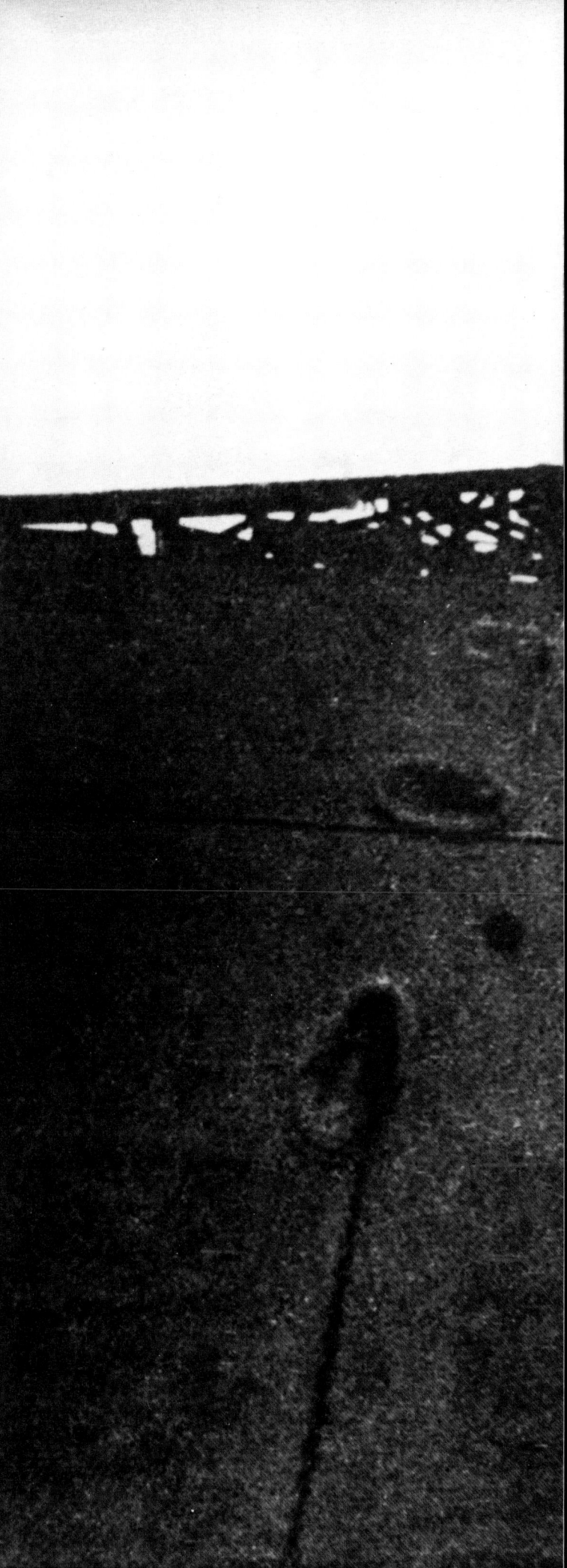

Die Entwicklung des Trägers

Zu der Erkenntnis, daß das Flugzeug in der Seekriegführung eine Rolle spielen könnte, scheinen drei Offiziere zur gleichen Zeit und am gleichen Ort gekommen zu sein – je ein Angehöriger der britischen, amerikanischen und französischen Marine. Bei dem Ort handelte es sich absurderweise um das weite Flachland in der Umgebung der französischen Stadt Reims, wo sie sich im August 1909 als offizielle Beobachter einer internationalen Luftfahrtveranstaltung aufhielten. Dort sahen sie Flugleistungen, die man bis dahin für unmöglich gehalten hatte: nonstop geflogene Strecken von bis zu 180 Kilometern, erreichte Höhen von bis zu 150 Metern und atemberaubende Geschwindigkeiten von ungefähr 75 Stundenkilometern.

Leistungen dieser Art veranlaßten die drei Beobachter, ihren Vorgesetzten zu berichten, daß das Flugzeug der Flotte eines Tages als weiträumiger Aufklärer oder gar Angriffswaffe nützlich sein könnte. Bevor es dazu kommen konnte, mußte jedoch ein Weg gefunden werden, die nur zu Kurzstrecken fähigen, zerbrechlichen Flugapparate auf See zu starten.

Der erste Versuch in dieser Richtung fand Ende 1910 in den Vereinigten Staaten statt, als ein junger Flugakrobat namens Eugene Ely von einer Rampe startete, die auf dem Deck eines Kreuzers der amerikanischen Marine errichtet worden war. Zwei Monate später unternahm er einen weiteren Versuch und landete auf einem anderen Schiff der amerikanischen Flotte. Voraussetzung für den Erfolg Elys war eine einfache, aber wirkungsvolle Auffanganlage – quer gespannte Taue mit Sandsäcken an den Enden, die sein Flugzeug abbremsten und zum Stehen brachten.

Mit seinen bahnbrechenden Flügen hatte Ely bewiesen, daß Schiffe als schwimmende Start- und Landeplattformen benutzt werden können. Aber bis zur Entwicklung einsatzreifer Flugzeugträger war es noch ein langer beschwerlicher Weg. Die britische Royal Navy machte im Ersten Weltkrieg den Anfang, indem sie zunächst mit Wasserflugzeugen, dann mit Kriegsschiffen experimentierte, auf deren speziell für diesen Zweck errichteten hölzernen Rampen Landflugzeuge starten – und manchmal auch wieder landen – konnten. Doch erst nach dem Krieg begann England – und auch die Vereinigten Staaten und Japan – spezielle Flugzeugträger mit Flugdecks zu bauen, die sich für Starts und Landungen eigneten. Es waren die Vorgänger der riesigen, hochentwickelten Flugzeugträger, die die Seekriegführung im Zweiten Weltkrieg von Grund auf veränderten und sich als die schlagkräftigsten Kriegsschiffe der Geschichte erwiesen.

Bei seinem Start vom behelfsmäßigen Flugdeck der U.S.S. „Birmingham" hat der Flugakrobat Eugene Ely Mühe, seinen Curtiss-Doppeldecker in der Luft zu halten und nicht in das Wasser von Hampton Roads, Virginia, zu stürzen. Die Maschine berührte tatsächlich kurz die Wellen, bevor Ely Höhe gewann und die vier Kilometer zur Marinebasis Norfolk zurücklegte, wo er sicher landete.

Die Photos rechts zeigen die Landung: Ely schwebt an, die Haken greifen in die Auffanganlage aus Tauen und Sandsäcken, und die Maschine kommt vor den Aufbauten sicher zum Stehen.

Auf der Rampe der in Tarnfarben gestrichenen „Pegasus", eines britischen Flugzeugträgers aus dem Ersten Weltkrieg, arbeiten Seeleute. Das Schiff war mit vier oder fünf Landflugzeugen des Typs Sopwith Pup bestückt, für die die Rampe vorgesehen war; die vier mitgeführten Wasserflugzeuge, im Hangar des Achterschiffs untergebracht, wurden zum Start mit einem Kran zu Wasser gelassen.

Die ersten Startrampen an Bord eines Schiffes

Im Ersten Weltkrieg erhielt die Marinefliegerei neue Impulse, als die Royal Navy nach
Wegen suchte, Bomber und Aufklärer gegen
die Deutschen einzusetzen.

Anfangs schienen mit Schwimmern ausgerüstete Flugzeuge, als Hydro-Aeroplan bekannt, die naheliegende und vielverspre-
chendste Lösung für die Flotte zu sein. Sie
konnten vom Wasser aus – oder, wie es
jemand überschwenglich ausdrückte, dem
„Weltaerodrom" – eingesetzt werden. Im
Jahre 1914 requirierte die britische Admiralität ein halbes Dutzend große, schnelle Fähr-
schiffe und baute sie zu Wasserflugzeugträgern um. Doch die Natur hatte nicht nur für
ein „Weltaerodrom" gesorgt, sondern auch
für eine bewegte Wasseroberfläche, die die
Starts der Wasserflugzeuge in der Regel unmöglich machte. Außerdem waren diese
Flugzeuge, wenn sie schließlich in die Luft
kamen, langsam und schwerfällig.

Nach einer Reihe von durch Schlechtwet-
ter bedingten Rückschlägen mit Wasserflugzeugen beschloß die Royal Navy, es mit den
wendigeren Landflugzeugen zu versuchen.
Im November 1915 startete ein junger Oberleutnant zur See namens Fowler mit seinem
Jäger von einem in Fahrt befindlichen
Kriegsschiff, dem Wasserflugzeugträger
H.M.S. *Vindex*. Anschließend ging der Pilot
auf See nieder, weil das Flugdeck für eine
Landung zu kurz war.

Oberleutnant Fowlers Bristol Scout wird an Bord der H.M.S. „Vindex" zum Start vorbereitet.

Auf der „Furious“ laufen die Vorbereitungen für die Aufnahme eines Wasserflugzeugs (unten rechts). Der umgebaute Kreuzer hatte extrem schmale Flugdecks.

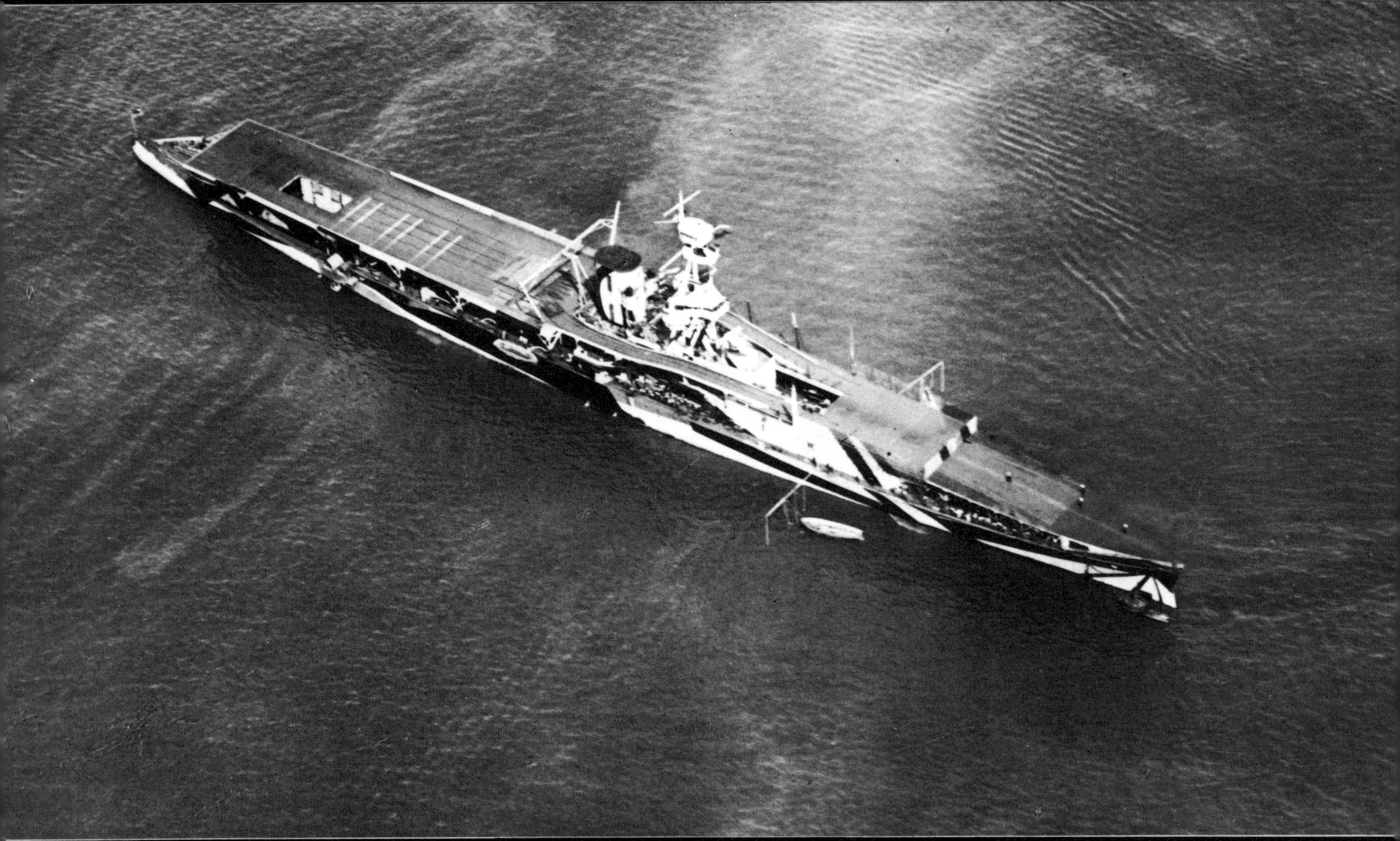

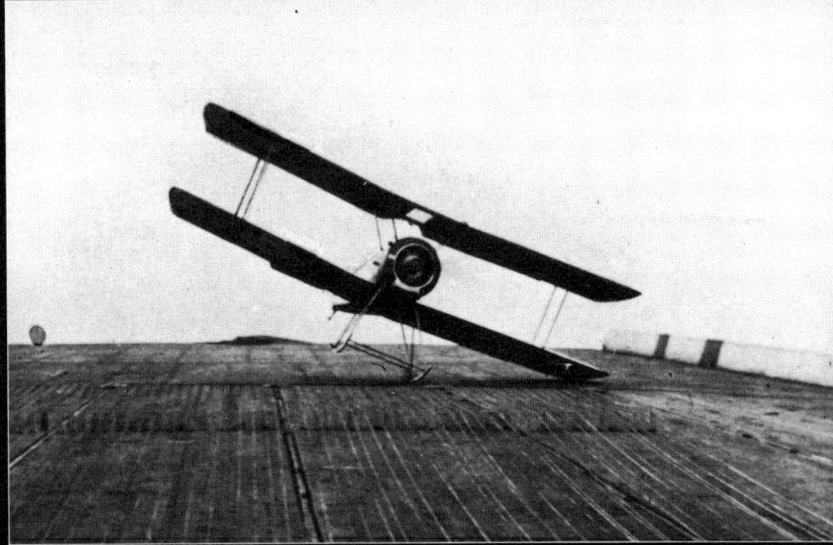

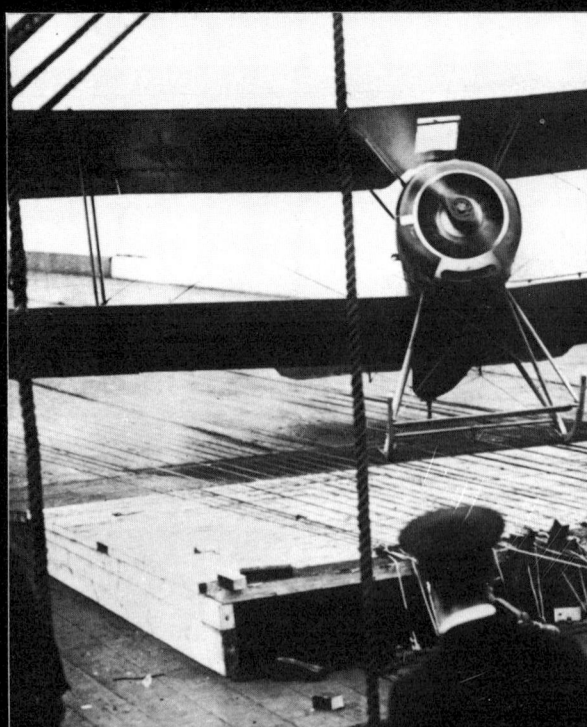

Bei einem der Erprobungsflüge schliddert eine mit Kufen ausgerüstete Sopwith Pup über das Deck der „Furious“. Die Maschine kommt kurz vor der Auffanganlage aus senkrecht gespannten Tauen (Photo rechts) sicher zum Stehen.

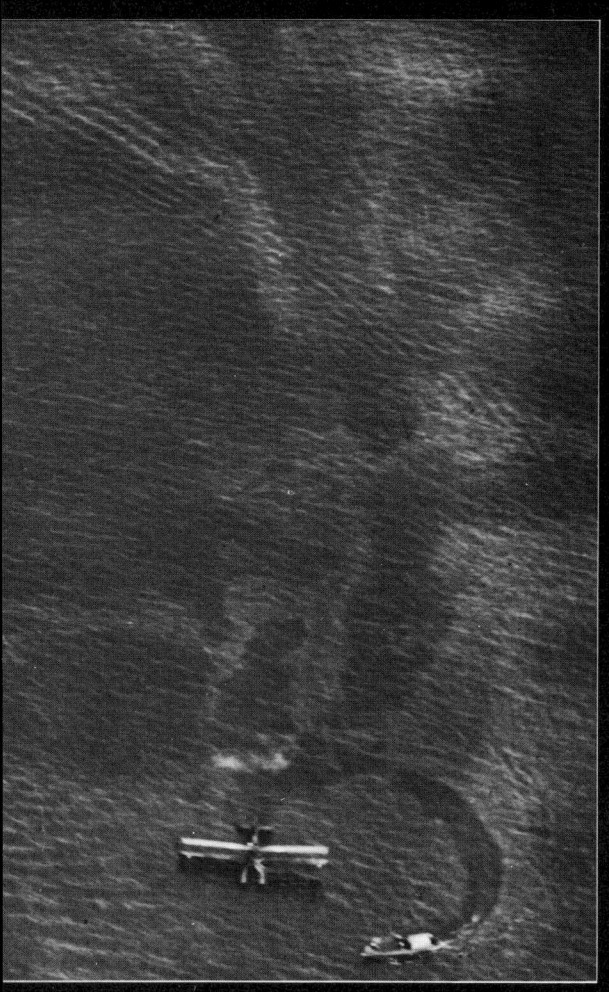

Mit einem Kran wird ein Sopwith-Jäger vorsichtig durch eine große Luke aus dem Laderaum der „Furious" gehievt, dem kleinen Vorläufer der riesigen Hangardecks späterer Flugzeugträger.

Ein „Ungetüm" mit zwei Flugdecks

Ein Träger, auf dem Flugzeuge starten, aber nicht landen konnten, war nur eine halbe Sache. Folglich versuchten die Briten gegen Ende des Ersten Weltkrieges, in der Entwicklung des Flugzeugträgers mit dem Umbau des Kreuzers Furious ganze Sache zu machen. Das Ergebnis war, mit den Worten eines Historikers, „ein Flugzeugträger an beiden Enden und ein Ungetüm in der Mitte".

Die Aufbauten des Schiffes teilten das Flugdeck in zwei Hälften. Aufsteigende Abgase aus dem Schornstein und Luftverwirbelungen an der Brücke über dem Achterdeck erzeugten so starke Turbulenzen, daß jeder Versuch zu landen selbstmörderisch war.

Die längs über das Deck gespannten Fangkabel erwiesen sich als praktisch nutzlos. Als das Schiff 1918 in Dienst gestellt wurde, waren Landungen untersagt.

Wichtige Erkenntnisse durch eine Attrappe

Die Engländer lernten aus den Erfahrungen mit der *Furious* und bauten 1918 auf dem Rumpf eines halbfertigen Ozeandampfers ein Flugdeck, das über das ganze Schiff verlief. Der Träger, auf den Namen *Argus* getauft, hatte bei den Seeleuten der Royal Navy den Spitznamen „Bügeleisen". Trotz ihres plumpen Aussehens war die *Argus* der erste brauchbare Träger.

Das hindernisfreie Glattdeck auf der *Argus* schufen die Briten dadurch, daß sie die Kommandobrücke, von der aus der Träger gesteuert wurde, auf eine Hebevorrichtung bauten und bei Flugbetrieb unter das Flugdeck versenkten. Die übrigen Räume der Kommandozentrale lagen unter dem Flugdeck im Vorschiff, und die Abgase wurden durch Rohre zum Heck abgeleitet.

Mit der *Argus*, die zu spät fertiggestellt wurde, um noch im Ersten Weltkrieg zum Einsatz zu kommen, führten die Briten in den zwanziger Jahren wichtige Versuche durch. Bei einem dieser Versuche ließ die Admiralität eine Aufbau-Attrappe auf einer Seite des Decks errichten *(unten)*, um zu sehen, ob sie den Flugbetrieb behinderte. Das war nicht der Fall. Seither sind solche „Inseln" – die Befehlszentralen für sämtliche Stationen eines Schiffes – ein typisches Konstruktionsmerkmal von Flugzeugträgern.

Im Oktober 1918 landet das erste Flugzeug auf der „Argus", ein Sopwith-Jäger. Die Auffanganlage, die sich als unbrauchbar erwies, bestand aus am Fahrwerk des Flugzeugs angebrachten Fanghaken, die in der Länge nach über das Deck gespannte Kabel faßten; angestellte Holzklappen brachten das Flugzeug ruckweise zum Stehen.

Mit Attrappen von Aufbauten wird auf der „Argus" erprobt, ob sie den Flugbetrieb behindern.

Ein Blackburn-Aufklärer landet 1928 auf dem Glattdeck der „Argus". An den seitlich über das Deck ragenden Masten waren Funkantennen angebracht.

Ein Jäger steht auf dem Hangardeck der „Argus"; die Tragflächen wurden angeklappt, damit er in den Aufzug (links) paßte.

Ein Vought-Jäger fliegt das Flugdeck der „Langley" an, an deren Deck Verstrebungen zu erkennen sind.

Vor dem Aufsetzen auf der U.S.S. „Langley" greift
der am Heck des Vought-Aufklärers angebrachte
Haken in eine Fangleine. 1930 hatte man noch die
zusätzlichen, auf Stützen ruhenden Längskabel
installiert, auf die später verzichtet wurde.

Eine Schweißwerkstatt und andere Reparatureinrichtungen (rechts) liegen an einer Seite des Hangardecks auf der „Langley". Die Steuerflächen der abgestellten Maschinen wurden mit Leisten befestigt, damit sie nicht hin und her schlugen.

Ein schwimmender Planwagen

Für den ersten Flugzeugträger der US-Marine, die *Langley*, fand sich schnell ein passender Spitzname: „Planwagen". Auf dem Rumpf eines Kohlenfrachters aufgebaut, hatte die *Langley* hoch aufragende Bordwände, ein gerades Heck und eine Höchstgeschwindigkeit von 14 Knoten. Das Hangardeck war auf beiden Seiten offen und sämtlichen Wetterunbilden ausgesetzt. Die beiden Schornsteine wurden bei Flugbetrieb einfach zur Seite gekippt.

Dennoch lieferte die *Langley,* die 1922 in Dienst gestellt wurde, als schwimmendes Versuchsobjekt wertvolle Erkenntnisse für den Bau und Betrieb von Flugzeugträgern. Auf dem Hangardeck waren Reparatureinrichtungen aller Art untergebracht, was den Träger von Flugzeugwerften an Land ziemlich unabhängig machte. Die Auffanganlage — Haken am Heck der Flugzeuge faßten in quer über das Flugdeck gespannte und mit einem Bremssystem verbundene Drahtseile – funktionierte so gut, daß sie international im Flugzeugträgerbau verwendet wurde.

Rauchschwaden quellen aus den Schornsteinen des ersten japanischen Trägers „Hosho", der 1922 auf Erprobungsfahrt vor Japans Küste geht.

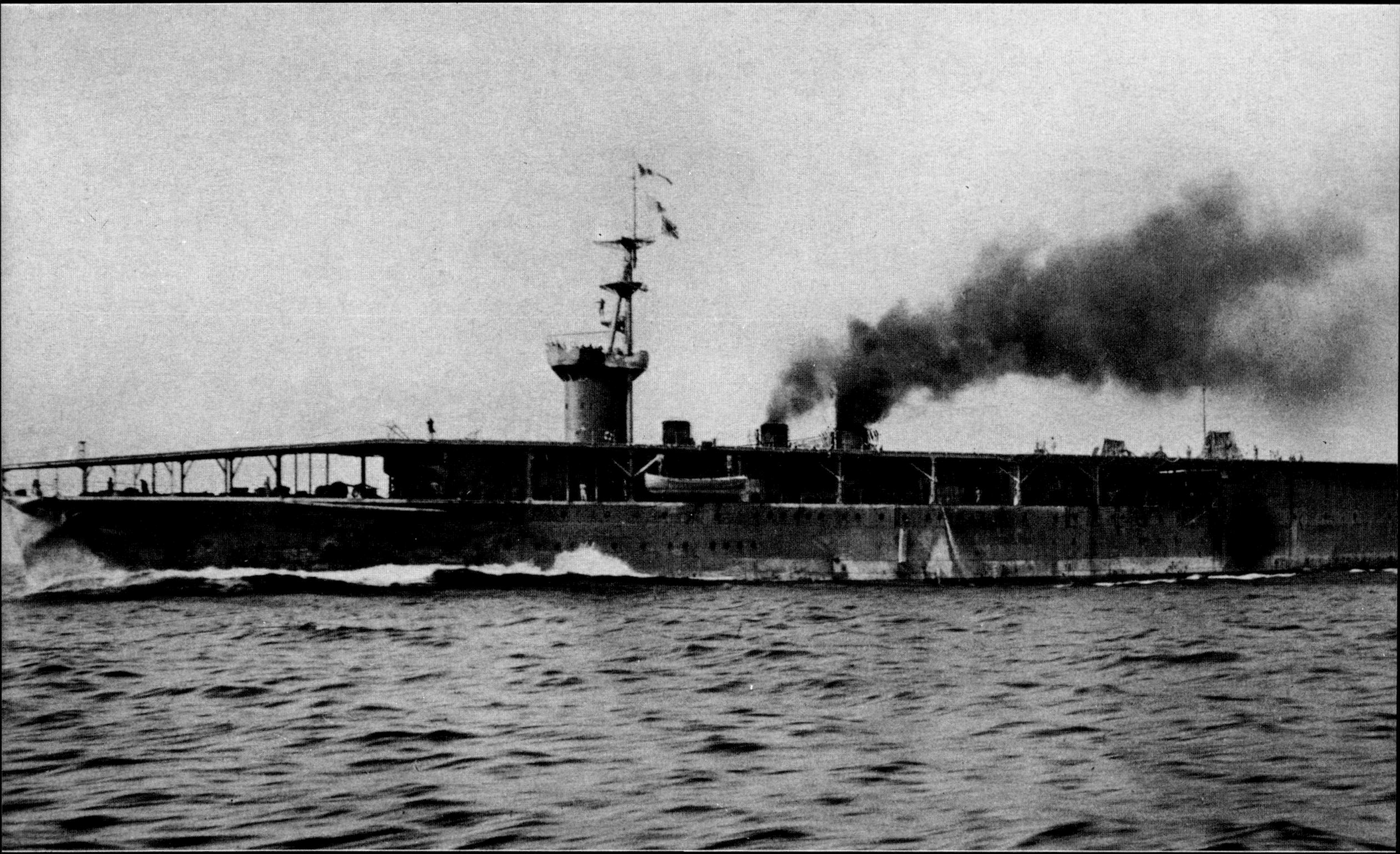

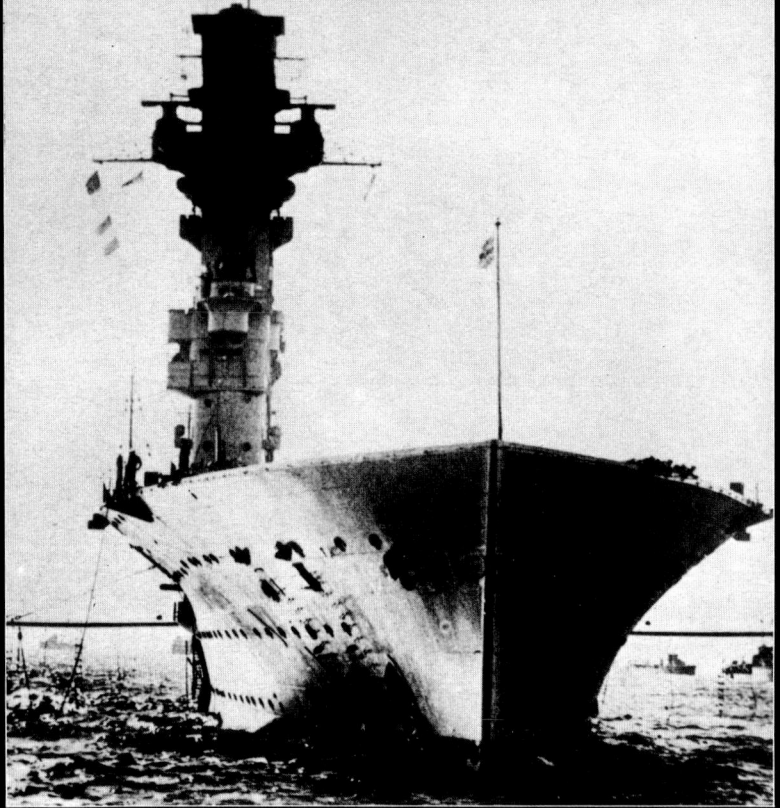

Die erste Generation echter Flugzeugträger

Nachdem fast ein Jahrzehnt lang mit umgebauten Kreuzern, Kohlenfrachtern und Passagierdampfern experimentiert worden war, tauchten in den zwanziger Jahren die ersten echten Flugzeugträger auf. Den Anfang machte die japanische *Hosho (oben)*, die 1922 in Dienst gestellt wurde. Der Name des kleinen 7500-Tonnen-Trägers heißt übersetzt etwa „herabstoßender Drache". Dieser Träger bildete den Grundstein der mächtigen japanischen Trägerflotte, die 1941 den Pazifik beherrschen sollte.

Der nächste speziell gebaute Flugzeugträger war die englische *Hermes (links)*, die 1924 in Dienst gestellt wurde. Mit dem Stapellauf des 14500-Tonnen-Trägers *Ranger (rechts)* im Jahre 1933 bildeten die Vereinigten Staaten das Schlußlicht.

Der kleine britische Flugzeugträger „Hermes" war lediglich mit zwölf Flugzeugen und wenigen Flugabwehrwaffen ausgerüstet und wurde daher 1942 ein leichtes Opfer japanischer Bomber.

Bei der Fahrt auf dem Atlantik im Jahre 1941 sind über 50 Flugzeuge auf dem Deck der „Ranger" aufgereiht. Obwohl um einiges kleiner als die meisten US-Träger ihrer Zeit, konnte sie immerhin bis zu 72 Maschinen aufnehmen.

1

Die Marine bekommt Flügel

Es war der amerikanische Kunstflieger und Flugakrobat Eugene B. Ely, der 1910 auf den Gedanken kam, mit einem Flugzeug vom Deck eines Schiffes zu starten – ein Gedanke, der auf beträchtlichen Widerstand stieß. Nicht nur Wilbur Wright, damals eine unbestrittene Autorität in Fragen der Luftfahrt, verwarf die Idee als zu gefährlich. Auch Elys Arbeitgeber Glenn Curtiss – Erzrivale der Gebrüder Wright und der Mann, der das Flugzeug gebaut hatte, mit dem Ely fliegen wollte – versuchte, ihn von dem Vorhaben abzubringen. Der amerikanische Marineminister lehnte es ab, das Experiment zu finanzieren, und man wies außerdem darauf hin, daß Ely nicht einmal schwimmen konnte.

Aber Ely gab nicht auf. Sein grenzenloses Selbstvertrauen – untrügliches Zeichen der Mitglieder jenes exklusiven Zirkels verwegener ziviler Flugakrobaten, dem er angehörte – und die Unterstützung von Kapitän Washington I. Chambers, dem ersten Kommandeur der amerikanischen Marineflieger, öffneten ihm die entscheidenden Türen, und er erhielt die Genehmigung, seinen Startversuch auf dem Leichten Kreuzer *Birmingham* durchzuführen, der auf der Reede Hampton Roads vor Virginia lag. Ein flugbegeisterter Privatmann stellte die erforderlichen Mittel zur Verfügung, um auf dem Vorschiff eine 25 Meter lange, über den Bug leicht abfallende Rampe zu bauen, und die Marine bestimmte den 14. November als Termin des Experiments. Ely sollte ein Curtiss-Flugzeug mit Druckpropeller fliegen, das aus zwei Bruchmaschinen zusammengestellt worden war.

An dem vorgesehenen Tag hatten Ely und seine Mechaniker alle Hände voll zu tun, den Motor rechtzeitig einzubauen, der erst am Morgen an Bord des Schiffes gebracht worden war. Während die *Birmingham* Anker lichtete, was endlos zu dauern schien, zog ein Herbststurm auf, der das ganze Unternehmen scheitern zu lassen drohte. Ely, ungeduldig und besorgt, daß er seine Chance verpassen könnte, ließ den Motor warmlaufen, bevor das Schiff Fahrt aufnahm, und brachte ihn auf volle Touren. Dann gab er das Zeichen, die Maschine loszulassen, und rollte die Rampe entlang in Richtung auf den Bug – und die See. Mannschaft und geladene Gäste hielten den Atem an, als das Flugzeug über das Ende der Rampe plumpste, ohne Höhe zu gewinnen, und mit dem Fahrwerk die Wellen berührte. Aber Ely hielt die Maschine in der Luft und nahm, auch wenn er durch seine salzverkrusteten Brillengläser kaum noch etwas sehen konnte, Kurs auf das Land, wo er auf dem nächstgelegenen Küstenstreifen landete.

Während die Weltpresse die Meldung in großer Aufmachung brachte, spielten Sprecher der amerikanischen Marine sie herunter. Wegen der

Eugene Ely – ausgerüstet mit Helm, Fliegerbrille und einer Schwimmweste aus alten Fahrradschläuchen – schickt sich 1911 an, vom Kreuzer U.S.S. „Pennsylvania" zu starten, um die Verwendbarkeit von Schiffen als Flugplätze zu beweisen. Kurz zuvor war er als erster auf einem Schiff gelandet.

Rampe seien einige Schiffsgeschütze nicht benutzbar gewesen, bemängelten sie, und überhaupt sei das Ganze nur ein fliegerisches Akrobatenstück gewesen. Doch das ließ Ely kalt. Er teilte Kapitän Chambers mit, daß er nunmehr auf einem Schiff landen wolle, was entschieden schwieriger war.

Von Elys Entschlossenheit beeindruckt, setzte Chambers sämtliche Hebel in Bewegung und sorgte dafür, daß auf dem Achterdeck des Kreuzers *Pennsylvania,* der in der Bucht von San Francisco stationiert war, eine Rampe errichtet wurde, die mit 34 Metern ein ganzes Stück länger als die vorige war. Als Bremse dienten 22 Taue, jeweils mit 20 Kilogramm schweren Sandsäcken an den Enden, die in Abständen von einem Meter quer über die Rampe gespannt wurden. Ely hatte an seinem Curtiss-Flugzeug Haken angebracht, die beim Aufsetzen des Fahrwerks in die Taue greifen sollten. Das Gewicht der Sandsäcke sollte die eine halbe Tonne schwere Maschine zum Stehen bringen.

Am 18. Januar 1911, kurz vor 11 Uhr, hob Ely vom Heeresflugplatz in San Francisco ab, flog in Richtung auf die vor Anker liegende *Pennsylvania,* nahm 15 Meter vor der Rampe das Gas weg und setzte auf. Die Haken erfaßten die letzten zwölf Haltetaue, und nach rund neun Metern blieb das Flugzeug stehen. Die Zuschauer waren begeistert, allen voran der Kapitän des Kreuzers, der erklärte, man habe „die wichtigste Landung eines Vogels seit der Rückkehr der Taube zur Arche" gesehen. Nach dem Mittagessen, zu dem ihn der Kapitän eingeladen hatte, brauste Ely mit seinem Flugzeug die Rampe entlang, machte den zweiten Start vom Deck eines Schiffes und brachte die Maschine sicher zum Heeresflugplatz zurück.

Die Zeitung *The San Francisco Examiner* ließ keinen Zweifel an ihrer Einschätzung von Elys Leistung, als sie am folgenden Tag mit der Schlagzeile „Eugene Ely zwingt zur Revision der Flottentaktiken der Welt" erschien. In der Tat hatte Ely mit einem Schlag die Realisierbarkeit einer Waffe bewiesen, die im Laufe der Zeit an Schlagkraft alle anderen Waffen der Kriegsmarine übertreffen sollte. Es war die Geburtsstunde des Flugzeugträgers, eines Schiffes, das Militärflugzeuge zu jedem beliebigen Kriegsschauplatz der Welt befördern konnte, und von dem aus sie immer wieder Angriffe auf den Gegner fliegen konnten.

Doch bis zur Entwicklung dieser den Seekrieg revolutionierenden Kriegsschiffe sollte eine lange Zeit vergehen. Im Zweiten Weltkrieg jedoch, nach über zwei Jahrzehnten der Entwicklung und Erprobung, sollten sich diese stolzen Schiffe bewähren und den Charakter des Seekriegs ein für allemal verändern. Im Pazifischen Ozean, wo sich zwei jener Flotten gegenüberstanden, die über die größten Flugzeugträgerverbände der Welt verfügten, spielten mächtige Schlachtschiffe – dazu bestimmt, aus riesigen Geschützen aufeinander einzuhämmern – kaum noch eine entscheidende Rolle. Statt dessen mußten sie einen schweren Kampf gegen Flugzeuge ausfechten, die im Sturzflug ihre Bomben warfen, Torpedos ausklinkten und die Decks mit Kanonen und Maschinengewehren unter Beschuß nahmen. Die Schlachtschiffe nutzten einer Flotte wenig, wenn sie keine Flugzeugträger besaß, um zum Gegenschlag gegen jene schwimmenden Flugplätze auszuholen, von denen die Maschinen ausschwärmten.

Von der Korallensee bis zu den Midway-Inseln und in umgekehrter Richtung über den Pazifik bis direkt an die Türschwelle Japans verdrängten Flugzeugträger die Schlachtschiffe aus der Rolle, entscheidendes Kampfmittel einer Seemacht zu sein. Was für den Pazifik galt, galt auch für andere Schauplätze des Seekriegs, wo Flugzeugträger Brückenköpfe für amphibische Landungen vorbereiteten, Truppen- und Nachschubkonvois sicher durch feindliche Gewässer geleiteten und in enger Zusammenarbeit mit Zerstörerverbänden U-Boot-Besatzungen des Gegners schwerste Verluste

Ein furchtloser Pionier aus England

Der Mann, der England in der Entwicklung des Flugzeugträgers an die Spitze brachte, war Oberleutnant Charles Rumney Samson, ein unerschrockener Abenteurer, der bei seinen Vorgesetzten in dem Ruf stand, „jede neue Aufgabe erfolgreich zu vollenden".

Im Januar 1912 startete Samson mit einem Doppeldecker vom Typ Short S.38 von einer Plattform, die auf dem Schlachtschiff *Africa* errichtet worden war – und war somit der zweite, der von einem Schiff startete. Im gleichen Jahr hob er als erster von einem in Fahrt befindlichen Schiff ab und bewies damit der Admiralität, daß Träger ihre Flugzeuge während der Kampfhandlungen starten konnten, ohne stoppen zu müssen und dadurch einfache Ziele für feindliche U-Boot- oder Luftangriffe zu werden.

Samson war auch der erste Pilot, der ein Flugzeug mit anklappbaren Tragflächen flog, eine Neuentwicklung, die Raumprobleme auf zukünftigen Flugzeugträgern lösen half. Und er war der erste Befehlshaber der Marineabteilung des Royal Flying Corps – der ersten Luftstreitkräfte der Welt, die auf Flugzeugträgern stationiert waren.

Samson überprüft ein Wasserflugzeug.

Seeleute hieven Samsons Short S. 38 auf eine Barkasse, die das Flugzeug zu der im Hafen von Sheemess liegenden H.M.S. „Africa" bringen soll.

Auf einer Plattform auf dem Vorschiff der „Africa" (oben) bereitet Samson den Start vor. Vier Monate später bewies er auf der „Hibernia" (rechts), daß Flugzeuge auch ohne weiteres von einem in Fahrt befindlichen Flugzeugträger starten konnten.

beibrachten. Der eigentliche Krieg der Flugzeugträger aber fand im Pazifik statt, wo sich japanische und amerikanische Träger die bis dahin größten Schlachten in der Geschichte des Seekriegs lieferten.

Ely sah die Bedeutung des Flugzeugträgers im großen und ganzen, wenn auch nicht im einzelnen voraus. Eine Woche nach seinem Abstecher auf die *Pennsylvania* schrieb er Kapitän Chambers über seinen Flug: „Ich habe bewiesen, daß ein Flugzeug auf einem Schiff starten und wieder auf ihm landen kann, und andere haben bewiesen, daß ein Flugzeug lange Zeit in der Luft zu bleiben imstande ist."

Ely folgerte daraus, daß der Wert des „Flugzeugs für die Flotte außer Zweifel steht". Doch die US-Marine, von wenigen weitblickenden Männern wie Chambers abgesehen, teilte Elys optimistische Auffassung nicht. Ein Jahrzehnt und ein Weltkrieg sollten vergehen, bis wieder ein Flugzeug auf einem Schiff der amerikanischen Marine landete. Es waren schließlich die Briten, die den Flugzeugträger entwickelten.

„Irgend etwas scheint heute mit unseren verdammten Schiffen nicht zu stimmen", sagte Vizeadmiral Sir David Beatty, Befehlshaber des Schlachtkreuzergeschwaders der britischen Marine, verdrossen zu seinem Stabschef. Das war noch sehr milde ausgedrückt. Gerade war nach einer Explosion der 27 500-Tonnen-Schlachtkreuzer *Queen Mary*, der Stolz seiner Flotte, in den Wogen der Nordsee untergegangen, Opfer gut gezielter Salven deutscher Kriegsschiffe. Eine knappe halbe Stunde zuvor hatte dasselbe Schicksal den 19 000-Tonnen-Kreuzer *Indefatigable* ereilt. Man schrieb den 31. Mai 1916, und es war später Nachmittag. Die Eröffnungsphase der Schlacht am Skagerrak, westlich von Jütland, der einzigen großen Seeschlacht des Ersten Weltkrieges, hatte die Engländer bereits zwei ihrer neuesten und stolzesten Schiffe gekostet.

Der Schlachtkreuzer, von den Briten für die weiträumige Aufklärung vorgesehen, war verhältnismäßig leicht gepanzert, um sich im Falle der Gefahr mit den wichtigen Ergebnissen, die er für die Schlachtschiffe der Hauptflotte gesammelt hatte, schnell aus dem Bereich der feindlichen Schiffsgeschütze entfernen zu können. Jetzt erwies sich der Verzicht auf stärkere Panzerung als tödlich. Das Aufblitzen der Artilleriesalven, denen der sofortige Untergang der *Queen Mary* und der *Indefatigable* durch Explosionen folgte, signalisierte deutlich, daß die Konstruktion des Schlachtkreuzers als Aufklärer für die Flotte nicht ausreichend war.

Minuten vor der Katastrophe war jedoch ein neuer britischer Aufklärer auf dem Schauplatz aufgetaucht, ein mit Schwimmern ausgerüstetes Wasserflugzeug vom Typ Short Sunbeam. Über das Heck des Wasserflugzeugträgers *Engadine* – einer unbewaffneten ehemaligen Kanalfähre – zu Wasser gelassen, war die Maschine mit Frederick J. Rutland, Oberleutnant der britischen Marineflieger, am Steuer gestartet. Tiefhängende Wolken zwangen Rutland – später Rutland von Jütland genannt –, in einer Höhe unter 300 Metern zu fliegen, so daß er nur eine Sichtweite von drei bis vier Kilometern hatte. Vier Leichte Kreuzer der Deutschen gaben sich alle Mühe, ihn abzuschießen. Dennoch konnte Rutland der *Engadine* über Funk drei Positionen feindlicher Schiffe durchgeben – es war das erste Mal, daß von einem Flugzeug aus eine Meldung an einen in der Schlacht befindlichen Flottenverband abgesetzt wurde.

Unmittelbar bevor die beiden Verbände aufeinandertrafen, fiel aufgrund eines Bruchs der Benzinleitung Rutlands Motor aus, und er mußte im Gleitflug zur *Engadine* zurückkehren. Doch sein erfolgreicher Flug hatte Beatty vom Wert schiffsgestützter Aufklärungsflugzeuge überzeugt. Trotzdem waren Wasserflugzeuge für die Marine nur bedingt tauglich, denn sie

Das Photo aus den Anfangstagen des Ersten Weltkrieges zeigt Sir David Beatty in der Uniform eines Vizeadmirals, in aufrechter Haltung und mit wachem Blick. Als Befehlshaber der britischen „Grand Fleet" war er später ein entschiedener Fürsprecher von schiffsgestützten Flugzeugen: „Um voll für den Krieg gerüstet zu sein, muß jede Flotte in Zukunft über Flugzeuge verfügen."

Oberleutnant zur See Frederick J. Rutland, der erste Pilot, der einen Einsatz in einer Seeschlacht – der Schlacht am Skagerrak im Jahre 1916 – flog, posiert an Bord der H.M.S. „Engadine" für den Photographen. Für seinen bedeutsamen Flug, bei dem er die Position deutscher Kriegsschiffe entdeckte, verlieh man ihm das Distinguished Service Cross (Militärverdienstkreuz).

konnten lediglich auf relativ ruhiger See starten und landen. Ein weiterer Nachteil war ihre durch die Schwimmer bedingte geringe Steig- und Fluggeschwindigkeit, die nicht ausreichte, um hoch anfliegenden gegnerischen Luftschiffen gefährlich zu werden, den an den Küsten stationierten Aufklärern der deutschen Marine. Was sich anbot, waren Flugzeuge mit konventionellem Fahrwerk: Mit ihren besseren Flugleistungen eigneten sie sich gleichermaßen als Kampfmittel gegen Luftschiffe wie auch als Aufklärer. Die britische Flotte verfügte jedoch noch nicht über geeignete Schiffe, von denen solche Flugzeuge starten konnten.

Aber die britische Marine hatte sich mit dem Problem bereits befaßt. Knapp 14 Monate nach dem bahnbrechenden Start Elys von dem Kreuzer *Birmingham* war der britische Leutnant zur See Charles R. Samson dessen Vorbild gefolgt und von dem Schlachtschiff *Africa* gestartet, auf dessen Vorschiff eine Rampe errichtet worden war (S. 23). Doch es mußte erst zum Ersten Weltkrieg und der Bedrohung durch die deutschen Luftschiffe kommen, bis die britische Marineführung weitere Schritte unternahm.

Anfang 1916, wenige Monate vor Rutlands Flug, wurden von der Marine auf der Isle of Grains, die in der Themsemündung unweit Londons liegt, Versuche durchgeführt. Flugzeuge mit Fahrwerk landeten erfolgreich auf einer Plattform, die 60 Meter lang war und die Breite eines Kreuzers hatte. Zu dieser Zeit lief ein Projekt von Kapitänleutnant Gerard Homes, der ein Fahrzeug entworfen hatte, auf dem gestartet und gelandet werden konnte. Seine Konstruktionspläne wurden mit einigen Veränderungen angenommen, und im August erwarb die Admiralität einen von Italienern in Auftrag gegebenen halbfertigen Passagierdampfer. Aus dem Schiff sollte die *Argus* entstehen, ein 21 Knoten schnelles Fahrzeug, dessen 143 Meter langes Glattdeck Starts und Landungen von Jagd- und Aufklärungsflugzeugen mit normalem Fahrwerk ermöglichte.

Bis zum Stapellauf der *Argus* sollten jedoch noch mindestens 14 Monate vergehen. In der Zwischenzeit mußte die britische Flotte improvisieren und Trägerschiffe einsetzen, die den Anforderungen nur unzureichend entsprachen. Bei der ersten dieser Kompromißlösungen handelte es sich um eine Reihe von Wasserflugzeugträgern, die zum Teil mit einer auf dem Vorschiff errichteten Startplattform ausgerüstet waren. Eines dieser Schiffe, die *Campania*, gehörte zum Zeitpunkt der Schlacht am Skagerrak zur „Grand Fleet". Sie hatte eine 60 Meter lange Plattform, von der ihre Wasserflugzeuge starteten. Der Start erfolgte mit Hilfe von Radgestellen, auf die die Maschinen gesetzt wurden und die beim Abheben an Bord zurückblieben. Bei ihrer Rückkehr mußten die Flugzeuge auf dem Wasser landen, längsseits des Schiffes gehen und mit einem Kran an Bord gehievt werden. Allerdings fand die Schlacht am Skagerrak ohne die *Campania* statt. Sie hatte ihren Einsatzbefehl, gegen die deutsche Flotte auszulaufen, zu spät erhalten und überließ das Feld der schlechter ausgerüsteten *Engadine,* die kein Flugdeck hatte – und den Ruhm Frederick Rutland.

Ende 1916 wurde Rutland als ranghöchster Marineflieger auf die *Manxman* kommandiert, eine Kanalfähre, deren Umbau zum Wasserflugzeugträger fast vollendet war. Die Konstruktionspläne sahen keine Startrampe für die *Manxman* vor; Admiral Beatty hielt solche Plattformen beim Einsatz von Wasserflugzeugen für unzweckmäßig. Rutland hingegen befürwortete den Bau einer Rampe mit der Begründung, daß von der *Manxman* dann auch Landflugzeuge starten könnten. Es stimmte zwar, daß man mit einer außerordentlich hohen Verlustrate zu rechnen hatte, da die meisten der Maschinen nach dem Flug auf dem Wasser niedergehen mußten. Das gleiche galt aber auch für die Wasserflugzeuge, die zudem offensichtlich zu schwerfällig waren, um die deutschen Luftschiffe auszuschalten.

Vor der englischen Küste startet eine zweisitzige Sopwith von einer Plattform, die auf einem der Geschütztürme des Schlachtkreuzers „Australia" errichtet wurde.

Eine Sopwith Camel hebt von ihrer schwimmenden Startbahn ab – einer Barkasse mit Glattdeck, die in der Nordsee von einem Zerstörer nachgeschleppt wird.

Zwei britische Flieger klettern an Bord eines Schlachtschiffs, nachdem sie mit ihrem Flugzeug auf der rauhen See niedergegangen sind. Bevor die Flugzeugträger Landedecks hatten, gab es für die Piloten keine andere Möglichkeit, als nach dem Einsatz in der Nähe eines Schiffes zu wassern.

Beatty gab nach, und die *Manxman* erhielt eine 18 Meter lange Plattform auf dem Vorschiff. Rutland ließ einen Sopwith-Pup-Jäger auf das Schiff bringen. Dann lief die *Manxman* mit Beatty an Bord in den Firth of Forth aus. Während das Schiff in den Wind drehte, stieg Rutland ins Cockpit der Pup. Er schob den Gashebel nach vorn und zog die Maschine nach noch nicht einmal fünf Metern in die Luft. Eine so kurze Startstrecke hatte in der Tat niemand der Anwesenden erwartet.

Wichtiger als Rutlands spektakulärer Start war vermutlich die Tatsache, daß es ihm gelang, seine Kameraden davon zu überzeugen, daß sie bei der Wasserung mit einer Pup oder einem ähnlichen Radflugzeug größere Überlebenschancen hatten als mit einem Wasserflugzeug. Um das zu beweisen, ließ er einen Piloten mit einem Wasserflugzeug bei schwerer See im Firth of Forth aufsetzen. Kurz nachdem der Motor abgestellt war, tauchte die Maschine mit dem Leitwerk ein, um wenig später unterzugehen. Ähnliche Versuche mit Radflugzeugen, die leichter als die Wasserflugzeuge waren, hatten gezeigt, daß erstere fast endlos weiterschwammen, wenn sie mit Auftriebskörpern im Rumpf ausgerüstet waren.

Nach Rutlands erfolgreichem Start von der *Manxman* kam man auf den naheliegenden Gedanken, Flugzeuge an Bord der Kriegsschiffe selbst mitzunehmen und so deren Einsatzmöglichkeiten zu erweitern, statt sie mit speziell entwickelten Wasserflugzeugträgern in den jeweiligen Kampfraum zu befördern. Der Vorschlag stieß auf beträchtlichen Widerstand. Da war einmal die Tatsache, daß eine Startrampe auf dem vorderen Deck eines Kriegsschiffs den vorderen Geschützturm maskieren würde. Zum anderen mußte das Schiff gegen den Wind laufen, damit das Flugzeug starten konnte. Beides hielt man im laufenden Gefecht für absolut untragbar. Da Rutland jedoch bewiesen hatte, daß eine fünf Meter lange Plattform theoretisch bereits ausreichte, einigte man sich schließlich darauf, die Jäger Leichten Kreuzern zuzuteilen, nicht aber den großen Schlachtschiffen. Deren Feuerkraft zu beeinträchtigen kam einem Sakrileg gleich.

Die *Yarmouth* war der erste Leichte Kreuzer, der mit einer Startrampe ausgerüstet wurde. Im August 1917 wurde sie einem Kreuzerverband zugeteilt, der zum Schutz von Minenlegern vor der dänischen Küste eingesetzt war. Am 21. August wurde kurz nach Anbruch der Morgendämmerung das Luftschiff L 23 gesichtet, der die Schiffe aus einer Entfernung von etwa 20 Kilometern beobachtete. Als der Verband Kurs auf die offene See nahm, folgte der Zeppelin. Daraufhin startete Oberleutnant zur See B. A. Smart mit seiner Sopwith Pup. Nach zehn Minuten war er so hoch gestiegen, daß er das Luftschiff aus der Überhöhung angreifen konnte. Er setzte zum Sturzflug auf das mit Wasserstoff gefüllte Luftschiff an. Das Knattern seines Lewis-Maschinengewehrs übertönte das Dröhnen des Motors, aber seine Geschosse zeigten keine Wirkung. Smart zog die Maschine noch einmal hoch und griff erneut an. Diesmal ging das Luftschiff in Flammen auf und stürzte in die See. Smart seinerseits setzte seine Maschine sanft auf dem Wasser auf und wurde von einem britischen Zerstörer an Bord genommen.

Einige Wochen nach Smarts Leistung zeigte Rutland den Admiralen, wie sie Schlachtschiffe mit Flugzeugen ausrüsten konnten, ohne deren Feuerkraft zu beeinträchtigen oder bei jedem Start eine Kursänderung der Schiffe erforderlich zu machen. Er war auf die Idee gekommen, die Plattform einfach auf dem Geschützturm selbst anzubringen. Dieser konnte dann jeweils so gedreht werden, daß das Flugzeug beim Start Gegenwind hatte, während das Schiff seinen Kurs beibehielt. Kriegsschiffe mit nachträglich errichteten Startrampen konnten aber nur ein oder zwei Flugzeuge mitführen, und das reichte bei längeren See-Einsätzen nicht aus. Dieses Problem gab es nicht mehr bei der *Furious,* der nächsten – und bei weitem besten – Zwischenlösung auf dem Weg zum Flugzeugträger. Bei der *Furious* handelte es sich um einen 30 Knoten schnellen Kreuzer der Royal Navy, der anstelle des vorderen Geschützturms ein knapp 70 Meter langes Startdeck erhielt. In dem Hangardeck unterhalb der Plattform konnten sechs Sopwith-Pups und vier Short-Wasserflugzeuge untergebracht werden.

Im Juli 1917 war die *Furious* einsatzbereit, und unter dem Kommando des Dienstältesten des fliegerischen Personals, des Korvettenkapitäns E. H. Dunning, wurde der Flugbetrieb wie gewohnt abgewickelt: Nach jedem Start vom Deck des Schiffes landeten die Maschinen auf dem Wasser – und gingen zum größten Teil verloren. Dunning überredete den Kapitän, ihn eine Landung auf der Plattform versuchen zu lassen; ein riskantes Unternehmen. Damit er bei der Landung, bei der er von hinten anfliegen und vor der Brücke einschwenken mußte, genügend Gegenwind hatte, mußte die *Furious* Fahrt machen. Außerdem war die Plattform gefährlich kurz. Die ersten beiden Landungen gelangen problemlos; bei der dritten schoß die Maschine wegen eines technischen Defekts über Bord. Dunning ertrank.

Fred Rutland, der zwischenzeitlich mit der Erprobung der Startrampe auf der *Yarmouth* befaßt war, wurde als Nachfolger Dunnings auf die *Furious* kommandiert und schlug vor, die Aufbauten des Schiffes, wie auf der *Argus* geplant, durch ein Glattdeck zu ersetzen. Die Admiralität ging insoweit darauf ein, daß sie die *Furious* im November 1917 in die Werft zurückbeorderte, um anstelle des hinteren 15,2-cm-Geschützes ein gut 85 Meter langes Landedeck errichten zu lassen. Unmittelbar nach der Wiederindienststellung der *Furious* im folgenden März begannen die Landeversuche mit Ergebnissen, die an ein Desaster grenzten. Die aus dem Schornstein ausströmende warme Luft verursachte über dem Heck so starke Turbulenzen, daß den Piloten in ihren leicht gebauten Jagdflugzeugen nur drei von 13 versuchten Landungen gelangen. Auch Rutland schlidderte über Bord und konnte nur mit knapper Not geborgen werden. Glücklicherweise gab es keine Toten. Aber die Landeversuche wurden eingestellt.

Mit der *Furious* besaßen die Engländer nur einen halben Flugzeugträger, ein schnelles Schiff, von dem Flugzeuge starten, auf das sie aber nach dem Einsatz nicht wieder sicher gehievt werden konnten. Dessen ungeachtet beauftragte die Marine sie mit einem gewagten Überraschungsangriff auf einen Luftschiff-Stützpunkt in Tondern, einer Stadt im Norden des Deutschen Reiches. Für diesen Einsatz wurden die Pup-Jäger durch Sopwith-Camels ersetzt – entschieden bessere Maschinen. Im Morgengrauen des 19. Juli 1918 starteten von der *Furious* sieben – mit je zwei 23-Kilogramm-Bomben beladene – Camels und nahmen Kurs auf Tondern.

Der Luftschiff-Kommandant Horst Treusch von Buttlar-Brandenfels entdeckte die Flugzeuge als einer der ersten am Himmel über Tondern. „Sie flogen hoch", berichtete er, „und waren noch winzig klein, als ich sah, wie sie schnell herabkamen. Nach ein oder zwei Minuten war dann alles vorbei. Während sich einige von ihnen die erste Halle vornahmen, schwenkten die anderen auf die zweite ein. Sie stürzten, bis man das Gefühl hatte, sie wollten die Hallen rammen. Endlich fingen sie nacheinander ab und überflogen ihr Angriffsziel in einer Höhe von etwa 40 Metern, wobei sie dann ihre Bomben ausklinkten."

Die Flugabwehr der Deutschen hatte keinen Erfolg, und von Buttlar-Brandenfels beobachtete, wie eine Camel direkt auf eins der Geschütze zuflog, das auf sie feuerte. „Mit einer Steilkurve kam er zurück, stürzte sich direkt auf die Batterie und klinkte aus nur 15 Meter Höhe seine Bombe aus. Dann sah man, wie der Pilot winkte und hinter den anderen Maschinen herjagte, die auseinanderzogen, um den von allen Seiten angreifenden deutschen Flugzeugen zu entkommen. Es war eine der kaltblütigsten Unternehmungen, die ich je gesehen habe."

Tondern lag in Trümmern. Die beiden Zeppelin-Hallen waren mitsamt den zwei dort stationierten Luftschiffen zerstört worden. Die Seite der Angreifer verzeichnete den Verlust eines Piloten, der vermutlich in die See gestürzt war. Die übrigen wurden entweder nach gelungener Wasserung von Schiffen an Bord genommen oder entkamen ins neutrale Dänemark, wo sie interniert wurden.

Der Luftangriff auf Tondern bestärkte Admiral Beatty in seiner Hoffnung, trägergestützte Flugzeuge nicht nur als Aufklärer, sondern auch als Angriffswaffe einsetzen zu können. Der einzige Nachteil dabei war, daß die Maschinen, einmal gestartet, nicht wieder an Bord der *Furious* landen konnten, so daß das Schiff jeweils nach England zurückkehren mußte, um neue Flugzeuge aufzunehmen. Aus diesem Grunde wartete Beatty ungeduldig auf die Indienststellung der *Argus*, des neuen Flugzeugträgers mit Glattdeck, der im Oktober 1918 im Flottenverband erprobt wurde.

Die *Argus* hatte sowohl Jäger zur Luftraumdeckung vom Typ Sopwith Camel als auch Aufklärer, die nach feindlichen Kriegsschiffen Ausschau halten sollten, an Bord. Die größten Hoffnungen aber setzte Beatty in die 18 neuen Torpedoflugzeuge vom Typ Sopwith Cuckoo, mit denen er die Schiffe der deutschen Kriegsmarine in ihren Heimathäfen angreifen wollte. Dieser Plan sollte nicht mehr in Erfüllung gehen. Im November 1918 endete der Krieg, bevor die Erprobung der *Argus* abgeschlossen war.

Bei Unterzeichnung des Waffenstillstands besaß die Royal Navy den einzigen echten Flugzeugträger der Welt. Mit zwei weiteren Trägern im Bau, der *Eagle* und der *Hermes*, nahm Großbritannien die führende Stellung in der Marinefliegerei ein. Aber dabei sollte es nicht bleiben. In den folgenden zwei Jahrzehnten versäumte es England, seine Seemacht durch den Ausbau der Marinefliegerei zu stärken. Zwei Gründe waren dafür vor allem verantwortlich. Die Admirale, die in der Royal Navy das Sagen hatten, waren zumeist von der führenden Rolle der Schlachtschiffe überzeugt. Mit Flugzeugträgern wußten sie wenig anzufangen. Abgesehen davon hatte die Marine im April 1918 das Kommando über ihre Flugzeuge verloren, als der Royal Naval Air Service in die neu gegründete Royal Air Force, die selbständige britische Luftwaffe, integriert wurde. Die entscheidenden Männer in der RAF maßen der Marinefliegerei keine große Bedeutung bei und enthielten der expandierenden Flugzeugträgerflotte der Royal Navy die notwendige Zahl an Flugzeugen vor. Die Maschinen, die die Marine erhielt, waren in der Mehrzahl für den Einsatz auf See ungeeignet und wurden von wenig erfahrenen Piloten geflogen.

Erst 1937 wurden die Marineluftstreitkräfte wieder aus der RAF ausgegliedert und der Flotte unterstellt. Bis dahin bekamen die Flugzeugträger, die den britischen Marineverbänden überall auf der Welt zugeteilt wurden, kaum mehr als Handlangerdienste für die schweren Schlachtschiffe zugewiesen. Es blieb den Vereinigten Staaten und Japan überlassen, aus dem Flugzeugträger jene furchtbare Angriffswaffe zu schmieden, zu der er im Laufe der Zeit werden sollte.

Die Amerikaner, die an das Konzept des Flugzeugträgers im Seekrieg schließlich dort anknüpfen sollten, wo die Briten es fallengelassen hatten, mußten zunächst deren Vorsprung aufholen. Die kommandierenden Admirale der US-Marine hatten es versäumt, Vorteile aus Eugene Elys Start und Landung auf einem Schiff 1911 zu ziehen. Wie die Briten zogen sie den Einsatz von Wasserflugzeugen vor, mit denen sie 1914 während der mexikanischen Revolution in Veracruz und im Ersten Weltkrieg gegen die

Deutschen operierten. Später wurden Flugzeuge auf amerikanischen Schlachtschiffen und Kreuzern stationiert, auf denen Startrampen nach englischem Vorbild errichtet worden waren. Allerdings führte die US-Marine eine wichtige Neuerung ein: ein Katapult, mit dem mit Schwimmern ausgerüstete Jäger und Aufklärer von den Kriegsschiffen gestartet wurden. Bei Kriegsende schließlich dachten die Vereinigten Staaten gar nicht daran, einen Flugzeugträger wie die englische *Argus* zu bauen, obwohl mehrere amerikanische Piloten, die während des Krieges an Bord der *Furious* militärische Einsätze miterlebt hatten, das Marineministerium drängten, ebenfalls einen Träger zu bauen, der drei Aufgaben übernehmen sollte: Aufklärung, Luftraumüberwachung und Angriff.

Diesen weitblickenden Piloten wurde von einer völlig unerwarteten Seite Unterstützung zuteil – von General William „Billy" Mitchell, der aus dem Krieg in Europa mit dem Vorsatz nach Amerika zurückgekehrt war, einen persönlichen Feldzug für den Aufbau einer selbständigen Luftwaffe zu führen. An Aufklärungsflugzeugen für die Flotte nicht interessiert, konzentrierte sich Mitchell auf die offensiven Möglichkeiten trägergestützter Flugzeuge und forderte, daß drei Fahrgastdampfer zu Trägern umgebaut und zu

Die englische H.M.S. „Furious", der erste Flugzeugträger der Welt mit hindernisfreiem Glattdeck, durchpflügt im Juli 1918 mit zwei Jagdgruppen an Bord die Nordsee – sechs der Sopwith-Camels sind hier auf dem Vorschiff zu sehen. Ihr Ziel waren die deutschen Luftschiffe in ihren riesigen Hallen bei der Stadt Tondern (gegenüber).

Aus einer riesigen Luftschiff-Halle, die von Flug-
zeugen der „Furious" bombardiert wurde, steigen
dicke Rauchschwaden und Flammen auf. Bei dem
Angriff wurden zwei deutsche Luftschiffe vernich-
tet, und ein Historiker schrieb, daß „die Deutschen
in ständiger Furcht vor einem ähnlichen Angriff auf
eine ihrer anderen Basen lebten".

einem von der Flotte unabhängigen Einsatzverband zusammengefaßt würden. Auf ihnen sollten Jäger und Flugzeuge stationiert werden, die sich für den Bomben- und Torpedoabwurf eigneten. Wenn die Marine sich zum Bau solcher Schiffe nicht entschließen könnte, erklärte Mitchell, müsse dies eben das Heer – oder besser noch eine selbständige Luftwaffe – tun.

Zu diesem Zeitpunkt war die Marine Mitchell insofern einen Schritt voraus, als sie einen Flugzeugträger bauen ließ. Hinsichtlich des Einsatzkonzepts für dieses Schiff aber hinkte sie mehrere Schritte hinter ihm her. Die Marineführung hatte bereits beschlossen, den Kohlendampfer *Jupiter* zu einem 11 500-Tonnen-Träger umzubauen, der den Namen *Langley* erhalten sollte. Die Funktion der bordeigenen Flugzeuge jedoch sah die Marine allein in der Aufklärung, nicht im Angriff auf den Gegner.

Kapitän Thomas T. Craven, Chef der Marineluftfahrt und der fünfte Befehlshaber der Luftstreitkräfte der amerikanischen Flotte seit Kapitän Chambers, überwachte den Bau der *Langley*. Gleichzeitig stritt er sich mit Mitchell in aller Öffentlichkeit über dessen Absicht, der Marine das Kommando über ihre Flugzeuge zu entziehen. Den Beinamen „Vater des Flugzeugträgers", den man ihm gab, wies Craven jedoch zurück. „Man mag mich den anwesenden Geburtshelfer nennen", räumte er ein, während er das ihm zugedachte Verdienst dem Manne zuwies, der das fliegerische Kommando auf dem Schiff übernehmen sollte, Korvettenkapitän Kenneth Whiting. Zusammen mit Kapitänleutnant Godfrey de Chevalier und Oberleutnant zur See Alfred M. Pride entwickelte Whiting neue Verfahren für Start und Landung der Flugzeuge sowie eine Fanganlage aus Haltetauen, die quer über das Deck gespannt wurden und die Maschinen nach dem Aufsetzen zum Stehen brachten.

Während die Arbeit auf der *Langley* Stück für Stück weiterging, rang Billy Mitchell der Marineführung die Erlaubnis ab, an erbeuteten deutschen Kriegsschiffen Bombardierungsversuche vorzunehmen, die im Juli 1921 vor der Küste des Bundesstaates Virginia stattfanden. Flugzeuge von Heer und Marine versenkten auf Anhieb drei U-Boote, einen Kreuzer und einen Zerstörer, bevor die eigentliche Nagelprobe kam: die Versenkung des Schlachtschiffs *Ostfriesland* mit 500- und 900-Kilogramm-Bomben, abgeworfen von Martin-Bombern des Heeres. Mitchell erklärte daraufhin Schlachtschiffe für überholt, da sie Luftangriffen nichts entgegenzusetzen hätten. Doch die Marine forcierte bereits den Ausbau ihrer eigenen Luftstreitkräfte – wenn auch weniger als Ersatz für die Schlachtschiffe als vielmehr zu deren Schutz. Sechs Monate zuvor hatte sie die Gründung eines Marineamts für Luftfahrt angeregt, um der Fliegerei im Rahmen der Marine den gleichen Stellenwert zu geben wie ihren übrigen Sachgebieten – Schiffbau, Antriebssystemen und Waffentechnik.

Der erste Leiter dieses Amtes war Konteradmiral William A. Moffett. Obwohl vor kurzem noch Kommandant des Schlachtschiffs *Mississippi,* entwickelte er sich zu einem entschiedeneren Befürworter der Marineluftfahrt als Craven. Während Mitchell sich lautstark für die Schaffung einer selbständigen Luftwaffe in Amerika einsetzte, versorgte Moffett Kongreßabgeordnete und Zeitungsleute in aller Stille mit Daten und Fakten, die für die Notwendigkeit des Aufbaus einer starken Marinefliegerei sprachen. Monatelang geschah kaum etwas. Dann kam der Erfolg.

Um den Rüstungswettlauf zwischen der amerikanischen, britischen und japanischen Marine zu entschärfen, berief der amerikanische Außenminister, Charles Evans Hughes, Ende 1921 die Washingtoner Flottenkonferenz ein. Der daraus resultierende Washingtoner Flottenvertrag beschränkte das Tonnageverhältnis bei Großkampfschiffen und Flugzeugträgern zwischen den Vereinigten Staaten, Großbritannien und Japan auf 5 zu 5 zu 3. Als Gesamttonnage für Flugzeugträger waren für die beiden englischsprachigen Mächte je 135 000 Tonnen, für Japan 81 000 Tonnen vereinbart worden. Die neuen Träger durften generell eine Maximalgröße von 27 000 Tonnen nicht überschreiten, mit der Ausnahme, daß allen drei Flotten zwei schwere Flugzeugträger von je 33 000 Tonnen zugesprochen wurden.

Die Erfüllung der Vertragsklauseln für Großkampfschiffe bedeutete für die amerikanische Marine, daß sie sieben im Bau befindliche Schlachtkreuzer ausrangieren mußte. Hier sah Moffett seine Chance. Er schlug vor, zwei dieser Schiffe zu Flugzeugträgern umzubauen – die *Lexington* und die *Saratoga,* die beide je 72 Flugzeuge aufnehmen konnten. Die Admirale stimmten zu. Japan baute den Schlachtkreuzer *Akagi* und das Schlachtschiff *Kaga* zu Trägern um, beide ebenfalls für 72 Flugzeuge ausgelegt. Die Engländer wandelten zwei Große Leichte Kreuzer in Träger für je 42 Flugzeuge um, die *Courageous* und die *Glorious.*

Sechs Wochen nach der Unterzeichnung des Flottenvertrags von Washington wurde am 20. März 1922 die kleine *Langley* als erster amerikanischer Flugzeugträger in Dienst gestellt. Sie erhielt die Kennzeichnung CV-1, *C* für Carrier (Träger) und *V* als willkürlich gewähltes Symbol für Luftfahr-

Kapitän Joseph M. Reeves (links), Befehlshaber der fliegenden Verbände der amerikanischen Flotte, und Admiral William A. Moffett, Leiter des Marineamts für Luftfahrt, beobachten 1926 an Bord des Flugzeugträgers U.S.S. „Langley" die Abwicklung des Flugbetriebs. Moffett und der bärtige Reeves – der bald darauf zum Admiral befördert wurde – setzten sich getrennt, aber mit der gleichen Entschlossenheit und erfolgreich für den Aufbau der US-Marinefliegerei ein.

zeuge schwerer als Luft. Es sollten jedoch noch über zweieinhalb Jahre vergehen, bis Korvettenkapitän Whiting und seine Mannschaft auf der *Langley* alle notwendigen Einsatzvorschriften und Verfahren erarbeitet hatten, damit der Träger in die Flotte eingegliedert werden konnte. Whiting zeichnete für die an Bord zu verwendende Terminologie – zum Beispiel „Piloten, fertigmachen zum Start" – sowie eine Vielzahl optischer Signale verantwortlich. Eine weiße Flagge am hinteren Ende des Flugdecks beispielsweise bedeutete Freigabe zur Landung, während eine rote Flagge Landeverbot signalisierte. Die Piloten mußten mit sieben verschiedenen Marineflugzeugtypen starten und landen lernen. Die Position des Landeeinweisers (Landing Signal Officer – LSO) wurde festgelegt. Er stand am Rande des Flugdecks und winkte die Piloten bei der Landung ein. Die *Langley* verbrachte einen großen Teil des Jahres 1923 in der Marinewerft in Norfolk, Virginia, wo Katapult und Fanganlage aufgrund der ersten Versuchsergebnisse modifiziert wurden. Dann lief sie zur Erprobungsfahrt aus.

Im Rahmen einer Marineübung, die den Namen Fleet Problem II trug, nahm im Januar 1924 ein großer Teil der amerikanischen Kriegsschiffe an einem Übungsangriff auf den Panamakanal teil. Dies war das zweite in einer über zwei Jahrzehnte fortgesetzten Serie von jährlichen Manövern zur Verbesserung der Schlagkraft der US-Seestreitkräfte. Da die *Langley* noch nicht offiziell der Flotte zugeteilt war, sollte sie als Beobachter an der Übung teilnehmen, um Einsatzmöglichkeiten bei zukünftigen Übungen zu erarbeiten. Der Kapitän der *Langley,* der keine fliegerische Erfahrung besaß, hätte sich vermutlich mit der Rolle eines Beobachters zufriedengegeben, nicht aber Korvettenkapitän Whiting. Als fliegerischer Einsatzoffizier ließ er Torpedoübungsangriffe auf Schlachtschiffe fliegen, die auf der Atlantikseite des Kanals bei Colón vor Anker lagen, und übermittelte den Manöverauswertern eine Analyse seiner Luftoperationen.

Die Reaktion war enttäuschend. In der Manöverkritik wurden Flugzeuge nur im Zusammenhang mit Klagen über Tiefflugakrobatik und der Behauptung erwähnt, Luftangriffe mit Torpedos seien in seichten Häfen wie Colón zum Scheitern verurteilt. Nach dem Abwurf würden die Torpedos so tief eintauchen, daß sie sich in den Meeresboden bohrten, bevor sie die eingestellte Angriffstiefe erreichen konnten, hieß es. Dennoch brachten die folgenden fünf Jahre für die US-Marineflieger durchaus positive Ergebnisse. Im Jahre 1925 bestätigte der Morrow-Ausschuß, eine Gruppe von Luftfahrtexperten unter der Leitung des angesehenen Politikers Dwight W. Morrow, die Bedeutung von Flugzeugträgern unter dem Befehl der Marine.

Die US-Marine ernannte Kapitän Joseph M. Reeves zum Befehlshaber ihrer Trägerflugzeuge und verlieh ihm den Titel Commander Aircraft Squadrons Battle Fleet (Befehlshaber der fliegenden Verbände der Flotte). Reeves, zuvor Dozent an der Marineakademie, einer Hochburg der Schlachtschiffkonzeption, machte die *Langley* im Herbst 1925 in San Diego zu seinem Flaggschiff. Er sah die Funktion des Trägers nicht nur in der Aufklärung, sondern auch im Angriff, und drängte auf die Entwicklung neuer Verfahren, zum Beispiel des Angriffs im Sturzflug. Um die Schlagkraft der *Langley* zu erhöhen, ließ er Flugzeuge nicht nur auf dem Hangardeck, sondern auch auf dem Oberdeck festzurren. Auf diese Weise erhöhte er die Zahl der trägergestützten Maschinen allmählich von acht auf 42 Flugzeuge (36 Jagdbomber und sechs Aufklärer).

Doch die *Langley,* inzwischen veraltet, verschwand bald aus dem Rampenlicht, als 1928 die lang erwarteten Träger *Lexington* und *Saratoga* endlich der Flotte zugeteilt wurden. Es waren mächtige Schiffe. Beide verdrängten 36 000 Tonnen, obwohl sie, um den Schein zu wahren, offiziell mit 33 000 Tonnen geführt wurden, wie im Washingtoner Flottenvertrag

vereinbart. Beide hatten fast 270 Meter lange Flugdecks und Aufbauten oder Inseln, die an der Steuerbordseite aufragten. Auf jedem der beiden Schiffe brachte Reeves 90 Flugzeuge unter, die entsprechend ihrer Funktion in Staffeln zusammengefaßt wurden: Aufklärer, Sturzkampfbomber, Torpedoflugzeuge und Jäger. Gemäß ihrer Verwendung erhielten die Flugzeuge der einzelnen Staffeln einen Buchstaben-Code. Des weiteren wurden die Staffeln durchnummeriert. Eine der auf der *Lexington* stationierten Jagdstaffeln beispielsweise trug die Kennzeichnung VF-3B: *V* für schwerer als Luft, *F* für Jäger (Fighter) und *B* für die Einsatzmöglichkeit der Jäger als Bomber. An der 3 ließ sich ablesen, daß es sich um die dritte von der Flotte aufgestellte Jagdstaffel handelte. Inoffiziell sprach man von der 3. Jagdstaffel (Fighting 3). Entsprechend erfolgte die Kennzeichnung der anderen Staffeln auf der *Lexington,* nämlich VS für die Aufklärer (S für Scouting = Aufklärer), VB für die Sturzkampfbomber und VT für die Torpedoeinheiten. Das neue Verfahren der Staffelkennzeichnung wurde für alle Trägereinheiten übernommen, wobei die Flotte im Jahre 1937 allerdings den Buchstaben hinter der Zahl fallenließ.

Die *Lexington* und *Saratoga* waren schlagkräftige Schiffe, die es Reeves ermöglichten, das Angriffspotential von Flugzeugträgern unter Beweis zu stellen. Mit dem Manöver Fleet Problem IX im Januar 1929 erhielt er seine Chance. Laut Übungsplanung sollte eine „feindliche" Streitmacht, die sogenannte Schwarze Flotte, den Panamakanal, der von einer anderen

Im Anschluß an ein schwieriges Manöver der Flotte, bei dem es um einen Angriff auf den Panamakanal ging, warten die auf der Marinewerft Puget Sound im Staat Washington überholten Träger (von oben) „Lexington", „Saratoga" und „Langley" 1929 auf ihren neuen Einsatz. Die drei Schiffe bildeten den ersten US-Trägerverband und konnten rund 200 Flugzeuge aufnehmen.

Streitmacht, der Blauen Flotte, verteidigt wurde, von der Pazifikseite her angreifen. Letztere hatten bei Beginn der Übung ihre Schiffe im Atlantik zusammengezogen. Das Wasserflugzeug-Trägerschiff *Aroostook* (das als Ersatz für die gerade zur Überholung in der Werft befindliche *Langley* eingesetzt wurde) und die *Saratoga* waren der Schwarzen Flotte zugeteilt. Die *Lexington* gehörte zu den Verteidigern des Kanals. Wie bei diesen Manövern üblich, sollten die Flugzeugträger eng mit den Schlachtschiffen ihrer jeweiligen Flotte zusammenarbeiten. Aber Reeves hatte andere Pläne.

Mit ihrer Höchstgeschwindigkeit von 35 Knoten konnte die *Saratoga* die nur 23 Knoten laufenden Schlachtschiffe leicht hinter sich lassen. Daher vertrat Reeves die Meinung, sie müsse unabhängig vom Schlachtschiffverband operieren. Er wurde bei Admiral William V. Pratt vorstellig, einem modern denkenden Offizier, der die Schwarze Flotte befehligte, und bat um Erlaubnis, von der Planung abweichen zu dürfen, die vorsah, daß die Träger im Schlachtschiffverband fuhren, während dieser sich dem Kanal näherte, um ihn mit weitreichender schwerer Schiffsartillerie unter Beschuß zu nehmen. Reeves schlug vor, die *Saratoga* zu einem eigenen, überraschenden Luftangriff auf den Kanal zu entsenden. Pratt zögerte zunächst, stimmte dann aber Reeves' Plan zu.

Bei Beginn der Übung schickte die verteidigende Blaue Flotte einen Schlachtschiffverband in Begleitung der *Lexington* und einer Zerstörereskorte durch den Kanal, um den Angriff der Schwarzen Flotte vom Pazifik her abzuwehren. Knapp 24 Stunden, nachdem sie den Kanal passiert hatten, stießen die Schiffe jedoch direkt auf die Schlachtschiffe der Schwarzen Flotte. Im Ernstfall hätte die *Lexington* leicht versenkt werden können. Um den Fortgang des Manövers nicht zu gefährden, erklärten die Schiedsrichter den Träger jedoch lediglich als beschädigt und ihre Höchstgeschwindigkeit auf 18 Knoten herabgesetzt. In der Zwischenzeit trennte sich die *Saratoga* von den Schlachtschiffen der Schwarzen Flotte und nahm in Begleitung eines Kreuzers Kurs auf das südlich gelegene Seegebiet um die Galapagos-Inseln. Im Schutz der Dunkelheit änderte sie ihren Kurs und lief mit voller Kraft auf Panama zu. Zwei Stunden vor dem Morgengrauen begann ein Luftangriff mit 70 Flugzeugen, der, da er ohne Warnung erfolgte, den Schiedsrichtern so wirkungsvoll erschien, daß sie die Schleusentore an der Pazifikseite des Kanals für zerstört erklärten. Obwohl sich der Luftangriff als voller Erfolg erwies, endete der Tag für die *Saratoga* dennoch mit einer Niederlage. Als ihre Flugzeuge vom Einsatz zurückkehrten, mußten die Piloten feststellen, daß das Schiff vom Gegner entdeckt und laut Schiedsrichterurteil versenkt worden war.

Die Erfahrungen, die der Einsatz der *Saratoga* brachte, veränderten die Seekriegführung von Grund auf. Es hatte sich gezeigt, daß ein selbständig operierender schneller Flugzeugträger feindliche Landbasen mit verheerender Wirkung angreifen konnte. Die *Saratoga* war zwar als versenkt erklärt worden, und es mußten neue Taktiken entwickelt werden, um die Träger in Zukunft besser zu schützen. Aber es waren auch Schlachtschiffe verlorengegangen, und ihre Geschütze hatten nicht jene Wirkung erzielen können wie die Flugzeuge der *Saratoga*.

All dies entging dem Befehlshaber der Schwarzen Flotte, Admiral Pratt, keineswegs, und er rühmte Schiff und Flieger. „Meine Herren", sagte er in seiner Manöverkritik, „Sie haben die genialste und wirkungsvollste Flottenoperation unserer Geschichte erlebt. Ich beabsichtige, die *Saratoga* bei unserer Rückkehr nach Norden zu meinem Flaggschiff zu machen. Einmal, um sie auszuzeichnen, in der Hauptsache aber, um herauszufinden, wie die Sache bei den fliegenden Staffeln läuft." Schon im folgenden Jahr sollte Pratt Gelegenheit bekommen, dafür zu sorgen, daß die Sache weiterlief; er

Die kolorierte Zeichnung zeigt Admiral Isoroku Yamamoto, den Befehlshaber der japanischen Vereinigten Flotte, auf der Brücke seines Flaggschiffs „Nagato". Im Russisch-Japanischen Krieg 1904–1905 hatte Yamamoto als Leutnant zur See in der Schlacht von Tsushima gekämpft und zwei Finger seiner linken Hand verloren.

wurde zum Chef der Marine-Operationsabteilung ernannt. Während seiner Amtszeit wurde der Flugzeugträger erstmalig Kern einer unabhängigen Kampfgruppe innerhalb der Flotte.

Der Einsatz und die Wirkung der *Saratoga* im Flottenmanöver interessierte die Japaner brennend. Denn sie waren, auch wenn sie vorläufig noch keinerlei Neigung zu einem Krieg mit Amerika zeigten, klug genug, die Entwicklungen innerhalb der amerikanischen Flotte genau zu beobachten. Wie bei allen Seemächten galt zu Beginn des 20. Jahrhunderts auch in Japan die Vormachtstellung des Schlachtschiffs als unantastbar. Schließlich hatten Schlachtschiffe der japanischen Vereinigten Flotte – der glorreichen Rengo Kantai – gegen Ende des Russisch-Japanischen Krieges die russische Flotte mehrmals geschlagen. Die vernichtendste Niederlage hatten sie ihr in der Schlacht von Tsushima am 27. Mai 1905 beigebracht.

Eiserne Entschlossenheit spricht aus den Augen von Kapitänleutnant Minoru Genda, einem der Chefplaner des Angriffs auf Pearl Harbor. Das Photo stammt aus dem Jahre 1941. Als Untergebener von Admiral Yamamoto (gegenüber) entwickelte Genda vor allem taktische Verfahren für die japanische Trägerstreitmacht.

Entsprechend dem Vorbild der Briten, deren Flotte die japanischen Admirale zutiefst bewunderten, schlugen sie 1912 jedoch den Aufbau einer Marineluftwaffe vor. Im Jahr darauf wurde ein Versorgungsschiff der Marine zum Wasserflugzeug-Trägerschiff umgebaut, von dem aus nach Ausbruch des Ersten Weltkrieges, in dem Japan auf der Seite der Alliierten gegen Deutschland kämpfte, Flugzeuge Aufklärungs- und Bombeneinsätze auf das deutsche Pachtgebiet Tsingtau in China flogen. Dennoch gaben die Japaner nach dem Krieg in ihrer Strategie see- und landgestützten Flugzeugen den Vorrang vor schiffsgestützten Maschinen. Im Falle eines Angriffs von See her planten sie, die gegnerische Flotte Stück für Stück zu dezimieren, bis sie den Schlachtschiffen der Rengo Kantai unterlegen war, um sie dann in Reichweite der an den Küsten stationierten Land- und Wasserflugzeuge der Marine endgültig zu vernichten.

Ein paar weiterdenkende Admirale erkannten allerdings die Notwendigkeit, die Marine mit *koku bokan,* Flugzeug-Mutterschiffen auszurüsten, wenn auch nur zu Aufklärungszwecken. Im Jahre 1919 wurde der Bau des kleinen 7500-Tonnen-Trägers *Hosho* in Angriff genommen. Und 1921, im Jahr der Washingtoner Flottenkonferenz, empfing Japans noch unbedeutende Marineluftwaffe eine Beratergruppe von 30 englischen Marinefliegern. Knapp zwei Jahre später begannen die Japaner mit dem Umbau der *Akagi* und *Kaga* zu Flugzeugträgern. Die *Akagi* wurde 1927 fertiggestellt; ein Jahr später stellte die Flotte die *Kaga* in Dienst. Jedes der beiden Schiffe verdrängte mehr als 30 000 Tonnen.

Die Fortschritte, die Japans Marineluftstreitkräfte machten, waren beachtlich – insbesondere in Anbetracht der Tatsache, daß der Kaiserlichen Marine in den zwanziger Jahren ein Fürsprecher vom Rang und Einfluß des amerikanischen Admirals Moffett fehlte, der sich dafür einsetzte, aus den Trägern eine unabhängig operierende Angriffswaffe zu schmieden. Doch auch in Japan sollte diese Lücke bald durch einen Offizier geschlossen werden: durch Kapitän Isoroku Yamamoto, der als junger Leutnant zur See in der Schlacht von Tsushima gekämpft hatte. Yamamoto studierte nach dem Ersten Weltkrieg an der Universität Harvard und wurde später Stellvertreter des Chefs der Marinefliegerschule in Kasumigaura, wo er fliegen lernte. Zu dem Zeitpunkt, als in Amerika das Flottenmanöver Fleet Problem IX mit dem simulierten Angriff der *Saratoga* auf den Panamakanal stattfand, hatte Yamamoto, der zuvor zwei Jahre an der japanischen Botschaft in Washington, D. C., als Marineattaché verbracht hatte, das Kommando des größten japanischen Flugzeugträgers, der *Akagi*, inne.

Zu Yamamotos Schützlingen gehörte Oberleutnant zur See Minoru Genda, ein ausgezeichneter junger Pilot. Im Jahr 1933 erstmalig dem Kommando Yamamotos unterstellt, bewunderte er die Art, in der der Admiral bei Manöverplanungen stets „ohne Umschweife das Wesentliche der erörterten Probleme herausarbeitete. Er brachte Dinge von größter Wichtigkeit zur Sprache, auf die andere nie gekommen wären."

Die dreißiger Jahre brachten Japan einige Unruhen. Die Regierung hatte begonnen, ein gewisses Maß an Kontrolle über die von altersher regierungsunabhängige Armee auszuüben, und zwar teilweise dadurch, daß sie vom Heer beantragte Gelder verweigerte. Die Generale mochten die Haltung, die sie als Einmischung in die traditionelle Unabhängigkeit des Heeres empfanden, nicht hinnehmen. Sie waren daran gewöhnt, direkt dem Kaiser unterstellt zu sein und ihre Autorität unmittelbar von ihm abzuleiten. Daher waren sie entschlossen, sich von einem Haufen Bürokraten nicht an die Kandare nehmen zu lassen.

Zur Wiederherstellung der Verhältnisse planten die Generale, Japan in einen Krieg zu verwickeln, überzeugt, daß bewaffnete Auseinandersetzungen dem Heer seine vorherige Vormachtstellung zurückgeben würden. 1931 annektierte die Armeeführung die chinesische Provinz Mandschurei, ohne die zivile Regierung Japans vorher auch nur zu verständigen. In der Mandschurei waren schon seit 1905 japanische Truppen zur Wahrung der Handelsinteressen stationiert. Nun erklärten die Generale den Anschluß des 1 140 000 Quadratkilometer großen Gebiets an Japan und schufen so ein Fait accompli, mit dem sich die Regierung abzufinden hatte. Einige der wenigen Politiker, die Kritik am Vorgehen des Heeres äußerten, wurden von fanatischen jungen Offizieren ermordet. Im Jahre 1937 nahmen Japans Generale dann einen Zusammenstoß zwischen chinesischen Soldaten und japanischen Einheiten, die seit dem Boxeraufstand im Jahre 1900 in Peking stationiert waren, zum Anlaß, den Krieg mit China vom Zaun zu brechen.

Bis zu diesem Zeitpunkt hatte sich die japanische Marine weitgehend aus den Aktivitäten der Armee herausgehalten. Das Heer hatte für Kriegsschiffe kaum Verwendung, und die Marine mochte sich mit dem abenteuerlichen Vorgehen des Heeres nicht identifizieren. Jetzt allerdings braute sich ein Krieg in China zusammen, und die Marine reagierte mit der Entsendung der Träger *Akagi* und *Kaga*, die den Auftrag hatten, die chinesischen Truppen in der Nähe von Hangtschou anzugreifen. Als sich die Chinesen zurückziehen mußten, wurden weitere Jagd- und Bombenflugzeuge der Marine auf Flugplätze in den eroberten Gebieten verlegt.

Die Sympathie der Amerikaner galt den Chinesen, aber die Vereinigten Staaten hatten offiziell ihre Neutralität erklärt. Erst der Ausbruch des Krieges in Europa fast zwei Jahre später brachte Japan auf Kollisionskurs mit den Vereinigten Staaten. Die Japaner sahen eine einmalige Chance, den europäischen Nationen, die sich gegenseitig bekriegten, ihre Kolonien in Asien abzunehmen, deren Reichtum an Bodenschätzen sie in ihrem rohstoffarmen Land dringend brauchten. Um ihre Eroberungen zu sichern, mußten sie darüber hinaus weit vorgelagerte Inseln im Pazifik besetzen und eine Pufferzone schaffen, um amerikanische Gegenstöße abzufangen. Denn daran, daß die Amerikaner nun kommen würden, konnte kein Zweifel bestehen. Zu den Inseln, die Japan zu erobern trachtete, gehörten die Philippinen, damals ein amerikanisches Dominion.

In der Hoffnung, die Japaner von weiteren Raubzügen in China abhalten zu können, verlegte Präsident Franklin D. Roosevelt Mitte 1940 die US-Pazifikflotte von ihrem traditionellen Stützpunkt San Diego nach Pearl Harbor auf der Hawaii-Insel Oahu. Zu diesem Zeitpunkt war den Japanern bereits klargeworden, daß ein Krieg mit den Vereinigten Staaten, falls er sich nicht vermeiden ließ, nicht lange hinausgezögert werden sollte. Die Vereinigten Staaten hatten ein Bauprogramm für Kriegsschiffe beschlossen mit dem Ziel, die Stärke ihrer Seestreitkräfte zu verdoppeln. Die Überlegenheit der japanischen Flotte im Pazifik war gefährdet, ihr Ende abzusehen. Darüber hinaus hatten die Amerikaner Handelsbeschränkungen verhängt, um Japan von seinem aggressiven Kurs abzubringen. Die Zeit, in der es für Japan eine Möglichkeit gab, die Vereinigten Staaten mit Aussicht auf einen Sieg anzugreifen, schien zu verrinnen. In Anbetracht all dessen begannen viele Japaner, den Krieg für unausweichlich zu halten – es sei denn, sie könnten den Amerikanern das unwahrscheinliche Zugeständnis abringen, daß Japan in Asien nach Belieben verfahren könne.

Die japanische Strategie für den Fall der Bedrohung aus dem Osten hatte sich seit dem Ersten Weltkrieg kaum verändert. Der Operationsplan sah vor, die US-Flotte bei der Fahrt über den Pazifik systematisch zu dezimieren und dann Hunderte von Kilometern östlich von Japan in eine Entscheidungsschlacht zu zwingen. Doch Yamamoto, inzwischen Admiral und seit 1939 Befehlshaber der Vereinigten Flotte, plante anderes. Er war grundsätzlich gegen den Krieg mit den Vereinigten Staaten. Wenn sich ein solcher Krieg jedoch nicht vermeiden ließ, wollte er die US-Flotte gleich mit einem Schlag vernichten, bevor sie zu einer Bedrohung werden konnte; er wollte sie im Hafen von Pearl Harbor überraschen.

Die Flugzeugträger, die den Japanern zur Durchführung dieses Planes fehlten, sollten sie bald bekommen. Seit der Indienststellung der *Kaga* und der *Akagi* Ende der zwanziger Jahre hatten die Japaner den Bau von sechs weiteren Trägern verschiedener Größenordnung begonnen beziehungsweise beendet, wovon die kleinsten wie die *Ryujo* 10 600 Tonnen, die größten, die schnellen Träger *Shokaku* und *Zuikaku,* fast 26 000 Tonnen verdrängten. Insgesamt konnten japanische Träger über 350 Flugzeuge aufnehmen und übertrafen die 81 000 Bruttoregistertonnen, die Japan in den Flottenbegrenzungsabsprachen mit den Vereinigten Staaten und Großbritannien eingeräumt worden waren, um mehr als das Doppelte – allerdings hatte Japan das Abkommen 1936 offiziell aufgekündigt.

Die Aufkündigung der Flottenverträge durch Japan war das Werk der „Flottenfraktion" innerhalb der japanischen Marine. In ihr hatten sich Admirale von Schlachtschiffen zusammengefunden, die die Besetzung der Mandschurei 1931 durch das Heer unterstützt hatten, vor einem Krieg mit

Anfang 1937 wird Japans majestätischer 15 900-Tonnen-Träger „Soryu" im Marinearsenal Kure umgerüstet. Ein gutes Jahr zuvor vom Stapel gelaufen, war die „Soryu" der dritte japanische Träger – nach den wesentlich kleineren Schiffen „Hosho" und „Ryujo" –, der speziell als Flugzeugträger entwickelt und gebaut worden war.

den Vereinigten Staaten nicht zurückschreckten und Flugzeugträger lediglich als Verstärkung der Schlachtschiffe betrachteten. Yamamoto gehörte zur „Vertragsfraktion", einer Gruppe von Seeoffizieren, die überzeugt war, daß Japan einen Krieg mit den Vereinigten Staaten nie gewinnen könnte und ihn deshalb zu vermeiden trachtete. Aber er glaubte auch, daß Flugzeugträger zukünftige Seeschlachten entscheiden würden, unabhängig davon, welches die Gegner wären, und setzte sich mit Nachdruck dafür ein, den technischen Stand der japanischen Flugzeuge zu verbessern und Taktiken für die Marinefliegerei zu entwickeln.

Bei Flottenmanövern im Frühjahr 1940 erzielten Yamamotos Torpedoflugzeuge so glänzende Erfolge beim Angriff auf Schiffe, daß sein eigener Stabschef, Konteradmiral Shigeru Fukudome, erklärte: „Die Zeit ist nunmehr reif für ein entscheidendes Seegefecht, bei dem Torpedoangriffe die Hauptlast tragen." Yamamoto stimmte zu und meinte, daß unter Umständen sogar ein Überraschungsangriff auf die in Pearl Harbor vor Anker liegende US-Flotte von Erfolg gekrönt sein könnte.

Yamamoto wußte, daß der Realisierbarkeit eines solchen Planes zahlreiche Probleme entgegenstanden, die es zu lösen galt. Die japanischen Geleitschiffe, konzipiert, um Gefechte zwischen Schlachtschiffen nahe der

Bei Flottenmanövern im Mai 1937, zwei Monate vor dem Ausbruch des Krieges mit China, machen Mechaniker an Bord des japanischen Flugzeugträgers „Kaga" die Maschinen startklar. Diese Jäger, Sturzkampfbomber und Zerstörer gehörten zu den letzten Doppeldeckern, die damals noch auf japanischen Trägern eingesetzt wurden.

japanischen Küste zu unterstützen, mußten auf See aufgetankt werden, wenn sie Hawaii erreichen sollten, eine Technik, die die Japaner noch nicht perfekt beherrschten. Mit ihren Torpedos hatten die Japaner die gleichen Schwierigkeiten wie die Amerikaner, denn sie tauchten zu tief ein, um sie in Flachwasserhäfen wie Pearl Harbor einsetzen zu können. Ein weiteres Problem war die Koordination von massierten Angriffen, wenn die Träger Funkstille – Voraussetzung für einen Überraschungsangriff – einhalten mußten. Doch Yamamoto war alles andere als entmutigt. Und er sah sich in seiner Überzeugung, die amerikanische Flotte tödlich treffen zu können, bevor sie auslief, im November 1940 sogar noch bestärkt, und zwar durch ein Ereignis auf dem europäischen Kriegsschauplatz: Damals griffen trägergestützte Torpedoflugzeuge der Briten die italienische Flotte in Tarent überraschend und mit verheerender Wirkung an *(S. 42)*.

Yamamoto erarbeitete nun seinerseits einen Plan für einen Angriff bei Vollmond beziehungsweise im Morgengrauen auf die amerikanische Flotte in Pearl Harbor. Zu Fukudome sagte er: „Ich brauche einen Marineflieger, der durch seine bisherige Laufbahn nicht in konventionellen Einsatzkonzepten festgefahren ist, um die Erfolgsaussichten zu untersuchen." Die Wahl fiel auf Konteradmiral Takijiro Onishi, einen Angehörigen des Marineplanungs-

Angreifende Flugzeuge des britischen Trägers „Illustrious" kurven über den schwer getroffenen Schiffen der italienischen Flotte im Hafen von Tarent. Das Gemälde ist von Laurence Bagley.

Die „Illustrious" war der erste voll gepanzerte Flugzeugträger der Welt und hatte ein fast acht Zentimeter dickes stählernes Flugdeck. Die Aufnahme entstand kurz vor dem Angriff auf Tarent.

Der Beweis für die Schlagkraft des Trägers

Am 11. November 1940 startete vom Deck des britischen Flugzeugträgers *Illustrious* ein Dutzend Doppeldecker vom Typ Fairey Swordfish und nahm im Schutz der Dunkelheit Kurs über das Mittelmeer auf das rund 300 Kilometer nordwestlich gelegene italienische Festland. Die leichtgebauten Flugzeuge hatten den Hafen von Tarent zum Ziel, einen gegen Luftangriffe gut gesicherten Stützpunkt der italienischen Marine, in dem einer ihrer Flottenverbände vor Anker lag. Der Angriff sollte die Flugzeugträger als Waffen der Marine auf eine harte Bewährungsprobe stellen. Nie zuvor waren Trägerflugzeuge gegen einen ganzen Kriegsschiffverband eingesetzt worden.

Von Kapitänleutnant Kenneth Williamson geführt, fächerten die zwölf Flugzeuge — sechs davon mit Torpedos, vier mit Bomben und zwei mit Bomben und Leuchtkugeln beladen, um die Ziele zu beleuchten — vor Tarent aus, um die Flugabwehr zu verwirren. Im Abstand von etwa einer Stunde folgte ihnen eine zweite Angriffswelle aus neun Flugzeugen von der *Illustrious*.

Im ununterbrochenen Feuerhagel der Flugabwehr kurvten die Swordfish über dem gegnerischen Hafen und setzten dabei drei Schlachtschiffe, einen Kreuzer und zwei Zerstörer außer Gefecht – die Hälfte der italienischen Seestreitmacht. Die Angreifer selbst verloren nur zwei Flugzeuge.

Am Tage nach dem vernichtenden Angriff lief der Rest der italienischen Flotte nordwärts, um in Neapel Schutz zu suchen. Das Mittelmeer überließen sie der britischen Marine – und das zu einem frühen und kritischen Zeitpunkt des Krieges. Einen überzeugenderen Beweis für die Bedeutung des Flugzeugträgers als Angriffswaffe hätte man sich kaum denken können.

stabs mit weitreichender Erfahrung im Einsatz von Flugzeugen. Onishi begann seine Analyse im Januar 1941. Sein Mitarbeiter war Minoru Genda, inzwischen Fregattenkapitän.

Durch einen Zufall hatte Genda kurz zuvor eine Lösung für das Problem der Koordination eines Luftangriffs bei vollkommener Funkstille gefunden. Seinen Einfall verdankte er ausgerechnet einem Wochenschaubericht über eine Formation von vier amerikanischen Flugzeugträgern, den er im Oktober 1940 sah. Bei den Japanern war es üblich, daß die Träger jeweils in Zweiergruppen in weitem Abstand voneinander operierten. In dieser Formation trennten die einzelnen Trägereinsatzgruppen mehr als 150 Kilometer. Gleichzeitig konnten sie 80 bis 100 Flugzeuge über der gegnerischen Flotte konzentrieren. Genda ließ der Gedanke an die Viererformation der amerikanischen Schiffe nicht ruhen. Dann fiel ihm eines Tages plötzlich ein, daß man lediglich vier oder mehr Träger zu einer Einsatzgruppe zusammenfassen und ihre Operationen durch Sichtzeichen koordinieren mußte, um auf den Funkverkehr verzichten zu können.

„Die Schwäche dieser Taktik", erklärte er später, „lag in der Verwundbarkeit der Formation bei feindlichen Luftangriffen. Aber man konnte davon ausgehen, daß die Luftverteidigung durch die Jäger über der Einsatzgruppe und das konzentrierte Flugabwehrfeuer der Träger und ihrer Geleitschiffe weit wirkungsvoller sein würden als das Auseinanderziehen der Schiffe und ihres Jagdschutzes." Genda schlug schließlich vor, die Taktik des Auseinanderziehens in Gefechten mit gegnerischen Flugzeugträgern anzuwenden, wenn es entscheidend auf Beweglichkeit ankam, die Träger beim Angriff auf Landziele – und vor Anker liegende Schiffe – jedoch im Abstand von 7000 Metern zu geschlossenen Viererformationen zusammenzufassen.

Im April 1941 stand das Urteil von Onishi und Genda fest. Der Angriff hatte gute Erfolgsaussichten, meinten sie, wenn das Überraschungsmoment gewährleistet war und die Torpedos so verbessert werden konnten, daß sie sich auch im Hafen von Pearl Harbor, der teilweise nur 14 Meter tief war, einsetzen ließen. Dem Planungsstab der Marine erschien die Operation zu riskant. Dennoch begann Yamamoto unverzüglich mit der generalstabsmäßigen Planung des Unternehmens. Die Vereinigte Flotte hatte er bereits umorganisiert, indem er die Mehrzahl der Flugzeugträger einer neuen Ersten Luftflotte zuordnete. Das Kommando erhielt Vizeadmiral Chuichi Nagumo, der zwar kein Pilot, aber ein erfahrener Flaggoffizier war. Was ihm an fliegerischer Erfahrung fehlte, brachten sein Stabschef, Konteradmiral Ryunosuke Kusaka, der selbst Flugzeugführer war und das Kommando über die *Hosho* und die *Akagi* gehabt hatte, und Genda mit, der als fliegerischer Einsatzoffizier der Flotte vorgesehen war.

Yamamoto hoffte, den Angriff persönlich leiten zu können. Doch das hing davon ab, ob jemand seinen Platz als Befehlshaber der Vereinigten Flotte übernehmen konnte. Im Spätsommer verlagerte er das Schwergewicht der Ausbildung auf Torpedoangriffsübungen und Trägerangriffe aus der Viererformation. Um die Erfolgsaussichten für den Angriff zu erhöhen, zog er die Hälfte seiner erfahrenen Jagdflieger aus China ab.

Im Laufe des Sommers wurde immer deutlicher, daß die diplomatischen Bemühungen, den Zusammenstoß zwischen Japan und Amerika zu verhindern, letztlich zum Scheitern verurteilt waren. Im Juli schloß Präsident Roosevelt Öllieferungen in das Handelsembargo ein, und Japan brauchte sofort eine neue Bezugsquelle. Am 6. September 1941 begann die Planung der Invasion Niederländisch-Indiens, das große Ölvorkommen besaß, und Britisch-Malayas, wo Gummi produziert wurde. Um die Seewege zu sichern, mußten darüber hinaus auch die Philippinen erobert werden; danach war der Krieg mit Amerika nur noch eine Frage der Zeit.

Noch aber stand nicht fest, ob Yamamotos Angriffsplan auf die US-Flotte vom Kommandostab der Marine überhaupt genehmigt werden würde. Mitte September waren die Aussichten dafür alles andere als rosig. Während einer Planübung in der Marinestabsakademie, bei dem die Hawaii-Operation auf einer Lagekarte von Pearl Harbor durchgespielt wurde, wurde ein Teil der Träger, die Hawaii bei Tag erreichten, durch einen amerikanischen Gegenangriff als versenkt erklärt. Von den im Schutz der Dunkelheit herankommenden Trägern wurde dagegen nicht ein einziger auch nur gesichtet. Dennoch hatte der Planungsstab der Marine starke Bedenken, Japans Träger bei einem solchen Angriff aufs Spiel zu setzen. Die Planübung ließ auch Nagumo, Onishi und sogar Kusaka am Ausgang des Unternehmens zweifeln.

Nur Genda blieb zuversichtlich – und natürlich Yamamoto, der die Meinung vertrat, der Verlust der Träger, wie er in der Planübung angenommen worden war, könne sich vermeiden lassen, indem man den Angriff vor Anbruch der Morgendämmerung einleitete. Yamamoto weigerte sich, seinen Plan aufzugeben. Wenn Japan sich den Irrsinn eines Krieges mit den Vereinigten Staaten leisten wollte, erklärte er, dann mußte die Hawaii-Operation genehmigt werden, sonst würde er zurücktreten. Der Marinekommandostab lenkte ein, bestand jedoch darauf, daß Yamamoto mit den Schlachtschiffen in japanischen Gewässern blieb, während Nagumo und Kusaka die Erste Luftflotte nach Pearl Harbor führten.

In der Zwischenzeit war die Erste Luftflotte in der Bucht von Kagoshima, einem Abbild Pearl Harbors in Südjapan, zusammengezogen worden, um den Einsatz zu üben. Nur die höheren Planungsoffiziere kannten den eigentlichen Zweck dieser Vorbereitungen, und nur sie hatten Zugang zu einem großen Gipsmodell von Pearl Harbor, das sich an Bord der *Akagi* befand. Korvettenkapitän Mitsuo Fuchida vom Stab der Dritten Trägerdivision erhielt den Befehl, sich auf dem Flaggschiff *Akagi* zu melden. „Kein Grund zur Aufregung, Fuchida", erklärte ihm sein alter Freund Genda, „wir wollen nur, daß Sie unsere Luftwaffe führen, falls wir Pearl Harbor angreifen!" Von der Idee begeistert, unterwarf Fuchida seine Piloten einem erbarmungslosen Drill. 40-cm-Marineartilleriegranaten wurden zu panzerbrechenden Bomben umkonstruiert. Im September überwand die *Kaga* die logistischen Probleme der langen Fahrt, indem sie bewies, daß sie unterwegs auftanken konnte. Im Oktober fanden Genda und Kapitän Fumio Aiko auch eine Lösung für das Problem der zu tief eintauchenden Torpedos, indem sie sie mit hölzernen Stabilisierungsflossen versahen.

Man kam überein, Pearl Harbor am 7. Dezember hawaiischer Zeit anzugreifen, um den Vollmond für einen Überfall vor dem Morgengrauen ausnutzen zu können. Der 7. Dezember fiel darüber hinaus auf einen Sonntag, und es war bekannt, daß die US-Flotte sonntags gewöhnlich vollzählig im Hafen lag. Die Japaner hofften, in Pearl Harbor alle acht Schlachtschiffe der Pazifikflotte sowie vier Flugzeugträger vorzufinden: *Lexington, Yorktown, Enterprise* und *Hornet.* Die drei letzteren waren gebaut worden, nachdem Japan das Flottenbegrenzungsabkommen aufgekündigt hatte. Die *Saratoga* befand sich zur Überholung in San Diego.

Um nicht von Handelsschiffen entdeckt zu werden, planten die Japaner, über den wenig befahrenen Nordpazifik nach Hawaii zu laufen und sich ihrem Ziel von Nordwesten zu nähern. Aus Gründen der Geheimhaltung mußten sich die sechs Träger einzeln auf den Weg zu ihrem geheimen Treffpunkt in der Hitokappu-Bucht auf den nördlich von Japan gelegenen Kurilen machen. Am 26. November lief die Einsatzgruppe aus. Sie umfaßte neben den Trägern zwei Schlachtschiffe, drei Kreuzer, neun Zerstörer und drei U-Boote. Acht Tanker versorgten sie unterwegs zweimal mit Treibstoff, und zwar in ungewöhnlich ruhiger See. Ein Teil der Tanker kehrte danach nach Japan zurück; die übrigen blieben in ihrer Position, um die Schiffe nach dem Angriff erneut zu betanken.

Im Gegensatz zu Admiral Nagumo, dem die vielen Unwägbarkeiten des Auftrags Sorgen machten, reagierten seine Piloten mit begeisterter Zustimmung, als sie endlich erfuhren, welcher Einsatz ihnen bevorstand. Am 6. Dezember um 11.30 Uhr drehte die Flotte auf ihren Kurs zum rund 320 Kilometer nördlich von Pearl Harbor gelegenen Ablaufpunkt ein, um ihn pünktlich vor dem Morgengrauen des 7. zu erreichen. Von einem japanischen Spion auf Hawaii trafen gute Nachrichten ein. Sämtliche amerikanischen Schlachtschiffe befanden sich im Hafen, und es waren „weder Sperrballons, noch Torpedonetze zum Schutz der Schlachtschiffe ausgebracht. Keine Funktätigkeit, die auf feindliche Seepatrouillen im Gebiet um Hawaii hindeutet." Aber es gab auch schlechte Nachrichten: „Lexington gestern aus Hafen ausgelaufen", hieß es in dem Bericht weiter. „Enterprise soll mit ihren Flugzeugen ebenfalls auf See operieren. Alle Träger und schweren Kreuzer sind auf See."

Keine Flugzeugträger im Hafen! Admiral Nagumo besprach die Lage mit seinem Stab. Einer der Offiziere meinte, acht Schlachtschiffe bildeten ein lohnendes Ziel, auch ohne die Träger. Nagumo sah die Situation genauso und beschloß, den Angriff wie geplant durchzuführen, auch auf die Gefahr hin, daß die Träger wahrscheinlich entkommen würden.

Mitten in der Nacht wurden die Piloten zum traditionellen Frühstück vor dem Kampf geweckt, das aus rotem Reis, Fisch und Maronen bestand. Um 5.30 Uhr starteten von den Kreuzern zwei Wasserflugzeuge, um in Richtung Pearl Harbor aufzuklären. Sie waren die einzigen Aufklärer, die von der mächtigen Armada ausgeschickt wurden, um Meldungen über das Wetter in Pearl Harbor und die Position der amerikanischen Schiffe über Funk an die später startenden Flugzeuge durchzugeben. Hätten die amerikanischen Flugzeugträger im Seeraum von Hawaii operiert, wäre Nagumo mit der Entsendung von nur zwei Aufklärern ein großes Risiko eingegangen. So aber hatte er Glück. Die Lexington und die Enterprise waren auf dem Weg nach Midway und Wake, um dort Marineflugzeuge zu stationieren, während sich die beiden anderen Träger, abweichend von den Meldungen des japanischen Nachrichtendienstes, überhaupt nicht im Pazifik aufhielten. Die Yorktown war der Atlantikflotte zugeteilt worden, und die Hornet befand sich auf einer Erkundungsfahrt in der Karibik.

Als Fuchida gefrühstückt hatte, ging er in die Einsatzzentrale der Akagi und meldete Admiral Nagumo: „Ich bin zum Einsatz bereit."

„Ich habe volles Vertrauen zu Ihnen", erwiderte der Admiral und begleitete Fuchida in den Einsatzraum der Piloten, um das Wort noch einmal an die Flugzeugführer zu richten.

Anschließend begab sich Fuchida auf das Flugdeck, wo auf einer riesigen Tafel, die an der Kommandobrücke hing, mit Kreide die Worte Yamamotos geschrieben standen: „Aufstieg und Fall des Kaiserreichs hängen von diesem Einsatz ab. Ich erwarte, daß jeder von Ihnen seine Pflicht erfüllt." Fuchida kletterte in das Cockpit seines Torpedobombers, den er selbst jedoch nicht steuerte. (Es handelte sich um eine Nakajima B5N2 Modell 97, der die amerikanischen Marineangehörigen, die leichter aussprechbare Namen bevorzugten, die Code-Bezeichnung „Kate" gegeben hatten.) Von der Kate aus sollte Fuchida den Angriff leiten.

Um 6 Uhr früh startete, vom Jubelruf „Banzai" der Seeleute begleitet, das erste Flugzeug vom Deck der Akagi. Es war eine Mitsubishi A6M2 Zero, ein schneller, beweglicher Jäger, bei dessen Bau die Japaner ihre Erfahrungen aus dem Krieg mit China verwertet hatten. Sie wurde von Kapitänleutnant

Vizeadmiral Chuichi Nagumo steht auf der Brücke seines Flaggschiffs „Akagi". Er führte den japanischen Flottenverband auf Pearl Harbor. Das Photo entstand kurz vor diesem Angriff. Aus Sorge, daß seine Träger bei einem Gegenangriff aus der Luft vernichtet werden könnten, wollte Nagumo das Kommando zunächst nicht übernehmen.

Shigeru Itaya geflogen, dem Geschwaderführer der Jäger. Mit 42 weiteren Zeros von drei Trägern sollte Itaya für die angreifenden Flugzeuge den Luftraum über Pearl Harbor decken.

Im Anschluß an die Zeros startete die erste Welle der Angriffsflugzeuge und stieg in den wolkenverhangenen Himmel, allen voran Fuchida, dem weitere 48 Kates folgten, jede mit einer der aus Artilleriegranaten gefertigten panzerbrechenden Bomben bestückt. Dann hob Kapitänleutnant Kakuichi Takahashi an der Spitze von 51 Sturzkampfbombern (vom Typ Aichi D3A1 Modell 99, bei den Amerikanern als „Val" bekannt) von der *Shokaku* ab; alle trugen eine Bombe von etwa 250 Kilogramm Gewicht. Das Ende der ersten Angriffswelle bildete Kapitänleutnant Shigeharu Murata, der 40 mit Torpedos beladene Kates von der *Akagi* anführte. Um 7.15 Uhr machte sich eine zweite, 170 Flugzeuge starke Angriffswelle auf den Weg nach Oahu. An ihrer Spitze flog der Geschwaderführer der *Zuikaku*, Kapitänleutnant Shigekazu Shimazaki. Dreißig Zeros blieben zurück, um einen eventuellen Angriff auf die Träger abzuwehren.

Um 7 Uhr empfing Fuchida, der etwa die Hälfte der Strecke zum Ziel zurückgelegt hatte, einen Wetterbericht aus Honolulu, in dem für Pearl Harbor klarer Himmel vorausgesagt wurde. Fuchida peilte mit seinem Funkgerät die Station an und korrigierte seinen Kurs. Kurze Zeit später sah

Dieses von den Japanern aufgenommene Photo zeigt die US-Pazifikflotte bei Ford Island in Pearl Harbor, die am 7. Dezember 1941 hilflos dem Überraschungsangriff ausgesetzt ist. Hätten die Japaner auch die lebenswichtigen Ölvorrats-tanks (oben rechts) angegriffen und vernichtet, wäre die amerikanische Pazifikflotte dadurch für Monate außer Gefecht gesetzt worden.

er die weiße Brandung am Strand von Oahu. Er richtete sein Fernglas auf Battleship Row, das im morgendlichen Dunst lag, „auf die Schiffe, die friedlich schaukelnd vor Anker lagen. Ich zählte, ob sie alle da waren. Tatsächlich, die Schlachtschiffe waren vollzählig vorhanden, alle acht! Aber die leise Hoffnung, vielleicht doch noch irgendwelche Träger vorzufinden, mußten wir jetzt aufgeben. Nicht einer war zu sehen."

Pearl Harbor schien noch zu schlafen. Fuchida schob das Kabinendach zurück und feuerte eine Leuchtkugel ab, das verabredete Signal, daß keine feindliche Abwehr angetroffen worden war. Takahashi, der Führer der Sturzkampfbomber von der *Akagi* und der *Kaga,* griff vor den Kates an. Um 7.55 Uhr klinkten sie ihre Bomben über den Heeresflugplätzen Wheeler und Hickam sowie den Marinefliegerstationen auf Ford Island aus. Daneben waren die Schlachtschiffe verankert, deren Besatzungen gerade zur Flaggenparade antraten. Als er die Bomben zwischen abgestellten Flugzeugen explodieren sah, fürchtete Murata, der Führer der Torpedoflugzeuge, daß die aufsteigenden Rauchwolken seine Ziele verhüllen könnten, und ging mit seinen Kates nur zwei Minuten später zum Angriff über.

Weiße Fontänen markierten die Stellen, an denen die Torpedos in den Hafen fielen, bevor sie unter der Oberfläche, wie dunkle Schatten und Blasenbahnen hinter sich herziehend, schnurgerade auf Battleship Row zuliefen. Dann, als die sorgsam gezielten Torpedos trafen, schossen an den Bordwänden der großen Schiffe neue Wasserfontänen empor. Zu spät eröffnete die Flugabwehr der Schlachtschiffe das Feuer.

Stabsbootsmann Juzo Mori von der *Soryu* näherte sich beim ersten Anflug einem Kreuzer, entschloß sich aber, seinen Torpedo nicht auszuklinken. „Wenn ich schon fallen sollte", dachte er, als er seinen Torpedobomber zum zweiten Anflug herumzog, „wollte ich wenigstens wissen, daß ich ein amerikanisches Schlachtschiff in die Luft gejagt hatte." Er brachte seine Maschine in Position und raste durch den Feuerhagel im Tiefflug auf sein neues Ziel zu. „Inzwischen war mir kaum mehr bewußt, was ich tat", berichtete er. „Ich reagierte, wie ich es in der langen Ausbildung gelernt hatte, und bewegte mich wie ein Automat. Plötzlich schien das Schlachtschiff, auf das ich mit meiner Maschine zuraste, einen Sprung auf mich zu getan zu haben; es ragte vor mir auf wie eine gewaltige Felswand."

Mori hatte seinen Torpedo kaum ausgeklinkt, als sein Flugzeug, von der Flak in Rumpf und Tragflächen getroffen, zu schlingern und schütteln begann. „Mein Kopf schlug zurück", schrieb er später, „und ich hatte das Gefühl, als hätte ein schwerer Balken meinen Kopf getroffen. Aber ich habe es geschafft! Ein perfekter Abwurf! Und die Maschine fliegt!" Mori passierte das Schlachtschiff und drehte nach Süden ab, um die Amerikaner hinsichtlich der Position der japanischen Schiffe zu täuschen.

Während die letzten Torpedoflugzeuge ihren Angriff beendeten, erschienen Fuchidas Bomber in einer Höhe von 3000 Metern über Battleship Row. Doch das Feuer der Flak und Wolken verdeckten die Ziele, so daß sie ihre Bomben nicht ausklinkten. So schwenkten sie auf einen weiten Vollkreis ein, um ihr Glück noch einmal zu versuchen. Inzwischen gingen die Torpedobomber von der *Kaga* zum Angriff über.

Zwischen den Schlachtschiffen stieg plötzlich eine gewaltige Explosionswolke aus Flammen und dunkelrotem Rauch auf: Eine Bombe war in die vordere Munitionskammer des Schlachtschiffs *Arizona* eingeschlagen und hatte die Munition zur Explosion gebracht. Die *Arizona* sank in Sekundenschnelle und nahm über 1000 Mann ihrer Besatzung mit in die Tiefe.

Dann kehrte Fuchida mit seinen Torpedobombern zurück. Sie erzielten mehrere Treffer. Ihnen folgten Itayas Jäger, die Schiffe, Bodeneinrichtungen und mehrere Flugplätze auf Oahu mit Bordwaffen beschossen.

Von angreifenden Trägerflugzeugen der Japaner überrascht, brennen die US-Schlachtschiffe „West Virginia" (links) und „Tennessee" im Hafen von Pearl Harbor aus.

Kurz nach 8.30 Uhr war der erste Angriff vorüber. Doch Korvettenkapitän Fuchida blieb über Oahu, um sich ein Bild von dem angerichteten Schaden zu machen und die zweite Angriffswelle zu beobachten, die, geführt von Kapitänleutnant Shimazaki, um 8.55 Uhr eintraf. Shimazaki selbst attackierte an der Spitze von 54 Bombern die Flugplätze von Hickam, Ford Island und Kaneohe. Nicht weniger als 80 Sturzkampfbomber suchten sich zur gleichen Zeit ihre Opfer unter den Schiffen im Hafen. Inzwischen war eine Handvoll amerikanische Jäger gestartet, um die Angreifer zurückzuwerfen, aber sie waren dem Jagdschutz, der die zweite Angriffswelle begleitete, hoffnungslos unterlegen. Die von Oberleutnant Shindo von der *Akagi* geführten 36 Zeros dieser Formation schossen ein halbes Dutzend amerikanische Flugzeuge ab und vernichteten mehrere am Boden. Um 10 Uhr war auch der letzte Angriff vorbei, und die japanischen Flugzeuge waren, um die Amerikaner zu verwirren, in verschiedene Richtungen abgedreht, bevor sie nach Norden einschwenkten und zu ihren Trägern zurückkehrten. Fuchida bildete die Nachhut. Er hatte auf zwei Zeros gewartet, um sie zurückzuführen, weil die Jäger nicht mit Peilgeräten ausgerüstet waren, die es ihnen ermöglicht hätten, ihre Träger wieder aufzufinden.

Fuchidas 353 Flugzeuge hatten die US-Pazifikflotte außer Gefecht gesetzt. Außer der *Arizona* sanken oder kenterten die Schlachtschiffe *California, Oklahoma, West Virginia* und ein Minenleger. Die *Nevada* lag mit schweren Schäden in der Nähe der Hafeneinfahrt auf Grund. Drei weitere Schlachtschiffe waren beschädigt worden, ebenso drei Leichte Kreuzer, drei Zerstörer und verschiedene kleinere Fahrzeuge. Annähernd 350 Flugzeuge waren zerstört oder schwer beschädigt worden; die Amerikaner zählten 2403 Gefallene und 1178 Verwundete.

Die Japaner verloren 29 Flugzeuge und 55 Mann ihres fliegenden Personals. Um 13 Uhr kamen die letzten Maschinen von Fuchidas Einsatzverband wieder auf ihren Trägern an. Stolz auf ihren Erfolg, brannten die Piloten darauf, sofort zu einem weiteren Angriff zu starten; eine Aktion, die Fuchida Admiral Nagumo dringend empfahl, da sie möglicherweise die amerikanischen Flugzeugträger hervorlocken konnte. Statt sich, wie geplant, nach Norden zurückzuziehen, wollte er sogar in den Seeraum südlich von Hawaii laufen, um die US-Träger zum Kampf zu stellen. Aber die Tanker, die die japanische Flotte betanken sollten, befanden sich bereits auf dem Weg zu den vereinbarten Treffpunkten, und Nagumo bezweifelte, daß sich durch einen erneuten Angriff Wesentliches gewinnen ließ. Um 13.30 Uhr gab er seinen Trägern den Befehl zum Rückzug.

Sinn der Hawaii-Operation war es gewesen, die US-Flotte daran zu hindern, in die Invasionskämpfe in Niederländisch-Indien und Malaya einzugreifen. Das war gelungen, und der Erfolg der Operation machte deutlich, daß in der Seekriegführung eine neue Ära angebrochen war – der Trägerkrieg. Der einzige wesentliche taktische Fehler der Japaner bestand darin, daß sie es unterließen, amerikanische Anlagen in Pearl Harbor zu zerstören, nämlich Reparaturwerften, Stromversorgung, Öltanks, Munitionslager und U-Boot-Liegeplätze. Sie alle blieben verschont, und dieser Umstand trug dazu bei, daß sich die amerikanische Flotte schneller, als man erwarten konnte, wieder von dem Schlag erholte.

Alles in allem war der Überraschungsangriff auf Pearl Harbor, so schwer er die Amerikaner auch traf, kein kluger Schachzug. Abgesehen von der Tatsache, daß er den Japanern herzlich wenig Zeit verschaffte, brachte er die amerikanische Bevölkerung auf und vereinte sie in dem Wunsch nach Rache. Und er zwang die ihrer Schlachtschiffe beraubte US-Marine, das Schwergewicht auf genau jene Waffe zu legen, mit der die Japaner sie geschlagen hatten – nämlich den Flugzeugträger. ～～

In Gefechtsbereitschaft erwarten Piloten und Flugabwehrkanoniere an Bord der „Akagi" das Auslaufen ihres Trägers aus der Hitokappu-Bucht.

Vorbereitungen auf Pearl Harbor

„Die Würfel sind gefallen. Der Pfeil ist gerade von der Sehne des Bogens geschnellt", vertraute ein japanischer Offizier am 29. November 1941 seinem Tagebuch an. Er befand sich an Bord des Flugzeugträgers *Akagi,* des Flaggschiffs eines Kampfverbandes, der Pearl Harbor angreifen sollte. Drei Tage zuvor hatten 31 Schiffe, darunter sechs Träger, die Hitokappu-Bucht, ihren heimlichen Treffpunkt im rauhen Nordpazifik, verlassen *(links).* In sieben Tagen fuhr die todbringende Armada fast 2800 Seemeilen weit, um am 7. Dezember 1941 in den Gewässern vor Hawaii einen vernichtenden Luftangriff auf die amerikanische Flotte in Pearl Harbor zu starten.

Der historischen Bedeutung gemäß, die dieser Angriff hatte, photographierten Seeleute an Bord der *Akagi* jede Phase der Unternehmung mit großer Detailgenauigkeit – von ihren eigenen Hängematten, die als Splitterschutz für die Trägeraufbauten verwendet wurden, bis zu dem begeisterten Mützenschwenken, das den Start eines Zero-Piloten begleitete. Die Aufnahmen, von einem japanischen Sammler nach dem Krieg in mühevoller Arbeit zusammengetragen, werden hier zum erstenmal außerhalb Japans veröffentlicht. Sie bezeugen die präzise Vorbereitung und den glühenden Patriotismus, von dem Japans Erste Luftflotte beseelt war, als sie auszog, den Vereinigten Staaten den ersten Schlag zu versetzen – und dabei einen überwältigenden Sieg ihrer Flugzeugträger errang.

Die Torpedos – hier auf dem Flugdeck der „Akagi"
– waren mit speziellen Stabilisierungsflossen
ausgerüstet, damit sie sich nicht in das seichte
Hafenwasser von Pearl Harbor bohrten.

„Akagi" (Vordergrund), „Kaga" und „Zuikaku" bilden eine Seite der schlagkräftigen Formation aus sechs japanischen Flugzeugträgern, die auf Hawaii zuläuft.

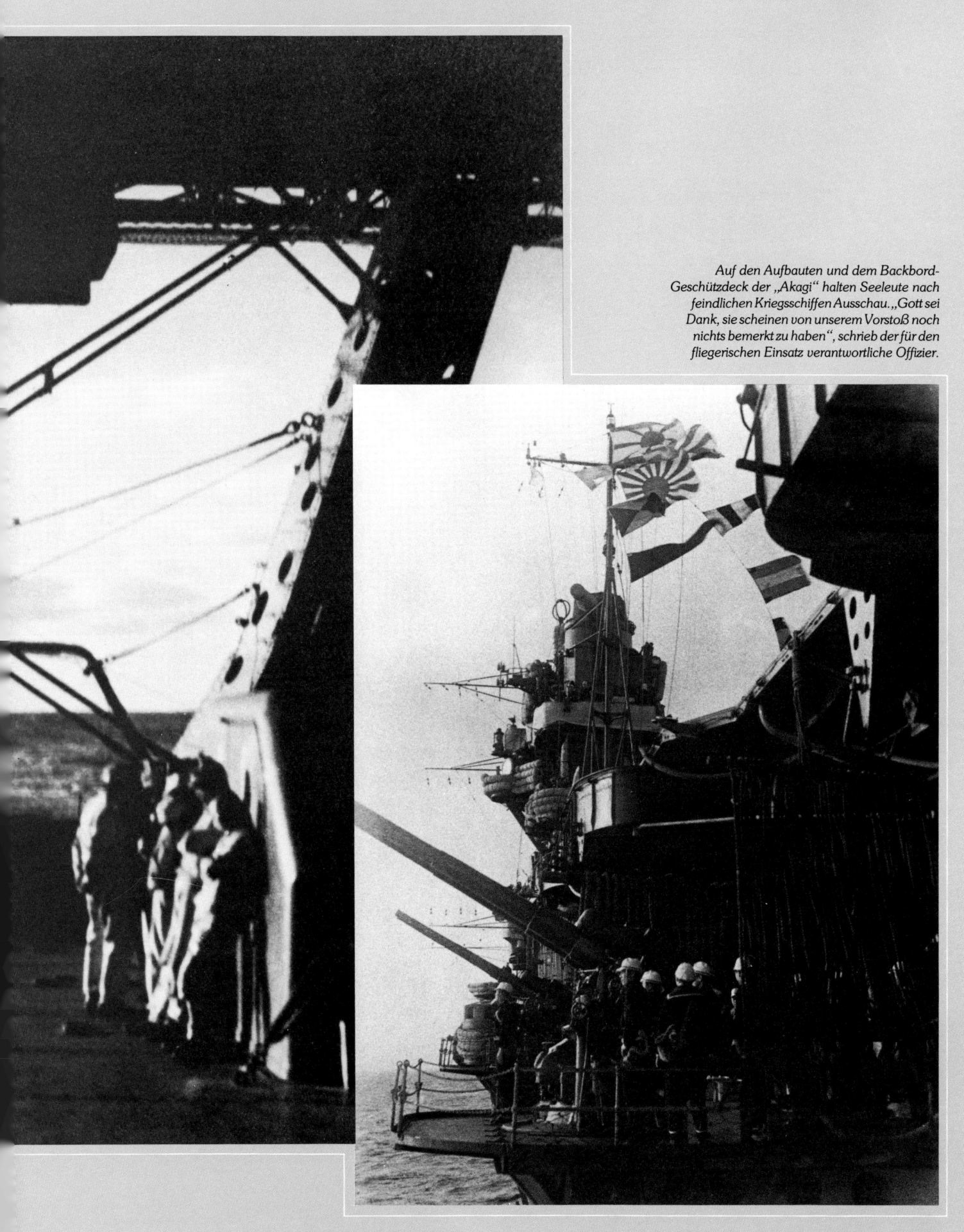

Auf den Aufbauten und dem Backbord-Geschützdeck der „Akagi" halten Seeleute nach feindlichen Kriegsschiffen Ausschau. „Gott sei Dank, sie scheinen von unserem Vorstoß noch nichts bemerkt zu haben", schrieb der für den fliegerischen Einsatz verantwortliche Offizier.

Am 7. Dezember stehen Mechaniker bereit zum Wegziehen der Bremsklötze von den Rädern einer Zero, die startklar neben der Brücke der „Akagi" steht.

Seeleute schwenken ihre Mützen und verabschieden eine auf dem Deck des Trägers zum Start anrollende Zero mit begeisterten „Banzai"-Rufen.

Vor dem Morgenhimmel hebt sich die Silhouette einer Nakajima B5N2 ab, die mit einer panzerbrechenden 800-Kilogramm-Bombe beladen ist.

57

Ein Torpedobomber, der vom Angriff auf Pearl Harbor zurückkommt, wird von einem Einweiser (Vordergrund rechts) zur Landung eingewinkt.

Den Sieg des Tages auskostend, studiert ein er-
schöpfter Pilot Karten, auf denen Schätzungen
über die von der ersten Angriffswelle unter den
amerikanischen Flugzeugen auf Pearl Harbor verursachten Schäden verzeichnet sind. Die drei großen Zeichen unter den Karten beziffern die Zahl
der als versenkt gemeldeten Schlachtschiffe.

2

Die Schlacht in der Korallensee

In den ersten sechs Monaten", hatte Admiral Yamamoto dem japanischen Ministerpräsidenten mehr als ein Jahr vor dem Beginn des Krieges mit den Vereinigten Staaten erklärt, „verbürge ich mich für einen erbitterten Kampf. Aber was passiert, wenn er zwei oder drei Jahre dauern sollte, wage ich beim besten Willen nicht zu sagen." Und tatsächlich schien es, als könne die Japaner in diesen ersten sechs Monaten, für die er die Garantie übernommen hatte, nichts und niemand aufhalten.

Nach dem Angriff auf Pearl Harbor wüteten die japanischen Streitkräfte im Pazifik wie ein Wirbelsturm. Im mittleren Pazifik unterstützten Yamamotos Flugzeugträger japanische Marineinfanteristen, die die Amerikaner von der Insel Wake vertrieben und den Holländern Niederländisch-Indien entrissen. Während die japanischen Landstreitkräfte nach Südostasien vorstießen, hielten die Träger die Alliierten in Schach, indem sie den von den Australiern gehaltenen Hafen und die Flugplätze von Rabaul auf Neubritannien, Port Darwin in Australien und britische Stützpunkte auf Ceylon angriffen. Auf den Philippinen und der Halbinsel Malaya, wo die japanischen Invasionstruppen nur schwachen alliierten Widerstand zu überwinden hatten, wehte Japans Flagge. Im April 1942 befanden sich ein großer Teil Neuguineas und Rabaul in der Hand der Japaner, die das Ziel verfolgten, ihr Herrschaftsgebiet östlich bis nach Samoa (*Karte, S. 62-63*) auszudehnen, um auf diese Weise eine Barriere zwischen sich und Australien zu errichten und die Alliierten daran zu hindern, diesen Kontinent als Basis für Gegenangriffe zu benutzen.

Japans unaufhaltsamer Vorstoß ließ das Land der aufgehenden Sonne, deren Glanz mit jeder eingenommenen Insel, mit jedem eroberten amerikanischen Stützpunkt immer heller erstrahlte, unbesiegbar erscheinen. Die Japaner selbst verstanden ihre neugewonnene Größe bald als die Erfüllung einer göttlichen Bestimmung. Endlich schienen sie im Begriff, den ganzen Fernen Osten zu beherrschen, wie es ihnen in alten schintoistischen Schriften bereits prophezeit worden war.

Im Frühjahr 1942 aber war die Zeit für die Erfüllung der Prophezeiung vermutlich noch nicht reif, denn die US-Pazifikflotte schickte sich an, Japans Überlegenheit auf die Probe zu stellen. Nach vorsichtigen Angriffen auf Japans neue Außenposten, auf die sich die Amerikaner anfangs beschränkten, sollte es Anfang Mai zu einer Seeschlacht zwischen den beiden Mächten kommen, wie sie die Welt noch nicht gesehen hatte, einer Seeschlacht, in der die beteiligten Kampfverbände kein einziges Mal auf Sichtweite aneinander herankamen, da trägergestützte Flugzeuge den Kampf über einem Hunderte von Kilometer weiten, offenen Seegebiet austrugen.

Ein Aichi-Sturzkampfbomber, Speerspitze des schnellen japanischen Vorstoßes im Südwestpazifik, führt einen Angriffsverband, der Rabaul auf Neubritannien zum Ziel hat. Die Stadt fiel kurze Zeit später, im Januar 1942.

Die Karte zeigt, rot markiert, das von den Japanern im Zweiten Weltkrieg annektierte Gebiet im Pazifik, das im Frühjahr 1942 seine größte Ausdehnung hatte.

ALASKA

KANADA

VEREINIGTE
STAATEN
VON AMERIKA

HAWAII-INSELN

Für den Kampf gegen die Japaner standen den Vereinigten Staaten nur vier Flugzeugträger zur Verfügung. Die *Yorktown* und die *Hornet* waren zur Unterstützung der *Lexington* und der *Enterprise* in den Pazifik entsandt worden. Die *Saratoga*, am 11. Januar 1942 auf Patrouillenfahrt südwestlich von Hawaii durch ein U-Boot torpediert und beschädigt, hatte in die Werft gehen müssen. Gegner der amerikanischen Träger waren Japans sechs Veteranen von Pearl Harbor. Diese mächtigen Träger auf beiden Seiten, an Schlagkraft einander etwa ebenbürtig, unterschieden sich kaum in Größe und Geschwindigkeit. Einen deutlichen Vorteil jedoch hatten die Amerikaner: Ihre Schiffe waren mit Radar ausgerüstet und konnten anfliegende Flugzeuge orten. Die Japaner hinkten in der Radarentwicklung weit zurück und verfügten noch nicht über Geräte, die sich auf See hätten einsetzen lassen können. Während des gesamten Krieges sollte ihr Radar nie den Stand der US-Marine erreichen. Andererseits besaß Japan neben den größeren Flugzeugträgern die leichten Träger *Hosho* und *Ryujo*, die in den zwanziger und dreißiger Jahren gebaut worden waren, und zwei neue, aus U-Boot-Tendern umgebaute Träger, *Zuiho* und *Shoho*. Somit hatten die Japaner insgesamt zehn größere und kleinere Träger.

Abgesehen davon waren die japanischen Flugzeuge und Flugzeugführer denen der US-Pazifikflotte im großen und ganzen überlegen. Der amerikanische Torpedobomber Douglas TBD Devastator, ein Ganzmetall-Eindekker, der von der Marine 1937 als radikale Neuentwicklung eingeführt worden war, galt 1942 schon als überholt. Mit seiner wenig beeindruckenden Geschwindigkeit von rund 320 Stundenkilometern trug er einen langsam laufenden Torpedo, der, wenn er sein Ziel traf, vielfach nicht explodierte. Die Marine hatte eiligst einen Ersatz für die Devastator in Auftrag gegeben. Doch mit den ersten Lieferungen an die Flotte war erst in Wochen zu rechnen. Der Bau eines neuen Torpedos würde noch Monate in Anspruch nehmen. Bei den Sturzkampfbombern sah die Situation für die Amerikaner etwas besser aus. Die Douglas SBD Dauntless, die auch als Aufklärer eingesetzt wurde, war zweifellos ein überlegenes Flugzeug, das bei 440 Stundenkilometern, die es im 70-Grad-Bahnneigungsflug erreichte, noch stabil und leicht zu fliegen war. Ihre Zuladung betrug 540 Kilogramm.

Ob Torpedoflugzeuge und Sturzkampfbomber mit Erfolg Angriffe auf feindliche Schiffe fliegen konnten, hing weitgehend von der Fähigkeit der Jäger ab, Japans hervorragende Zeros abzuwehren. Mit der Grumman F4F Wildcat hatte die Marine „ein kleines handliches Flugzeug mit winzigen Flächen, in denen eine Batterie Maschinengewehre vom Kaliber 12,7 mm steckte", wie es ein Pilot ausdrückte. An Feuerkraft der Zero mehr als ebenbürtig, war er dem japanischen Jäger mit einer Geschwindigkeit von 510 Stundenkilometern unterlegen – die Zero erreichte 530 Stundenkilometer. Andererseits kam es dank der besseren Panzerung, selbstabdichtenden Tanks und äußerst robusten Bauweise der F4F weniger leicht zu Abschüssen als bei ihrem japanischen Kontrahenten, der durch bessere Steig- und Kurvenflugeigenschaften glänzte.

Einen Teil der Unzulänglichkeiten der Wildcat hätte ein kampferprobter Flugzeugführer durch Erfahrung wettmachen können. Aber zu diesem Zeitpunkt des Krieges besaßen die meisten amerikanischen Marineflieger, die mit nur 300 Flugstunden auf die Träger kommandiert wurden, keinerlei Kampferfahrung. Ihre Gegner verbrachten 700 Flugstunden im Cockpit, bevor sie auf den Schiffen zum Einsatz kamen.

Bei der US-Marine waren die Schwächen ihrer Flugzeuge bekannt, und die Befehlshaber der Jagdstaffeln hatten sich schon Monate vor dem Ausbruch des Krieges Gedanken darüber gemacht. Zu ihnen gehörte Kapitänleutnant John S. „Jimmy" Thach, Führer der 3. Jagdstaffel auf der

Saratoga. Bei der Lektüre von Berichten des amerikanischen Nachrichtendienstes über den Einsatz der Zero-Maschinen während der Kämpfe in China hatte Thach erkannt, daß die Wildcats, wenn sie in ihrer üblichen Dreierformation flogen, den Kampf mit der Zero verlieren mußten. Die enge Dreierformation schränkte die Abwehrmanövrierfähigkeit der Wildcats so ein, daß ein sie verfolgender Zero-Pilot mit Sicherheit versuchen würde, den Gegner durch engeres Kurven und steileres Hochziehen seiner Maschine abzuschießen.

Während der Zeit, die die *Saratoga* 1941 im Dock verbrachte, war Thach auf dem Marinefliegerstützpunkt North Island in San Diego stationiert, wo man ihn an einem Tisch in der Messe stundenlang Streichhölzer hin- und herschieben sehen konnte. Eines Abends hatte er eine Idee: Die Flugzeuge mußten in einer auseinandergezogenen Viererformation von jeweils zwei Rotten fliegen, um den Gegner durch Einkurven auf einen sich kreuzenden Kurs abwehren zu können (*rechts*).

Thach erprobte seine neue Taktik im simulierten Luftkampf. „Ich sah sofort", erinnerte er sich, „daß dieses Manöver noch besser funktionierte, als ich mir erträumt hatte." Wann immer ein Flugzeug einen der von Thach geführten Jäger angriff, bekam er es sofort mit den Bordwaffen des anderen zu tun. Obwohl die Demonstrationsflüge zur vollsten Zufriedenheit verliefen, zögerte die amerikanische Marine, die radikal neue Taktik einzuführen. Erst nachdem sie sich im Ernstfall, in dem sie probeweise zur Anwendung kam, bewährt hatte, wurde sie von der amerikanischen Flotte unter der Bezeichnung „Thach-Weave" (Thach-Scherentechnik) übernommen.

Anfang 1942 sollten die Piloten der amerikanischen Flugzeugträger Gelegenheit bekommen, sich im Kampf zu bewähren, als der Chef der Marine-Operationsabteilung, Admiral Ernest J. King, in Washington beschloß, seine Träger bei Angriffen auf japanische Außenposten im mittleren Pazifik einzusetzen. Mit dieser Taktik, die das Vordringen der Japaner unter Umständen verlangsamen konnte, ging er das geringstmögliche Risiko für die Träger ein – die einzige Waffe, die den Japanern den Weg nach Hawaii verstellte. Da die *Saratoga* vorübergehend aus dem Dienst gezogen war, wurde ein Teil der auf ihr stationierten Flugzeuge, darunter auch Thach und seine Staffel, auf die *Lexington* verlegt, die zusammen mit der *Enterprise* und der *Yorktown* für den Einsatz vorbereitet wurde.

Ende Januar brach Vizeadmiral William F. Halsey jr. mit der *Enterprise* zu den Marshall-Inseln auf. Am 1. Februar griffen seine Dauntless-Sturzkampfbomber japanische Flugplätze auf Roi und Taroa an und versenkten einen Frachtdampfer und einen U-Boot-Jäger im Kwajalein-Atoll. Von den japanischen Stützpunkten starteten Jäger, die zwischen den amerikanischen Formationen hindurchzischten und gelegentlich ein ganz eigenartiges Verhalten an den Tag legten. Oberleutnant zur See Clarence Dickinson beobachtete zwei japanische Piloten, die beim Angriff auf die US-Sturzkampfbomber vorbeigeschossen hatten, aber nicht, wie von ihm erwartet, erneut zum Angriff einschwenkten. Statt dessen sah Dickinson sprachlos, wie „die beiden, sobald sie außer Schußweite waren, ein Kunstflugprogramm hinlegten. Sie flogen einen gemeinsamen Looping, gefolgt von einer eleganten langsamen Rolle. Statt ihren Auftrag, uns zu bekämpfen, zu erfüllen, turnten sie lediglich am Himmel herum." (Erst nach dem Krieg erfuhren die Amerikaner, daß die Japaner auf ihre Akrobatik gelegentlich angewiesen waren. „Gewöhnlich benutzten wir Kunstflugfiguren zur Verständigung", erklärte ein japanischer Pilot seinen staunenden Zuhörern. „Unsere Funkgeräte waren so schlecht, daß wir uns oft durch Rollen, Andrücken und Abkippen absprechen mußten.")

Eine todbringende Taktik

„Kämpft im Team und ihr lebt länger", empfahl Kapitänleutnant J. S. „Jimmy" Thach seinen Männern 1942, als sich herausstellte, daß die F4F Wildcat der US-Marine im Zweikampf der japanischen Zero nicht gewachsen war. Thach empfahl die von ihm entwickelte Scherentechnik *(rechts)*, bei der die Piloten in Rotten eingeteilt wurden.

Die F4Fs flogen auf Parallelkurs und kurten, wenn sie angegriffen wurden, steil aufeinander zu. „Der schnelle Richtungswechsel bewirkt zweierlei", erklärte Thach. „Er erschwert dem gegnerischen Piloten die Annäherung und bringt ihn, da er seinem Ziel in der Regel zu folgen versucht, direkt vor die Bordwaffen unseres Rottenkameraden." Von dem Erfolg überzeugt, führte die US-Marine die „Thach-Weave" als Standardabwehrtaktik ein und beauftragte ihren Erfinder, sie anderen Jagdfliegern beizubringen.

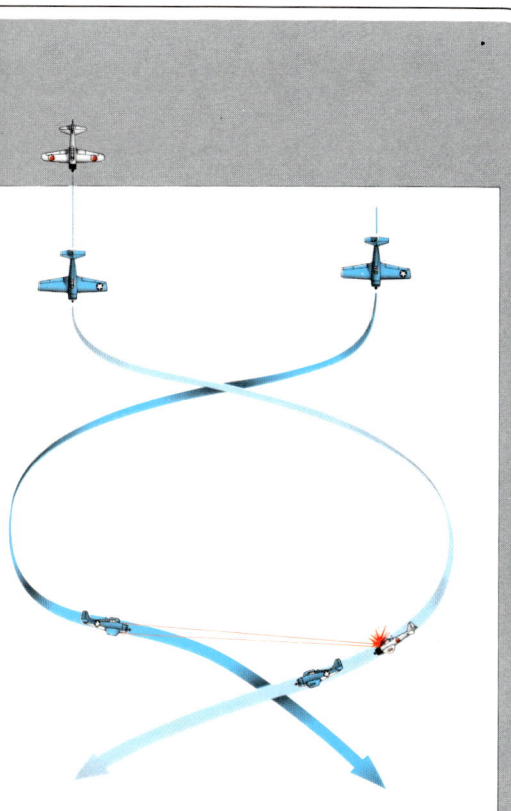

Beim Angriff einer Zero auf eine der beiden nebeneinanderfliegenden Wildcats leiten die amerikanischen Jäger die „Thach-Weave" ein. In diesem Fall kommt es in der zweiten Kurve zum Abschuß.

Kapitänleutnant J. S. „Jimmy" Thach veranschaulicht die Erklärungen, die er 1942 Nachwuchspiloten der Marine in Pearl Harbor gibt, mit den Händen. Seine Taktik wurde außerdem von den US-Heeresfliegern, der britischen RAF und den sowjetischen Luftstreitkräften übernommen.

Jäger und Flugabwehr der Japaner schossen 13 Flugzeuge der *Enterprise* ab, und Halsey beschloß, noch am selben Nachmittag den Rückzug anzutreten. Die *Enterprise* hatte neun Stunden lang in einem begrenzten Seegebiet operiert, eine gefährlich lange Zeit für einen Flugzeugträger, wenn gegnerische Aufklärer nach ihm Ausschau hielten.

Was auch der Fall war. Gegen 13.30 Uhr durchbrachen fünf zweimotorige Bomber vom Typ Mitsubishi G4M Betty Jagdschutz und Flak der *Enterprise* und warfen 15 Bomben über dem Flugzeugträger ab, die ihr Ziel jedoch verfehlten. Als die Flugzeuge abdrehten, erwischten Wildcats die letzte Maschine der Angriffsformation, das „Schlußlicht", wie die Amerikaner lässig sagten. Doch statt mit seinem schwer beschädigten Bomber abzustürzen, zog der Pilot die Maschine herum und flog direkt auf den Träger zu. Der Kommandant des Schiffes, Kapitän George Murray, gab Befehl an den Rudergänger, hart Steuerbord zu steuern, um dem Bomber auszuweichen. Zur gleichen Zeit rannte Maschinenmaat Bruno P. Gaido, ein Bordschütze des fliegenden Personals, der gerade dienstfrei hatte, über das Deck zu einem festgezurrten Dauntless-Bomber. Er warf sich auf den Hecksitz, zielte mit dem Maschinengewehr vom Kaliber 12,7 mm auf die brennende Betty und schoß auf das heranbrausende Flugzeug. Sekunden später streifte die Betty mit der rechten Tragfläche das Leitwerk der Dauntless und rasierte es glatt ab, nur einen knappen Meter von Gaido entfernt, der aufstand und weiterschoß, bis das japanische Flugzeug auf dem Wasser aufschlug. Er wurde auf der Stelle befördert.

Der Krieg der Flugzeugträger hatte begonnen. Ein paar hundert Kilometer weiter südlich machten am selben Morgen die von Konteradmiral Frank Jack Fletcher befehligte *Yorktown* und ihre Kriegsschiffeskorte den Japanern auf den Atollen Jaluit, Mili und Makin zu schaffen, indem sie Flugplätze und andere militärische Einrichtungen angriffen. Um 13.07 Uhr ortete Fletchers Radar ein nicht identifiziertes Flugzeug oder „Irrlicht", wie es im Jargon der US-Marine hieß. Die Leutnants zur See Scotty McCuskey und John Adams bekamen vom Jägereinsatzkommando den Befehl, mit ihren beiden Wildcats zu starten und den Eindringling abzufangen. Der stieß plötzlich, direkt vor den Augen der Seeleute, in 20 Kilometer Entfernung vom Schiff durch die Wolken. Es war eine Mavis, ein viermotoriges Flugboot vom Typ Kawanishi H6K. Auf dem Oberdeck richteten sich alle Blicke besorgt auf die Wildcats, die die Mavis in eine andere Wolke verfolgten. Über die Lautsprecher der *Yorktown* hallte die Stimme McCuskeys, der in lautes Kriegsgeschrei ausgebrochen war. Dann fielen brennende Wrackteile aus den Wolken. Plötzlich ertönte erneut die Stimme McCuskeys: „Wir haben ihm eben den Arsch abgeschossen!" Als das Flugboot ins Wasser stürzte, begleiteten es Jubel und Gelächter.

Während die *Yorktown* und die *Enterprise* den Japanern auf den Marshall-Inseln diese kleineren Gefechte lieferten, machte sich die *Lexington* auf den Weg zu einem weit gefährlicheren Einsatz, der sie tief in die unlängst von den Japanern in Besitz genommenen Gewässer im südwestlichen Pazifik führte. Bei ihrem Auftrag handelte es sich um einen Überraschungsangriff auf Rabaul, das mit seinem hervorragenden Hafen und mehreren Flugplätzen einen wichtigen vorgeschobenen Stützpunkt der Japaner darstellte. Während ein steter Strom von Transport- und Versorgungsschiffen der Japaner Truppen und Nachschub im Hafen absetzte, fächerten rund tausend Kilometer vor Rabaul Aufklärer aus, um nach feindlichen Schiffen Ausschau zu halten. Die Japaner hatten nicht die Absicht, sich überraschen zu lassen.

Der Angriff der Amerikaner war für den Morgen des 21. Februar geplant. Mehrere SBD-Dauntless-Bomber flogen der *Lexington* und ihren Geleitfahrzeugen, die sich Rabaul von Nordosten näherten, voraus, um gegnerische Aufklärungsflugzeuge abzufangen und abzuschießen, bevor sie die herankommenden Schiffe melden konnten. Nicht sie, sondern der Radarbeobachter auf der *Lexington* machte jedoch am 20. Februar um 10.15 Uhr, als sich der Träger noch außerhalb der Angriffsreichweite auf Rabaul befand, einen Aufklärer aus. Kapitän Frederick C. „Ted" Sherman, Kommandant der *Lexington*, befahl Jimmy Thach, das Flugzeug abzufangen.

Zusammen mit seinem Rottenkameraden startete Thach vom Deck des Trägers. Die beiden Wildcats stiegen durch die tiefhängenden Regenwolken, um den Aufklärer zu suchen. Durch Wolkenlöcher erspähte Thach eine Mavis, die 1500 Meter unter ihm flog. Der Japaner war auf der Hut und floh in eine Wolkenbank, um dann im Sturzflug zu entkommen. Aber die Wildcats blieben ihm auf den Fersen. Sie stürzten sich auf das Flugboot, als es in 450 Meter Höhe zwischen den Wolken hindurchstieß.

Als die beiden Jäger zum Angriff ansetzten, kamen ihnen aus dem Heckschützenstand der Mavis Leuchtspurgeschosse entgegen, die sie nur knapp verfehlten. Auf Schußweite herangekommen, eröffneten die F4Fs das Feuer aus ihren Maschinengewehren. Es gelang Thach, die Tanks der Mavis zu durchlöchern, aber die Maschine flog weiter. Thach und sein Rottenkamerad griffen erneut an. Diesmal trafen sie ihr Ziel. „Große weißlodernde Teppiche brennenden Benzins breiteten sich hinter ihm aus", berichtete Thach, „er begann zu trudeln und stürzte ins Wasser."

An Bord der *Lexington* befahl Sherman alle Mann auf Gefechtsstation, da mit Sicherheit anzunehmen war, daß die Mavis den Standort des Trägers nach Rabaul durchgegeben hatte. Sechs Jäger stiegen auf, um Thach und seine Gruppe, die bis dahin den Luftschirm gebildet hatte, abzulösen. Am späten Nachmittag war die Reihe wieder an Thach, der mit sechs Wildcats startete. Als sich die Jäger, die er abgelöst hatte, zur Landung auf der *Lexington* formierten, wurde mit Radar in 122 Kilometer Entfernung ein Verband von neun japanischen Flugzeugen geortet. Sherman befahl den zurückkehrenden Wildcats, sich Thach anzuschließen, der sich mit seiner Gruppe den in 3300 Meter Höhe anfliegenden Gegnern – zweimotorigen Bombern – bereits entgegenwarf. Die Amerikaner schossen fünf von ihnen ohne Schwierigkeiten ab, verfehlten aber die restlichen vier, die ihre Bomben abwarfen, ohne die *Lexington* jedoch zu treffen. Von den abdrehenden Japanern schossen die Jäger noch einmal zwei, die Flak der *Lexington* einen Bomber ab. Der letzte entkam.

Auf dem Höhepunkt des Luftkampfs ließ Sherman vier zusätzliche Jäger starten, die von Oberleutnant zur See Edward „Butch" O'Hare geführt wurden. Als sie sich in den Kampf stürzten, tauchte eine zweite Angriffswelle aus neun japanischen Bombern auf. O'Hare und sein Rottenkamerad sahen die Angreifer als erste und griffen sie an. O'Hare setzte sich hinter den japanischen Verband, zielte auf den Motor eines der Bomber und schoß. Was dann geschah, hatte er nicht erwartet; der Motor löste sich, wie aus der Halterung an der Fläche herausgesprengt, und die Maschine fiel wie ein Stein ins Wasser. O'Hare schoß vier weiteren Bombern den Motor ab.

O'Hares Einsatz hatte nur vier Minuten gedauert. Genau in dem Moment, in dem ihm die Munition ausging, tauchte Jimmy Thach mit seiner Gruppe auf, die bis dahin mit der ersten japanischen Angriffswelle beschäftigt gewesen war, um ihm zu helfen. Doch sie kamen zu spät, um zu verhindern, daß die vier übriggebliebenen Gegner ihre Bomben abwarfen. Zum Glück gelang es Kapitän Sherman durch geschicktes Manövrieren der *Lexington*, Treffer zu vermeiden. Von den Bombern, die den Rückflug nach Rabaul antraten, schossen Thach und seine Jäger noch drei ab. Der letzte Überlebende entkam schwer beschädigt.

Präsident Roosevelt gratuliert Oberleutnant zur See Edward „Butch" O'Hare, nachdem er ihm 1942 für den Abschuß von fünf japanischen Bombern die Kriegsverdienstmedaille überreicht hat. Die Verleihungsfeier fand in Gegenwart von (von links) Marineminister Frank Knox, Admiral Ernest J. King und der Ehefrau des Piloten statt.

Da von einer Überraschung des Stützpunktes Rabaul keine Rede mehr sein konnte, wurde der Angriff abgebrochen. Dennoch hatten Kapitän, Seeleute und fliegendes Personal der *Lexington* allen Grund, mit sich zufrieden zu sein. Sie hatten bei ihrem Einsatz zwar zwei Wildcats, aber nur einen Piloten verloren; der andere wasserte in der Nähe eines Zerstörers und wurde geborgen. Mit fünf Abschüssen bei einem einzigen Einsatz war Butch O'Hare das erste Flieger-As der amerikanischen Flotte und erhielt die Medal of Honor (Kriegsverdienstmedaille).

Thach zog die Bilanz aus den Kämpfen und sagte: „Sie zeigten uns, daß nur das Flugzeug einen Träger oder ein anderes Schiff bei Luftangriffen wirkungsvoll verteidigen kann." Die Schwierigkeit lag darin, daß die Träger nur etwa 20 Wildcats mitführten, zu wenige dieser etwas schwerfälligen Jäger, um einen Großangriff abzuwehren. Ihre Zahl sollte aufgestockt werden, doch nur nach und nach, in dem Maße, in dem die Flugzeugproduktion in den Vereinigten Staaten gesteigert wurde.

Bei den weitreichenden Einsatzfahrten der amerikanischen Flugzeugträger, die außerdem Salamaua und Lae auf Neuguinea angriffen, konnten Seeleute und Piloten wertvolle Kampferfahrung sammeln. Darüber hinaus trugen sie zur Hebung der Moral bei, mit der es seit Pearl Harbor nicht gerade zum besten stand. Aber sie verfehlten ihre Wirkung auf die Japaner, die unbeirrt ihren Plan weiterverfolgten, Port Moresby auf Neuguinea sowie die Salomoneninsel Tulagi einzunehmen, um ihren Herrschaftsbereich im Pazifik nach Osten und Süden auszudehnen. Die Anwesenheit der amerikanischen Flugzeugträger veranlaßte allerdings die japanische Heeresführung, bei diesen Unternehmungen auf der Unterstützung durch eigene Träger zu bestehen. Yamamoto war zunächst dagegen, weil er daran dachte, seine Träger zusammenzuziehen und zu einem Großangriff auf US-Träger einzusetzen, um sie ein für allemal zu vernichten. Am Ende stimmte er aber zu, den japanischen Invasionstruppen seine neuesten Flugzeugträger, die *Shokaku* und die *Zuikaku,* sowie einen leichten Träger, die *Shoho,* zur zusätzlichen Luftraumdeckung zur Verfügung zu stellen. Die Vernichtung der feindlichen Träger mußte aufgeschoben werden, bis das Heer seine Stellung in den unsicheren eroberten Gebieten gefestigt hatte.

Einzelheiten dieser Pläne wurden über Funk an die verschiedenen japanischen Kommandostellen weitergeleitet – und von amerikanischen Abhörstationen aufgefangen, die sie Dechiffrierern übergaben. Es gelang, einige der japanischen Codes zu brechen. Aus Teilen der Funksprüche, die entziffert werden konnten, kamen Spezialisten des Nachrichtendienstes der Pazifikflotte den japanischen Plänen auf die Spur. Auf diese Weise erfuhr Admiral Chester W. Nimitz, der auf Hawaii stationierte Oberkommandierende der Pazifikflotte, am 17. April, daß drei von Yamamotos Flugzeugträgern vor dem 3. Mai südlich der Salomonen in die Korallensee einlaufen würden, um von dort aus zum Angriff auf Port Moresby und Tulagi zu starten. Nimitz blieb wenig Zeit, das Gefecht vorzubereiten. Glücklicherweise kreuzte die *Yorktown* bereits in der Nähe der Korallensee, und die *Lexington,* nach einem dreiwöchigen Aufenthalt in Pearl Harbor wieder einsatzbereit, konnte dazustoßen. Die *Enterprise* und die *Hornet* befanden sich dagegen weit entfernt im nördlichen Pazifik, wo sie einen Auftrag erfüllten, der zwar den Verlauf des Krieges nicht beeinflußte, aber bekannt wurde, weil er die Kampfmoral der Amerikaner entscheidend verbesserte: Am 18. April starteten vom Deck der *Hornet* unter der Führung von Oberstleutnant James H. Doolittle mehrere B-25-Bomber des amerikanischen Heeres zu einem gewagten Angriff auf Japan, insbesondere Tokio.

Am 3. Mai besetzten japanische Truppen, durch die *Shoho* gedeckt, die Insel Tulagi. Im Morgengrauen des folgenden Tages ließ Fletcher, der über die Anwesenheit der *Shoho* nicht unterrichtet war, Tulagi von der *Yorktown* aus angreifen. Die amerikanischen Flugzeuge versenkten einen Zerstörer, zwei Patrouillenboote und ein Transportschiff, ohne allerdings die *Shoho* zu sichten. Die hatte bereits abgedreht, um sich dem Schiffsverband anzuschließen, der nach Port Moresby lief. Fletcher nahm irrtümlicherweise an, seine Flugzeuge hätten die Tulagi-Einsatztruppe vernichtet. Folglich nahm er Kurs auf die *Lexington,* um zusammen mit ihr die japanischen Flugzeugträger anzugreifen – und überließ Tulagi dem Feind.

Durch Fletchers Angriff auf die Anwesenheit der US-Träger aufmerksam gemacht, liefen die *Shokaku* und die *Zuikaku,* die dem Oberbefehl von Admiral Takeo Takagi unterstanden, nach Süden, um die Schiffe zum Kampf zu stellen. Fletcher, der den Oberbefehl über die Träger innehatte, erkannte richtig den Kurs, auf dem die Japaner herankommen würden. Um die Dinge voranzutreiben, befahl er der *Yorktown* und der *Lexington,* in Erwartung des Gefechts nach Norden zu laufen, wo es seiner Berechnung nach am 6. Mai zur Feindberührung kommen mußte. An diesem Tag kamen die amerikanische und die japanische Flotte auf Luftangriffsweite aneinander heran, ohne es jedoch zu bemerken.

Das Problem lag in der mangelhaften Aufklärung. Obwohl jeder amerikanische Flugzeugträger eine Staffel SBD-Sturzkampfbomber als Aufklärer mitführte, zog Fletcher es vor, seine Dauntless-Bomber überwiegend bei Angriffen auf den Feind einzusetzen, statt sie über dem Ozean nach ihm Ausschau halten zu lassen. Auch die Japaner setzten ihre Sturzkampf- und Torpedobomber gelegentlich als Aufklärer ein, aber die Besatzungen hatten wenig Übung im Erkennen von Seezielen. Flugboote der Japaner, die in der Regel weit entfernt von den Kampfschauplätzen stationiert waren, konnten nur selten schnell genug den taktischen Erfordernissen der Träger nachkommen. So geschah es, daß Fletcher und Takagi, ohne es zu wissen, in dieser Nacht mit ihren Trägern in einer Entfernung von nur rund 115 Kilometern aneinander vorbeiliefen.

Während die beiden Flotten auf der Suche nacheinander durch die Korallensee kreuzten, besprachen amerikanische Jagdflieger ihre Taktik, die bei der lang erwarteten Konfrontation von Zero und Wildcat zur Anwendung kommen sollte. Sie würden Gelegenheit bekommen, die von Thach entwickelte Scherentechnik zu erproben. Deren Erfinder war allerdings auf Hawaii zurückgeblieben, um den Piloten-Nachwuchs zu schulen.

Vor dem Morgengrauen des 7. Mai starteten beide Flotten Aufklärer. Um 7.30 Uhr meldete ein japanischer Aufklärer einen Träger und einen Kreuzer 320 Kilometer südlich der *Shokaku*. Admiral Takagi ließ je eine Decksladung Flugzeuge von seinen beiden Trägern zum Angriff starten. Das Kommando erhielt Pearl-Harbor-Veteran Kapitänleutnant Kakuichi Takahashi. Die Schlacht in der Korallensee hatte begonnen.

Das richtige Erkennen von Kriegsschiffen aus großen Höhen war und ist ein schwieriges Problem, wie Takahashis Flieger feststellen mußten, als sie die beiden Schiffe angriffen. Der gemeldete Flugzeugträger erwies sich als der unförmige Öltanker *Neosho*, der durch Bomben so schwer beschädigt wurde, daß er einige Tage später versenkt werden mußte. Sein Geleitschiff, angeblich ein Schlachtkreuzer, war der Zerstörer *Sims*, der nach mehreren Bombentreffern auf der Stelle sank. Mittlerweile hatten Takagis Aufklärer jedoch Fletchers ganze Streitmacht gesichtet und richtig identifiziert.

Wie Takagi ging auch Fletcher mit falschen Informationen über die Position seines Gegners in die Schlacht. Am frühen Morgen traf von einer Dauntless der *Yorktown* die Meldung ein, 360 Kilometer nordwestlich stünden zwei Flugzeugträger und vier Kreuzer. Fletcher entließ einen Angriffsverband von 50 Sturzkampfbombern, Torpedoflugzeugen und Jägern von der *Lexington*. Eine halbe Stunde später starteten von der *Yorktown* 43 Flugzeuge mit demselben Ziel. In diesem Moment kehrte der Aufklärer, der die japanischen Schiffe gemeldet hatte, zu der *Yorktown* zurück, und es stellte sich heraus, daß er sich bei der Übermittlung seines Berichts im Code geirrt hatte; bei den von ihm gesichteten Schiffen handelte es sich in Wirklichkeit um zwei Kreuzer und zwei Zerstörer. Das bedeutete, daß Fletcher seine Flugzeuge zu einem offensichtlich nutzlosen Angriff auf vergleichsweise unwichtige japanische Schiffe ausgeschickt hatte und daß ihm Takagis Position vorläufig weiter verborgen blieb.

Ein glücklicher Zufall sollte die Amerikaner jedoch auf die richtige Spur bringen. Um 11 Uhr fiel Kapitänleutnant W. L. Hamilton, der mit dem Verband der Sturzkampfbomber von der *Lexington* zum Angriff auf die japanischen Kreuzer und Zerstörer unterwegs war und die gleißende Wasseroberfläche aus 4500 Meter Höhe mit dem Fernglas absuchte, „eine Reihe feiner weißer Streifen auf der blauen See" auf. Über Funk rief er Kapitänleutnant Robert E. Dixon, der 900 Meter unter ihm einen Verband mit Bomben beladener Aufklärungsflugzeuge anführte. „An Bob von Ham, feindliche Schiffe 32 Kilometer nördlich gesichtet." Während Dixon die

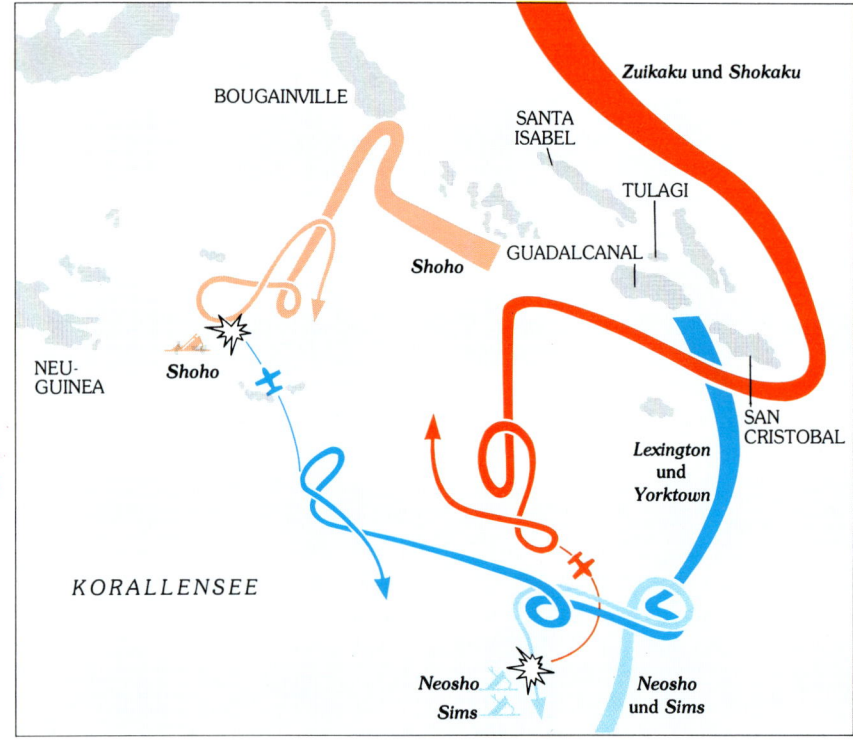

Die Schlacht in der Korallensee begann am frühen Morgen des 7. Mai 1942, als japanische Flugzeuge von der „Shokaku" und der „Zuikaku" das Tankschiff „Neosho" und den Zerstörer „Sims" der US-Flotte versenkten. Zur gleichen Zeit versenkten Flugzeuge von den amerikanischen Trägern „Lexington" und „Yorktown" weiter im Westen den japanischen Flugzeugträger „Shoho", der gerade zum Angriff auf Neuguinea zulief.

Ziele auszumachen versuchte, gab er die Meldung an Kapitänleutnant Jimmy Brett weiter, der mit den Devastator-Torpedoflugzeugen mehrere hundert Meter unter ihm flog. Oberhalb von 4800 Metern flogen Kapitänleutnant Paul Ramsey und seine Wildcats Jagdschutz, bereit, sich auf jeden feindlichen Jäger zu stürzen.

Im Anflug auf die Ziele sah Hamilton Licht aufblitzen, das von einem Flugdeck reflektiert wurde. Es war der leichte Flugzeugträger *Shoho*. Fletchers Angriffsverband hatte also doch noch ein lohnendes Ziel gefunden. Die SBD-Bomber drückten an und setzten zum steilen Sturzflug an, allen voran Dixon und seine Gruppe. Hamilton hielt seine Sturzkampfbomber zurück, um ihren Anflug mit den Tieffluangriffen der TBD-Torpedobomber zu koordinieren. In fünfzehnminütigem Abstand folgte ihnen der Angriffsverband von der *Yorktown*.

Luftbeobachter auf der *Shoho* sahen die angreifenden Flugzeuge erst, als sie zwischen den Wolken hindurchstießen. Während der Träger verzweifelt auszuweichen versuchte, bemühten sich Zeros, die herabstürzenden Dauntless-Bomber abzuwehren – vergeblich. Einen Sturzkampfbomber im Sturzflug abzufangen, war für einen Jäger, der keine Sturzflugbremsen hatte, so gut wie unmöglich, weil er oft schon an seinem Ziel vorbeiraste, bevor er es richtig ins Visier bekommen hatte. Die beiden US-Angriffsverbände erzielten mehrere Bomben- und Torpedotreffer. Auf der *Shoho* brachen Feuer aus, die auf dem Deck zwischen startbereiten Flugzeugen begannen – die Maschinen sollten nie mehr gestartet werden.

Rund 260 Kilometer südöstlich des Kampfschauplatzes versuchten die Männer auf der *Lexington* und der *Yorktown* eifrig, aber mit wenig Erfolg, aus den zahlreichen verstümmelten Funksprüchen am Einsatzort schlau zu werden. Dann kam eine klar verständliche Meldung: „Einen Träger erledigt! Dixon an Träger. Einen Träger erledigt!" Nach halbstündigem Gefecht war die *Shoho* mit 545 Mann ihrer Besatzung untergegangen; der Verlust auf amerikanischer Seite belief sich auf nur drei Flugzeuge.

Am 7. Mai 1942 taucht ein Torpedo, von einem Flugzeug der US-Marine abgeworfen, ins Wasser ein (oben) und läuft auf den japanischen Träger „Shoho" zu. Nach insgesamt 13 Bomben- und sieben Torpedotreffern steht die „Shoho" in Flammen (unten). Sie sank innerhalb von nur fünf Minuten und riß mehr als 500 Mann mit sich.

Zu diesem Zeitpunkt waren jedoch die Japaner im Vorteil. Sie kannten die Position der amerikanischen Träger und machten sich auf den Weg, sie zu versenken. Der erste Versuch erfolgte noch am selben Tag. Als Korvettenkapitän Takahashis Flugzeuge von ihrem Angriff auf *Neosho* und *Sims* zurückkehrten, ließ Admiral Takagi sie neu bewaffnen, auftanken und starten – 15 Torpedobomber vom Typ Nakajima B5N und ein Dutzend Sturzkampfbomber von Typ Aichi D3A. Da die Maschinen ihren Einsatzort erst am späten Nachmittag erreichen und nach Einbruch der Dunkelheit zurückkehren würden, blieben die Zeros an Deck stehen; sie waren nicht für den Nachtflug ausgerüstet.

Zum Unglück für die Japaner lief der Einsatz von Anfang an schief. Die amerikanischen Träger schienen sich in Luft aufgelöst zu haben. Takahashis Flugzeuge kehrten nach erfolgloser Suche bei Sonnenuntergang um. Beim

Rückflug stießen sie auf vier von Kapitänleutnant Ramsey geführte Wildcats. Ihnen kam Kapitänleutnant Jimmy Flatley mit Verstärkung von der *Yorktown* zu Hilfe. Ohne ihren Jagdschutz durch die Zeros waren Takahashis Bomber und Torpedoflugzeuge eine leichte Beute. Flatley, Ramsey und die ihnen unterstellten jungen Piloten schossen neun ab. Bei den Amerikanern gingen nur zwei Jäger verloren.

Die Überlebenden von Takahashis Bombern sammelten sich und nahmen Kurs zurück auf ihre Träger – wobei sie direkt über die *Yorktown* flogen. In der irrigen Annahme, es handele sich um eins der eigenen Schiffe, formierte sich eine Reihe von japanischen Piloten zur Landung. „Alle Mann bereit, anfliegende Flugzeuge abzuwehren", brüllte der Feuerleitoffizier auf der *Yorktown*, und die Männer eröffneten das Feuer. Sie schossen zwar nur eine Maschine ab, aber als die Japaner endlich ihre 150 Kilometer weiter östlich stehenden Träger erreichten, waren die Piloten so erschöpft, daß elf von ihnen bei der Landung im Dunkeln das Flugdeck verfehlten und ins Wasser stürzten. Nur sechs überlebten den Einsatz, darunter Takahashi selbst. Admiral Takagi hatte in der Dunkelheit die Fühlung mit den US-Trägern verloren, was die Situation noch verschlimmerte.

Im Morgengrauen des 8. Mai ließ Takagi Aufklärer starten, um die Spur wieder aufzunehmen. Eine Stunde später hob Takahashi an der Spitze eines Angriffsverbands von 33 Sturzkampfbombern und 19 Torpedoflugzeugen ab. Den Jagdschutz bildeten 18 Zeros von der *Shokaku* und der *Zuikaku*. Für den Fall, daß die US-Träger gesichtet würden, befand sich so bereits ein Angriffsverband in der Luft. Nur Minuten nach dem Start Takahashis sichtete Stabsbootsmann Kenzo Kanno, unterwegs mit einem Torpedoflugzeug, die amerikanischen Flugzeugträger 320 Kilometer südlich der japanischen Flotte. Kanno machte Meldung an seinen Admiral, der Takahashi informierte. Beim Anflug auf die amerikanischen Schiffe kam Takahashi der zurückkehrende Kanno entgegen, der umdrehte, um Takahashi den Weg zu zeigen, ein einzigartiges Beispiel der Selbstaufopferung, denn Kanno wußte ganz genau, daß er nicht genügend Treibstoff haben würde, um später zu seinem Verband zurückzukehren.

Auch Fletcher hatte im Morgengrauen Aufklärer auf den Weg geschickt. Um 8.15 Uhr meldete einer von ihnen, er habe zwei japanische Träger 280 Kilometer nordöstlich gesichtet. Fletcher startete einen Angriffsverband – 39 Maschinen von der *Yorktown* und 43 von der *Lexington*.

Um 10.30 Uhr hatte der Angriffsverband von der *Yorktown* Glück und sichtete die beiden japanischen Träger durch ein Wolkenloch. Es waren die *Zuikaku* und die *Shokaku*, die ihre Zeros starteten, um die Angreifer abzuwehren. Während die *Zuikaku* Zuflucht in einer Regenwand suchte, setzten die Devastators zum Tiefangriff auf die *Shokaku* an. Obwohl die Maschinen, durch die begleitenden Wildcats gut gesichert, ihre Torpedos abwerfen konnten, verfehlten viele der langsam laufenden Geschosse den Träger, der ihnen durch geschicktes Manövrieren auswich. Bei den wenigen, die das Schiff trafen, versagte der Zündmechanismus. Während eine Devastator nach der anderen dem heftigen Sperrfeuer der *Shokaku* entkam, stürzten sich sieben Dauntless-Bomber von der 5. Aufklärungsstaffel der *Yorktown* aus 5000 Meter Höhe auf das Schiff. Zwei Dutzend Zeros waren nicht imstande, sie aufzuhalten. Ihre Bomben verfehlten ihr Ziel, jene der 5. Bomberstaffel von der *Yorktown*, die ihnen auf den Fersen folgte, trafen jedoch. Auch Oberleutnant zur See John J. Powers in seiner Dauntless trotzte der japanischen Abwehr. Obwohl verwundet, brach er den Sturzflug nicht ab, sondern klinkte seine 450-Kilogramm-Bombe aus, die direkt auf dem Flugdeck der *Shokaku* detonierte. Dann stürzte er neben seinem Ziel ins Meer; er wurde postum mit der Medal of Honor ausgezeich-

Am 8. Mai ging die Schlacht in der Korallensee damit weiter, daß Amerikaner und Japaner gleichzeitig Angriffsverbände auf die gegnerischen Träger ansetzten. Flugzeuge von der „Zuikaku" und der „Shokaku" verursachten schwere Schäden auf der „Lexington" – sie sank noch am selben Abend – und beschädigten die „Yorktown", die daraufhin nach Süden abgezogen wurde. Amerikanische Sturzkampfbomber konnten die „Zuikaku" nicht aufspüren, trafen dann aber die „Shokaku", die jedoch nicht versenkt wurde.

Nach mehreren Bomben- und Torpedotreffern der Japaner steht die „Lexington" bei der Schlacht in der Korallensee in Flammen. Feuerlöschtrupps versuchen, die Brände zu löschen. Als sich herausstellte, daß der Träger nicht zu retten war, gingen Zerstörer längsseits, um die Verwundeten zu übernehmen, und die Besatzung machte sich zum Verlassen des Schiffes (nächste Seite) bereit.

net. Eine zweite Bombe traf ins Schwarze, und aus dem vorderen Teil des Flugdecks stiegen Flammen auf.

Dichte Wolken und schlechte Sicht behinderten einen Teil der von der *Lexington* gestarteten Piloten derart, daß sie den Feindverband verfehlten. Als eins der Flugzeuge, das den Gegner fand, einen weiteren Bombentreffer auf der *Shokaku* anbrachte, stürzte sich ein Schwarm Zeros auf die vier Wildcats, die unter Oberleutnant zur See Noel Gayler den Jagdschutz flogen. Gayler schoß eine Zero ab, die gerade zum Steigflug ansetzte. Dann suchte er Zuflucht in einer Wolke, kam wieder heraus und schoß eine zweite Zero ab. Er konnte jedoch nicht verhindern, daß seine drei Kameraden abgeschossen wurden, denn der Himmel war so dicht bewölkt, daß sich die Wildcat-Piloten nicht im Auge behalten konnten. Unter solchen Umständen war die Thach-Scherentechnik nicht anwendbar. Als Gayler die *Shokaku* in Flammen stehen sah, flog er zur *Lexington* zurück. Die erbitterten Luftkämpfe über dem brennenden Träger gingen mittags zu Ende, und die *Shokaku* wies ihre Jäger an, auf der *Zuikaku* zu landen, sobald sie das Regengebiet verlassen würde.

Inzwischen wurde auf der *Lexington* um 10.55 Uhr mit Radar eine japanische Formation im Anflug geortet. Der Träger hatte nur noch acht Jäger, die er den 69 Angreifern entgegenwerfen konnte. Um 11.18 Uhr zielten drei Kates mit ihren Torpedos auf die *Yorktown*. Kapitän Elliott Buckmaster nutzte die Wendigkeit seines Schiffes, um den Träger aus der Gefahrenzone zu manövrieren, so daß alle acht Torpedos, die abgesetzt wurden, desgleichen die meisten Bomben, die anfliegende Val-Sturzkampfbomber ausklinkten, das Schiff verfehlten. Eine Bombe durchschlug das Flugdeck und explodierte vier Decks tiefer. 66 Männer wurden getötet oder verwundet. Feuer brachen aus, wurden aber schnell unter Kontrolle gebracht. Der Flugbetrieb wurde nicht unterbrochen.

Die *Lexington,* die anderthalb Kilometer entfernt stand, geriet in größere Schwierigkeiten. Zur gleichen Zeit, als die ersten Torpedoflugzeuge der

Auf den Befehl, das Schiff zu verlassen, lassen sich Besatzungsmitglieder des brennenden US-Flugzeugträgers „Lexington" an Tauen die Bordwand herab.

Japaner die *Yorktown* angriffen, befand sich Korvettenkapitän Shimazaki, der seinerzeit die zweite Angriffswelle auf Pearl Harbor geführt hatte, im Anflug auf die *Lexington,* die ihn mit einem „regelrechten Sperrfeuerriegel" empfing, wie er kurz nach dem Kampf berichtete. „Es schien unmöglich, daß wir unsere Bomben- und Torpedoangriffe lebend überstehen würden, so unglaublich war die Abwehr. Brennende und übel zugerichtete Flugzeuge beider Seiten fielen nur so vom Himmel." Shimazaki trotzte dem „unheimlichen Geschoßhagel und trudelnd abstürzenden Maschinen", ging im Sturzflug bis dicht über die Wasseroberfläche und klinkte seinen Torpedo aus. Als er hochzog, konnte er „die Seeleute auf dem Schiff stehen und meinem Flugzeug nachstarren sehen, als es vorbeijagte".

Die *Lexington* war weniger wendig als die *Yorktown.* Infolgedessen gelang es Kapitän Sherman nicht, allen elf Torpedos auszuweichen, die fast gleichzeitig von beiden Seiten auf das Schiff zuliefen. Zwei trafen das Schiff. Innerhalb von Sekunden erzielten Val-Sturzkampfbomber im Sturzflug zwei Treffer; eine Bombe zündete eine Kiste mit 12,7-cm-Flakgranaten, die andere beschädigte den Schornstein. Durch die in der Bordwand klaffenden Löcher, die die Torpedos gerissen hatten, strömten Wassermassen, und die *Lexington* lag mit einer Schlagseite von 7 Grad über. Kesselräume standen unter Wasser, und die Flugzeugaufzüge funktionierten nicht mehr. Trotzdem nahm die *Lexington,* knapp eine Stunde nachdem der letzte japanische Angreifer hinter dem Horizont verschwunden war, den Flugbetrieb wieder auf. Gerade als Sherman dachte, den Schaden einigermaßen unter Kontrolle gebracht zu haben, änderte sich die Situation jedoch schlagartig. Die Funken eines Generators entzündeten Flugzeugbenzindämpfe tief im Schiffsinneren. Eine Kette von Explosionen erschütterte den Träger, eine schwerer als die andere. Kurz nach 17 Uhr gab Sherman schließlich den Befehl zum Verlassen des Schiffes. Bis zu diesem Zeitpunkt waren 216 Mann der Besatzung ums Leben gekommen, die übrigen 2735 konnten geborgen und 19 Flugzeuge auf die *Yorktown* überführt werden. Am Abend wurde die *Lexington* durch Torpedos des Zerstörers *Phelps* versenkt, ein trauriger Augenblick für die Besatzung des Flugzeugträgers, die von den Rettungsfahrzeugen aus zusahen. Matrose Herbert Lentz, Ladeschütze an Bord der *Lexington,* sagte dazu: „Wir Jungs weinten und schluchzten wie kleine Mädchen, ich auch."

Zieht man die Bilanz hinsichtlich der versenkten Schiffe, so gingen die Japaner aus der Schlacht in der Korallensee als Sieger hervor. Es war das erste Seegefecht, in dem Flugzeuge allein die Aufgabe der Vernichtung erfüllten. Für die *Lexington,* den Öltanker *Neosho* und den Zerstörer *Sims* zahlte Admiral Takagi lediglich mit dem Verlust der *Shoho* – eines im Vergleich mit der *Lexington* kleinen Trägers – und einiger unwichtiger Schiffe vor Tulagi. Die *Shokaku,* die schwer beschädigt schien, konnte mit eigener Kraft einen Hafen anlaufen, den sie zwei Monate später repariert und gefechtsbereit wieder verließ. Die *Zuikaku,* die die Schlacht unbeschädigt überstanden hatte, wurde für etwas mehr als einen Monat außer Dienst gestellt, um die Verluste an Flugzeugen und Personal aufzufüllen.

Aber diese Bilanz enthüllt nicht die ganze Wahrheit. Trotz ihrer Verluste konnten die Amerikaner in der Korallensee einen Sieg für sich beanspruchen, denn Fletchers Flugzeugträgern war es gelungen, das Vordringen der Japaner aufzuhalten. Am 7. Mai, vor Mitternacht, als sich das Gefecht anbahnte, hatte Admiral Shigeyoshi Inoue, dem die Leitung der Invasion von Port Moresby übertragen worden war, in Rabaul den Befehl gegeben, die Operation so lange aufzuschieben, bis es gelungen war, die amerikanischen Flugzeugträger zu vertreiben. Die Operation sollte nie mehr anlaufen. Japans Ruf der Unbesiegbarkeit war stark angeschlagen worden. ➤➤

Die Flugzeuge im Vergleich

Vor Pearl Harbor waren viele Militärfachleute der Meinung, die japanischen Kriegsflugzeuge seien bestenfalls zweitklassige Kopien westlicher Modelle. „Ihnen fehlt die Fähigkeit, eigene Entwicklungsarbeit zu leisten", bemerkte ein amerikanischer Militärattaché 1938 in einem Geheimbericht aus Tokio. Tatsächlich jedoch hatten japanische Flugzeugkonstrukteure Jäger, Torpedoflugzeuge und Sturzkampfbomber für ihre Marine entwickelt, die den amerikanischen Trägerflugzeugen ebenbürtig und in einigen Fällen sogar klar überlegen waren. Die ersten Kriegsmonate bescherten den amerikanischen Luftfahrtexperten eine Reihe unangenehmer Überraschungen.

Auf dieser und den folgenden Doppelseiten werden je ein amerikanisches und ein japanisches Trägerflugzeug vorgestellt, die am Anfang des Krieges zum Einsatz kamen. Bei jedem Typ ist das Jahr der Indienststellung angegeben, und die jeweils zusammen abgebildeten Flugzeuge sind im richtigen Größenverhältnis zueinander dargestellt.

Rein zahlenmäßig gesehen gingen Japaner und Amerikaner gleich stark in den Krieg. Jede Seite verfügte über rund 500 Trägerflugzeuge. Aber Japans leichtgebaute Maschinen waren im großen und ganzen nicht nur wendiger und schneller als die amerikanischen Flugzeuge, sondern hatten auch eine größere Reichweite. Diese Überlegenheit hatte allerdings ihren Preis: Gewichtseinsparungen hatten die japanischen Konstrukteure durch Maßnahmen erreicht, die für die Amerikaner undenkbar waren, zum Beispiel durch den Verzicht auf Panzerung und selbstdichtende Treibstoffbehälter. Die US-Marineflugzeuge waren in der Regel nicht nur beschußfester, sondern verfügten auch über größere Feuerkraft.

Was die Amerikaner anfangs auch verwirrte, war die Typenbezeichnung der japanischen Flugzeuge, da jedes nicht nur eine Kombination von Buchstaben und Zahlen, etwa vergleichbar dem Schlüsselsystem, das die US-Marine verwendete, trug, sondern auch eine Musterbezeichnung, für die die beiden letzten Ziffern jenes Jahres, und zwar nach altjapanischer Zeitrechnung, verwendet wurden, in dem die betreffende Maschine Serienreife erlangte. Das berühmte Träger-Jagdflugzeug Mitsubishi A6M2 beispielsweise war als Zero (Null) bekannt, weil es nach dem japanischen Kalender im Jahre 2600 (1940) in Auftrag gegeben wurde. Die Alliierten gingen dann Übersichtlichkeit halber dazu über, den japanischen Flugzeugen Code-Namen zu geben, den Jägern männliche, den Bombern, Transportflugzeugen und Flugbooten weibliche Vornamen.

NAKAJIMA B5N2-97 TRÄGERBOMBER (1940)
Von den Alliierten „Kate" genannt, war die B5N2 – obwohl als Bomber ausgewiesen – 1941 das beste Torpedoflugzeug der Welt. Sie hatte eine Höchstgeschwindigkeit von 380 Stundenkilometern und eine Nutzlast von fast 800 Kilogramm.

DOUGLAS TBD-1 DEVASTATOR TORPEDOBOMBER (1937)
Der erste Ganzmetall-Tiefdecker der US-Marine war 1941 bereits veraltet. Die Devastator, die einen Torpedo von einer halben Tonne Gewicht trug, war mit ihrer Höchstgeschwindigkeit von 330 und ihrer Reisegeschwindigkeit von nur 200 Stundenkilometern eine leichte Beute.

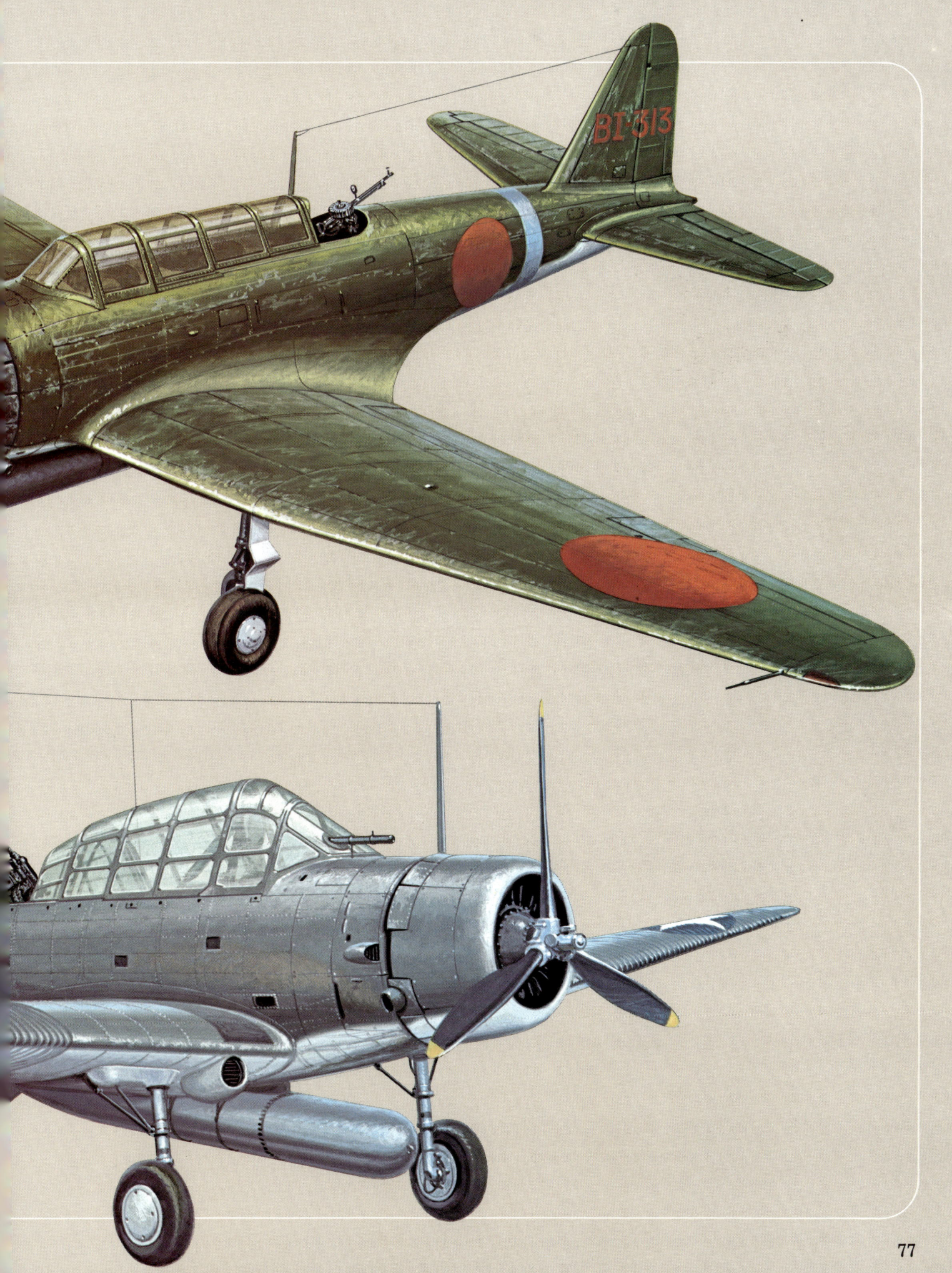

Ein gefährliches
Sturzkampfbomber-Duo

Zu Beginn des Krieges gehörte der Sturzkampfbomber der US-Marine, die Douglas
SBD-3 Dauntless, zu den wenigen amerikanischen Trägerflugzeugen, die ihren japanischen Gegnern leistungsmäßig nicht unterlegen waren. Die Dauntless hatte sowohl eine
größere Reichweite als auch Nutzlast und
erreichte geringfügig höhere Geschwindigkeiten als die Aichi D3A1, der japanische
Bomber, dem die Alliierten die Code-Bezeichnung „Val" gegeben hatten und der
1941 bereits als verbesserungsbedürftig galt.

Trotzdem versenkten Vals im Laufe des
Krieges mehr alliierte Kriegsschiffe als irgendein anderer Flugzeugtyp der Achsen-
mächte. In Pearl Harbor ging ein Großteil
der auf amerikanischen Kriegsschiffen und
Flugplätzen angerichteten Schäden auf ihr
Konto. Sechs Monate später, in der Schlacht
bei Midway, erhielten die Amerikaner eine
Gelegenheit, die Bilanz auszugleichen. Dabei wurde die Dauntless berühmt als das
Flugzeug, das das Blatt auf dem Kriegsschauplatz Pazifik wenden half.

AICHI D3A1-99 TRÄGERBOMBER (1940)

Die Val hatte ein starres Fahrwerk und erreichte nur eine Höchstgeschwindigkeit von 380 Stundenkilometern. Der Sturzkampfbomber war aber so wendig, daß er auch als Jäger zum Einsatz kam. Er konnte unter dem Rumpf eine 250-Kilogramm-Bombe und unter den beiden Tragflächen je eine 60-Kilogramm-Bombe tragen.

DOUGLAS SBD-3 DAUNTLESS STURZKAMPFBOMBER (1941)

Der robuste Sturzkampfbomber zählt zu den besten Trägerflugzeugen aller Zeiten. Mit einer Höchstgeschwindigkeit von 400 Stundenkilometern der Val unwesentlich überlegen, trug er eine Bombenlast von 540 Kilogramm. Die abgebildete Maschine, hier mit ausgefahrenen Sturzflugbremsen, war auf der „Enterprise" stationiert.

Rivalen um
die Luftherrschaft

Im Jahre 1941 verfügte die US-Marine über kein Flugzeug, das dem überragenden Träger-Jagdflugzeug der Japaner, der bei den Alliierten unter der Code-Bezeichnung „Zeke", auf der ganzen Welt aber als Zero bekannten Mitsubishi A6M2, ebenbürtig war. Die kompakte Grumman F4F Wildcat, die bis 1943 Standardjäger auf allen amerikanischen Trägern blieb, war zwar außerordentlich robust, verfügte aber weder über die Geschwindigkeit noch über die Manövrierfähigkeit oder die Reichweite der Zero.

Die Amerikaner entwickelten bald Formationstaktiken für ihre Jäger, mit denen sich die flinke Zero besiegen ließ. Dennoch mußten erst schnellere und modernere Jäger entwickelt und in großen Stückzahlen auf die Träger verlegt werden, bis es den Amerikanern im Verlauf des Krieges gelang, den Piloten der Kaiserlichen Marine Japans die Luftherrschaft abzuringen.

MITSUBISHI A6M2-0 TRÄGER-JAGDFLUGZEUG (1940)
Obwohl ihr Motor nur eine Leistung von 950 PS hatte, erreichte die leichtgebaute Zero eine Geschwindigkeit von etwa 530 Stundenkilometern und hatte eine Reichweite von über 3100 Kilometern. Sie hatte den Treibstoffbehälter unter dem Rumpf und war mit zwei 7,7-mm-Maschinengewehren und zwei 2-cm-Bordkanonen bewaffnet. Dieses Flugzeug wurde von Kapitänleutnant Shigeru Itaya geflogen, als er 1941 den vom Träger „Akagi" gestarteten ersten Verband von Jägern zum Angriff auf Pearl Harbor führte.

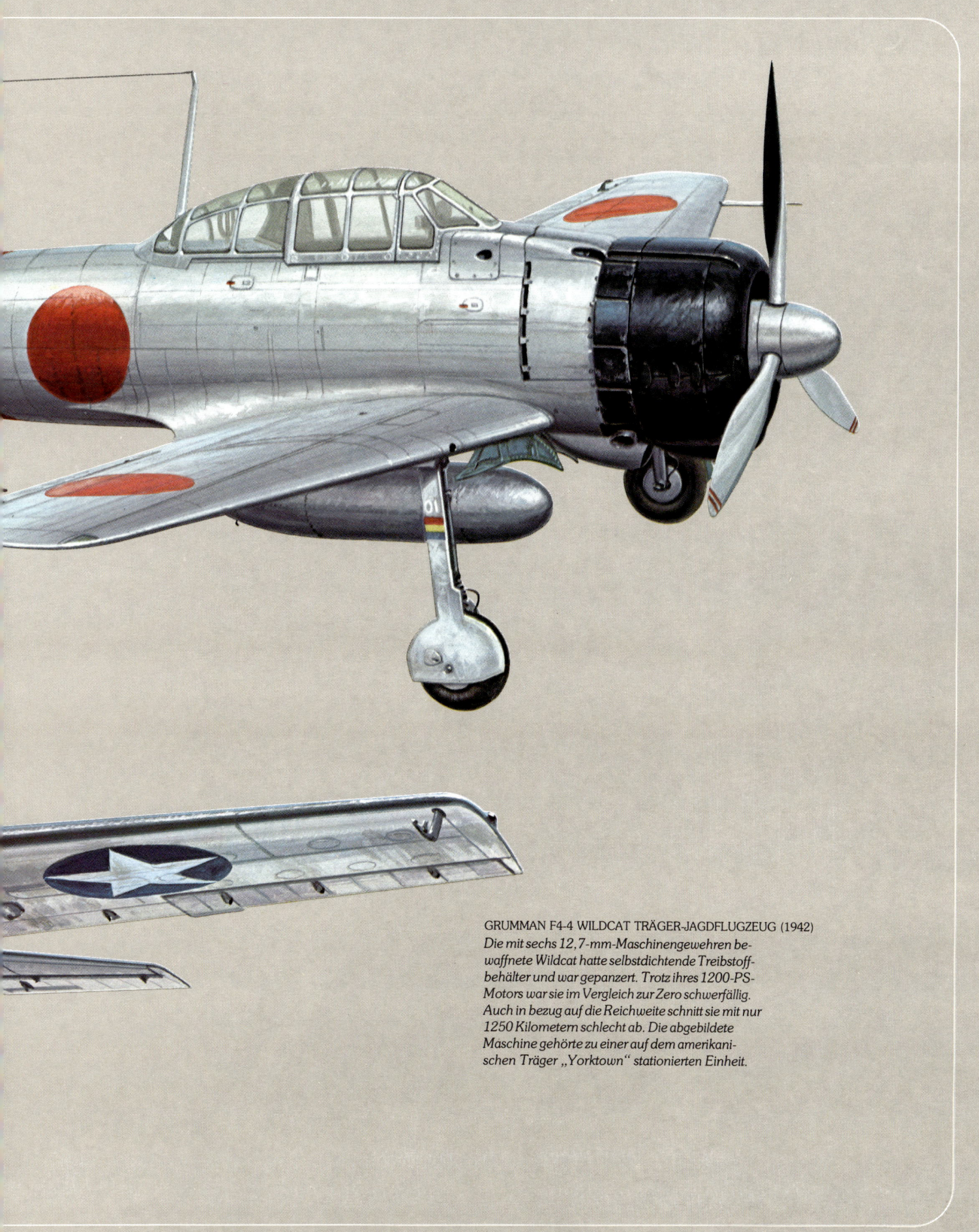

GRUMMAN F4-4 WILDCAT TRÄGER-JAGDFLUGZEUG (1942)
*Die mit sechs 12,7-mm-Maschinengewehren be-
waffnete Wildcat hatte selbstdichtende Treibstoffbehälter und war gepanzert. Trotz ihres 1200-PS-
Motors war sie im Vergleich zur Zero schwerfällig.
Auch in bezug auf die Reichweite schnitt sie mit nur
1250 Kilometern schlecht ab. Die abgebildete
Maschine gehörte zu einer auf dem amerikanischen Träger „Yorktown" stationierten Einheit.*

3
Der Wendepunkt bei Midway

Der enttäuschende Ausgang der Schlacht in der Korallensee hätte die Japaner warnen sollen, aber sie schienen ihm keine besondere Bedeutung beizumessen. Auch wenn sie schwerlich übersehen konnten, daß die Eroberung von Port Moresby auf einen späteren Zeitpunkt verschoben werden mußte, hatten sie nicht die Absicht, dieses oder irgendein anderes Ziel, das die Voraussetzung zum Sieg darstellte, aufzugeben. Admiral Yamamoto hatte vielmehr ein, wie er glaubte, unfehlbares Konzept, wie er die US-Träger ausschalten und den amerikanischen Hoffnungen auf einen Sieg im Pazifikkrieg ein Ende bereiten konnte. Yamamoto plante, das Atoll Midway anzugreifen.

Midway liegt 1850 Kilometer westnordwestlich von Oahu. Yamamoto rechnete damit, daß sein Gegenspieler, Admiral Nimitz, die Einrichtung eines japanischen Stützpunktes in derart unbequemer Nähe von Pearl Harbor auf keinen Fall dulden würde; Nimitz mußte seine Flugzeugträger schleunigst nach Midway entsenden, wo Yamamoto sie mit einer Armada von nie dagewesener Stärke zu vernichten gedachte. Die *Yamato*, ein neues Schlachtschiff – und mit über 70 000 Tonnen das größte bislang gebaute –, sollte dabei als Flaggschiff eines Kampfverbandes von vier schweren Flugzeugträgern, elf Schlachtschiffen und über 200 anderen Schiffen, darunter Kreuzern, Zerstörern, Öltankern und Truppentransportern mit 5000 Soldaten an Bord, ihren ersten Auftrag bekommen.

Yamamoto hatte einen komplexen Schlachtplan entwickelt. Ein Ablenkungsangriff auf die Aleuten im nördlichen Pazifik sollte zunächst die amerikanische Pazifikflotte aus dem Seegebiet um Midway abziehen. Einen Tag später sollten japanische Trägerflugzeuge Midway angreifen, wiederum einen Tag später Landungstruppen mit dem Auftrag abgesetzt werden, den dortigen Flugplatz zu erobern. Mittlerweile würden die Amerikaner mit an Sicherheit grenzender Wahrscheinlichkeit die Aleuten verlassen, um Midway zu befreien. Doch bis sie das Atoll erreichten – was, wie Yamamoto berechnete, frühestens vier Tage nach dem ersten Schußwechsel der Fall sein konnte –, würde sich Midway sicher in der Hand der Japaner befinden, so daß er alle Kräfte darauf konzentrieren konnte, die amerikanischen Träger zu versenken. Schiffe, die den japanischen Flugzeugen entkamen, sollten von Schlachtschiffen und Kreuzern vernichtet werden, die er als Eingreifverband in Reserve hielt.

Yamamoto war entschlossen, loszuschlagen, obwohl er weder die *Shokaku,* die sich zur Reparatur in der Werft befand, noch die *Zuikaku,* die mit neuen Flugzeugen und fliegendem Personal aufgefüllt wurde, einsetzen konnte. Er hielt den ihm zur Verfügung stehenden Kampfverband für mehr

Das Gruppenphoto von 1942, das Piloten der auf der „Hornet" stationierten 8. Torpedostaffel zeigt, entstand kurz vor der Schlacht bei Midway, in der alle diese Männer, außer Leutnant zur See George Gay (Mitte, kniend), fielen.

als ausreichend, um gegen die *Enterprise* und die *Hornet* zu kämpfen, die beiden einzigen US-Träger, die nach Ansicht der Japaner nach der Schlacht in der Korallensee gefechtsbereit im Pazifik kreuzten.

Yamamotos Planung, so durchdacht sie schien, hatte eine grundlegende Schwäche: Der Erfolg der Operation hing davon ab, daß Admiral Nimitz exakt, wie von den Japanern berechnet, reagierte, und das wiederum hing einzig davon ab, daß der Plan in allen Einzelheiten geheim blieb. Dank des Funkaufklärungsdienstes der US-Marine jedoch hätten die Informationen über die japanischen Absichten, die Admiral Nimitz bekam, nicht umfassender sein können, wenn er bei der Planung persönlich an der Seite Yamamotos gesessen hätte. Mitte Mai kannte er die beabsichtigte Unternehmung seines Gegners in groben Zügen und vor Ablauf des Monats hatte sein Nachrichtendienst die Einzelheiten ermittelt, einschließlich des geplanten Ablenkungsangriffs auf die Aleuten und des Zeitpunktes, der für die Luftangriffe auf Midway festgesetzt war: der 4. Juni um 6.00 Uhr morgens.

Einmal im Besitz dieser Informationen, begann Nimitz sofort, seine Kampfverbände zusammenzuziehen. Admiral Halseys Einsatzgruppe 16, der die Flugzeugträger *Enterprise* und *Hornet* angehörten, stand im südlichen Pazifik, wo sie zu spät eingetroffen war, um in die Schlacht in der Korallensee einzugreifen. Halsey erhielt nunmehr den Befehl, mit seinen Schiffen nach Pearl Harbor zu laufen und sich auf die bevorstehende Schlacht mit den Japanern vorzubereiten. In der Zwischenzeit wurden die Japaner mit falschen Funksprüchen glauben gemacht, daß die *Hornet* und die *Enterprise* unverändert im Südpazifik operierten. Auch die *Yorktown* nahm Kurs auf Pearl Harbor, wo sie in der Reparaturwerft – mit übermenschlicher Anstrengung innerhalb von zwei Tagen und zwei Nächten – in gefechtsbereiten Zustand versetzt wurde. Die Träger wurden darüber hinaus auf einen moderneren Jagdflugzeugtyp mit anklappbaren Tragflächen umgerüstet, die weniger Stellfläche benötigten als die alten Wildcats, so daß der Bestand an Jägern erhöht werden konnte.

Gegen Yamamotos vier Träger konnte Nimitz folglich drei schwere Flugzeugträger mit wesentlich umfassenderem Jagdschutz aufbieten; ein Vorteil, der jedoch nicht ausreichte, um einen amerikanischen Sieg zu garantieren. Was die Lage erschwerte, war die Tatsache, daß Nimitz bei dem Einsatz auf seinen erfahrensten Trägerkommandanten verzichten mußte: Halsey war mit einer Hautentzündung, die er sich durch Überarbeitung zugezogen hatte, in ein Lazarett eingeliefert worden. Als Ersatz für ihn ernannte Nimitz auf Anraten Halseys Konteradmiral Raymond A. Spruance zum Befehlshaber der Trägereinsatzgruppe mit *Enterprise* und *Hornet*, den Mann, der bis dahin den Geleitschutz für Halseys Träger geführt hatte. Spruance hatte zwar keine Erfahrung in der Führung von Trägern, übernahm aber ein eingespieltes Team, das diesen Mangel ausgleichen würde. Die Einsatzgruppe mit der *Yorktown* befehligte Konteradmiral Frank Jack Fletcher, dem als dienstältestem Flaggoffizier zugleich die Einsatzleitung während der Schlacht übertragen wurde. Auch auf den unteren Befehlsebenen wurden einige Veränderungen vorgenommen, darunter die Ernennung von Kapitänleutnant Jimmy Thach zum Führer der Jäger auf der *Yorktown*. Er löste Jimmy Flatley ab, der in die Staaten zurückkehrte, um neue Jagdstaffeln auszubilden.

Einem Großteil der amerikanischen Piloten fehlte jegliche Kampferfahrung. Selbst Korvettenkapitän John C. Waldron, Führer der 8. Torpedostaffel auf der *Hornet* und mit 41 Jahren der älteste Staffelführer, der auf einem der Träger eingesetzt war, war noch ein Neuling, aber er wußte, was auf ihn zukam. „Angriff" hieß das Motto seiner Einheit, die eine geballte Faust im Staffelabzeichen trug. Waldron hatte seine jungen Piloten im vorausgegan-

Admiral Chester W. Nimitz, der Mann, der die Operationen der amerikanischen Marineverbände bei Midway leitete, blickt nachdenklich aus dem Fenster eines Marineflugzeugs. Mit seiner überlegenen Ruhe war Nimitz für seine Untergebenen eine Vaterfigur. „Sein Lächeln und seine blauen Augen verfehlten bei keinem ihre Wirkung", bemerkte einmal einer der Männer über ihn.

genen Herbst unnachgiebig gedrillt. Tagsüber ließ er sie sechs bis acht Stunden im Cockpit verbringen; am Abend dozierte er aus seiner Bibel, einem selbstverfaßten Handbuch über Torpedotaktik.

Einen Nachteil allerdings konnten die Torpedoflieger auch durch größte Einsatzbereitschaft nicht wettmachen, nämlich die nicht ausreichende Leistung ihres Flugzeugs, der Douglas TBD Devastator, die mit ihrer Reisegeschwindigkeit von etwas über 200 Stundenkilometern für den Gegner eine leichte Beute war. Leutnant zur See William W. Abercrombie, einer von Waldrons Piloten, nannte die 8. Torpedostaffel zynisch die „Todesstaffel". Sämtliche Hoffnungen richteten sich auf die Nachfolger der TBD – die neue Grumman TBF Avenger. 19 Maschinen dieses Typs wurden von eigens dafür abkommandierten Piloten der 8. Torpedostaffel nach Hawaii überführt – wo sie einen Tag nach dem Auslaufen der *Hornet* ankamen; die *Hornet* mußte ohne sie gegen die Japaner antreten. Dennoch sollte die TBF ihr Debüt in der bevorstehenden Schlacht geben; sechs – und nur sechs – machten sich unter der Führung von Oberleutnant zur See Langdon K. Fieberling auf den Weg nach Midway.

Bei ihrer Landung auf Midway wurde klar, warum nur so wenige TBFs dorthin beordert worden waren. Der Flugplatz war bereits überfüllt. Was auf Midway an Maschinen stationiert werden konnte, wurde von Admiral Nimitz dorthin verlegt, um in koordinierten Aktionen mit den Trägerflugzeugen die japanische Flotte aufzuspüren und anzugreifen. Neben den sechs TBFs waren es 32 Flugboote vom Typ PBY Catalina, 19 B-17- und vier B-26-Bomber des Heeres sowie ein Sammelsurium von Flugzeugen des Marinekorps: 20 alte Jäger vom Typ F2A Buffalo, 16 SBDs, elf Sturzkampfbomber des veralteten Typs SB2U Vindicator und sechs Wildcats.

Am 28. Mai war Admiral Spruance mit der *Enterprise,* der *Hornet* und dem Rest der Einsatzgruppe 16 aus Pearl Harbor ausgelaufen. Zwei Tage später folgte ihm Admiral Fletcher an Bord der *Yorktown,* dem Flaggschiff der Einsatzgruppe 17. Die beiden Verbände trafen sich am 2. Juni nordöstlich von Midway und starteten Aufklärer, um die auf der Insel stationierten Catalinas bei ihrer Aufklärungsarbeit zu unterstützen. Nimitz hatte darüber hinaus 25 U-Boote eingesetzt, die nach der japanischen Flotte Ausschau hielten. Die japanischen Schiffe hatten, wie es in Berichten der amerikanischen Funkaufklärer hieß, Japan Ende Mai verlassen.

Wie erwartet, war Vizeadmiral Chuichi Nagumo, Befehlshaber der japanischen Trägerangriffsgruppe, am 26. Mai mit den Trägern *Akagi, Kaga, Hiryu* und *Soryu* aus den heimatlichen Gewässern ausgelaufen. Quer über den Pazifik folgte er einer Schlechtwetterfront, die ihm wirkungsvollen Schutz vor amerikanischen Aufklärungsflugzeugen bot. Aber Nagumo hatte Probleme, denn mehrere seiner wichtigsten Offiziere waren krank. Korvettenkapitän Minoru Genda, der Taktiker des Verbandes, lag mit Fieber im Bett. Korvettenkapitän Mitsuo Fuchida, der die Luftangriffe auf Midway und die feindlichen Träger hätte leiten sollen, hatte sich einer dringenden Blinddarmoperation unterziehen müssen. Und Yamamoto, der sich an Bord des Flaggschiffs *Yamoto* befand, litt unter schweren Magenkrämpfen, verursacht durch eine Infektion.

Noch ärgerlicher war der Mangel an Informationen über die amerikanischen Träger. Pläne, Pearl Harbor aus der Luft zu erkunden, waren gescheitert, als mehrere Vorpostenschiffe der US-Marine genau in der Position vor Anker gingen, wo Flugboote vom Typ Kawanishi H8K auf ihrem Weg nach Hawaii von Unterseebooten betankt werden sollten. Aus mitgehörten Funksprüchen ging außerdem hervor, daß die Streitkräfte der Vereinigten Staaten ihre Fernaufklärung intensiviert hatten. Die Amerikaner wußten offensichtlich, daß sich etwas anbahnte.

Sollte die Rechnung der Japaner aufgehen, durften die US-Träger nicht vor dem 7. Juni vor Midway auftauchen. Bis dahin sollte die Insel fest in japanischer Hand sein, und Nagumo konnte die von Genda konzipierte geschlossene Formation auflösen – die eingenommen wurde, solange Landziele unter Beschuß genommen wurden – und seine vier Träger auseinanderziehen, was bei Seegefechten größere Sicherheit bot. Für den Fall jedoch, daß die amerikanischen Träger vor der Eroberung Midways dort eintrafen, sah sich Nagumo einem Land- und Seegefecht gegenüber, und jede der beiden Formationen war dann ungünstig. Demgegenüber hatten die amerikanischen Träger nur ein Ziel – Nagumo.

Am Morgen des 3. Juni sichtete ein Catalina-Pilot einige der japanischen Transportschiffe, die Truppen nach Midway brachten. Stunden später wurden sie von neun auf Midway stationierten B-17 angegriffen, deren Bomben jedoch nicht trafen. Wenig später kam die Nachricht, japanische Trägerflugzeuge – von der *Ryujo* und der *Junyo* – hätten Dutch Harbor auf den Aleuten angegriffen.

Die amerikanischen Befehlshaber hüteten sich, auf den Angriff auf die Aleuten hereinzufallen, wohl wissend, daß es sich um ein Ablenkungsmanöver handelte. Statt dessen nahmen die Admirale Fletcher und Spruance Kurs auf die Gewässer nördlich von Midway, wo sie Nagumos vier Träger am folgenden Morgen abzufangen hofften.

In dieser Nacht herrschte in den Bereitschaftsräumen der Piloten auf allen drei amerikanischen Trägern eine gespannte Atmosphäre. Besonders betroffen waren die Torpedoflieger. Kapitänleutnant Lance Massey, an Bord der *Yorktown* stationiert, war sich nicht sicher, ob seine 3. Torpedostaffel die Flugabwehr eines gut verteidigten Flottenverbandes überleben konnte. Auf der *Hornet* erklärte Jack Waldron den Piloten seiner 8. Torpedostaffel: „Die bevorstehende Schlacht wird die schwerste des Krieges und vielleicht auch sein Wendepunkt sein." Er informierte sie, daß sie mit ihren Einsätzen, von denen im Laufe des Tages so viele wie möglich geflogen werden sollten, am frühen Morgen beginnen würden. Der letzte Angriff war nach Einbruch der Dunkelheit geplant. Ein abschließender Ratschlag verriet Waldrons unausgesprochene Bedenken: Die Besatzungen sollten an ihre Familien schreiben, empfahl er, „nur für den Fall, daß einige von uns nicht zurückkehren".

Am 4. Juni 1942 startete Admiral Fletcher eine halbe Stunde vor Sonnenaufgang zehn Aufklärer von der *Yorktown*. Die erste Sichtmeldung kam jedoch von einer Catalina, die zwei japanische Träger rund 350 Kilometer westsüdwestlich von Spruance' Einsatzgruppe 16 ausgemacht hatte. Ein Verband von über 100 feindlichen Trägerflugzeugen befand sich bereits auf dem Weg zur Insel. Er wurde vom Radar erfaßt, als er sich auf 150 Kilometer genähert hatte. Alle auf Midway stationierten Maschinen konnten in die Luft gebracht werden, bevor die Angreifer eintrafen. Die PBYs hatten Befehl, sich aus den Kämpfen herauszuhalten. Die sechs TBFs, die mit dem Sonderkommando der 8. Torpedostaffel unter Oberleutnant Fieberling angekommen waren, sollten zusammen mit vier mit Torpedos beladenen Heeres-Bombern vom Typ B-26 sofort die gegnerischen Träger angreifen. Die B-17-Bomber der Heeresflieger sowie die Sturzkampfbomber Dauntless und Vindicator der Marine sollten ihnen folgen. Die Marine-Jäger erhielten den Auftrag, die Angreifer abzufangen.

Um 6.16 Uhr, nur Minuten nach dem Start der letzten Maschine auf Midway, ertönte über Funk das bekannte „Tallyho", und die Jäger fielen über die feindliche Formation her. Die Marineflieger erlitten eine schwere Schlappe. Von ihren 27 Buffalos und Wildcats wurden 17 abgeschossen und sieben schwer beschädigt. Während den Marinefliegern kein einziger

Um notfalls schneller aussteigen zu können, flogen Dauntless-Piloten im Sturzflug immer mit offenem Kabinendach. Wenn sie bei ihrem Sturzflug im Winkel von 75 Grad herabstießen, blieb der gegnerischen Flugabwehr wenig Zeit zum Zielen.

Sturzflug: mörderische Sekunden

Während des Krieges im Pazifik setzten beide Seiten Sturzkampfbomber zur Bekämpfung von Seezielen ein, da diese Art des Angriffs weit größere Erfolgschancen bot als der Einsatz von Horizontalbombern.

Der Sturzkampfbomberpilot flog in rund 3600 Meter Höhe. Hatte er sein Opfer gesichtet, fuhr er Sturzflugbremsen aus, um die Geschwindigkeit zu begrenzen, nahm den Gashebel zurück, kippte über eine Fläche ab und stieß dann im fast senkrechten Sturzflug, der etwa 35 bis 40 mörderische Sekunden dauerte, auf sein Ziel herab. Im Feuerhagel der feindlichen Flugabwehr korrigierte er durch Querruderausschläge seinen Kurs, wenn er vom Wind versetzt wurde oder sein Ziel auszuweichen versuchte. In etwa 600 bis 450 Meter Höhe klinkte er dann seine Bombe aus und fing ab, um die Maschine hochzuziehen. Bei diesem Manöver war der Pilot außerordentlich starken Zentrifugalkräften ausgesetzt – in der Regel dem Fünf- bis Sechsfachen der Erdbeschleunigung.

Diese Art des Angriffs war schwierig und gefährlich, jedoch wirkungsvoll. Vor Midway versenkten amerikanische Sturzkampfbomber vier gegnerische Flugzeugträger.

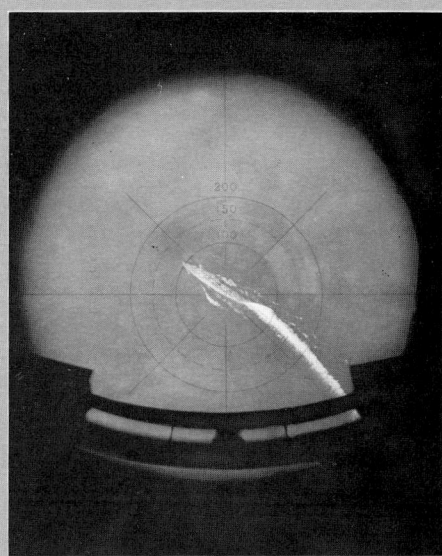

Genau im Fadenkreuz seines Visiers hat der Pilot des Sturzkampfbombers einen Zerstörer. Die Luftblase im Röhrchen unterhalb des Visiers zeigt an, daß sich der Bomber im koordinierten Flugzustand befindet, also nicht schiebt.

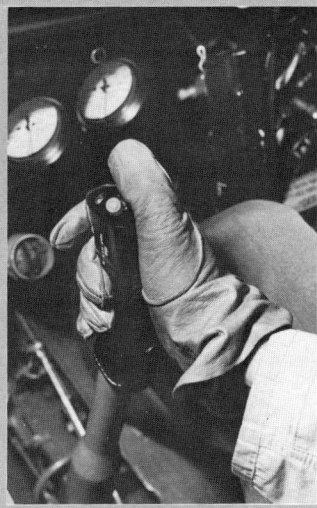

Der Daumen des Piloten ruht neben dem Knopf auf dem Steuerknüppel, mit dem die Bombe ausgeklinkt wird. Mit dem Zeigefinger betätigte er den vorn am Steuerknüppel angebrachten Waffenknopf zur Auslösung der Maschinengewehre.

Während die gitterrostartigen Klappen dafür sorgen, daß die Maschine eine Geschwindigkeit von 440 Stundenkilometern nicht überschreitet, klinkt der Pilot am Ende seines perfekten Sturzflugs über dem Ziel eine 225-Kilogramm-Bombe aus.

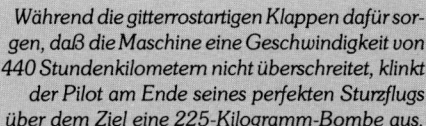

Abschuß gelang, holten die Flugabwehrbatterien von Midway ein Drittel der Angreifer vom Himmel.

Als über Midway bereits gekämpft wurde, mußten die amerikanischen Admirale auf See entscheiden, wie sie gegen die japanischen Träger vorgehen sollten. Fletcher konnte von der *Yorktown* aus nicht direkt zum Angriff übergehen, denn seine Aufklärer, die mit geringen Treibstoffreserven zum Schiff zurückkehrten, mußten erst landen, bevor das Flugdeck für den Start der Maschinen klargemacht werden konnte. Um 6.07 Uhr erteilte er Spruance auf der *Enterprise* Befehl, als erster anzugreifen.

Spruance hatte vorgehabt, weitere drei Stunden Fahrt zu machen, um die Entfernung zwischen seinem und Nagumos Trägern auf weniger als 160 Kilometer zu verkürzen. Doch sein Stab legte Einspruch ein. „Wir alle hatten nur einen einzigen Gedanken", erinnerte sich der Operationsoffizier, Korvettenkapitän William H. Buracker, später, „nämlich möglichst schnell zuzuschlagen." Der Chef des Stabes, Kapitän Miles Browning, wies Spruance darauf hin, daß seine Flugzeuge, wenn sie zwei Stunden früher, um 7.00 Uhr statt um 9.00 Uhr, starteten, die gegnerischen Träger möglicherweise in einem äußerst verwundbaren Zustand antreffen konnten, nämlich wenn die von Midway zurückkehrenden japanischen Flugzeuge gerade aufgetankt und neu bewaffnet wurden. Flugbenzin, Bomben und Torpedos, auf den Flugdecks gestapelt, würden die japanischen Träger in schwimmende Pulverfässer verwandeln. Von jeher ein Mann, der für einen guten Ratschlag ein offenes Ohr hatte, schloß sich Spruance Brownings Argumenten an und gab den Befehl, alles zum Start klarzumachen. Dabei war er sich durchaus bewußt, daß die TBD-Torpedobomber und ihr Jagdschutz bis an die äußerste Grenze ihrer Reichweite beansprucht würden und ihr Treibstoff möglicherweise für den Rückflug zu den Trägern nicht reichte.

Admiral Spruance hatte beschlossen, alle ihm zur Verfügung stehenden Kräfte in den Kampf zu werfen. Auf der *Hornet* wurden sämtliche 15 TBD Devastators startklar gemacht, desgleichen die 35 SBD Dauntless der 8. Aufklärungs- und der 8. Bomberstaffel, die einen Begleitschutz von zehn Jägern erhielten. Von der *Enterprise* sollte Geschwaderführer Kapitänleutnant Clarence Wade McClusky an der Spitze von 32 SBDs der 6. Bomber- und der 6. Aufklärungsstaffel starten. Kapitänleutnant Eugene Lindsey führte die 14 TBDs der 6. Torpedostaffel. Die 6. Jagdstaffel stieg mit zehn Wildcats auf. Insgesamt 116 Flugzeuge bildeten den Angriffsverband, der die feindlichen Flugzeugträger bekämpfen sollte. Zurück blieben 36 Jäger und acht SBDs, die den Auftrag hatten, die Einsatzgruppe 16 gegen Angriffe japanischer Flugzeuge und U-Boote zu sichern. Die *Hornet* und die *Enterprise* trennten sich, um mehrere Kilometer voneinander entfernt auf Warteposition zu gehen – die Amerikaner hatten sich dieselbe Taktik zu eigen gemacht, wie Genda sie der japanischen Flotte empfahl.

In der Zwischenzeit führte Nagumo, der von der Anwesenheit der amerikanischen Träger keine Ahnung hatte, seine Träger noch immer in geschlossener Formation zum Angriff auf Midway. Zur Vorsicht entsandte er allerdings sieben Aufklärer und ordnete für den Fall, daß ein feindlicher Überwasserkampfverband gesichtet würde, die Bewaffnung von 108 Bombern, Jägern und Torpedoflugzeugen an. Der Schwere Kreuzer *Tone*, der zwei der Aufklärer starten sollte, hatte Probleme mit dem Katapult, so daß seine Flugzeuge erst mit einer halben Stunde Verzögerung in die Luft kamen. Ihre Verspätung sollte schwerwiegende Folgen haben.

Um 7.00 Uhr, als Spruance die ersten Angriffsflugzeuge startete, erreichte Nagumo ein Funkspruch von Oberleutnant zur See Joichi Tomonaga, der den Angriff auf Midway leitete. Tomonaga teilte mit, daß eine zweite Angriffswelle erforderlich sei, um den Widerstand der Verteidiger auf

Midway endgültig zu brechen. Bevor Nagumo und sein Stab auf diese Meldung reagieren konnten, signalisierte ein Zerstörer seines Geleitschutzes die Annäherung eines feindlichen Flugzeugverbands. Es waren die vier mit Torpedos beladenen B-26-Bomber und das von Oberleutnant Fieberling geführte TBF-Sonderkommando der 8. Torpedostaffel. Da die Marine-Jäger nach dem Plan der Befehlshaber zur Verteidigung der Insel gebraucht wurden, waren sie ohne Jagdschutz auf Midway gestartet.

Fieberling führte seine TBFs in 1200 Meter Höhe, unmittelbar unter der Wolkenuntergrenze. Um 7.10 Uhr sichteten sie die japanischen Schiffe. Fast gleichzeitig wurden sie von Zeros angegriffen. „Da sind sie!" rief Jay Manning, Bordschütze im oberen Schützenstand einer von Leutnant zur See Bert Earnest geflogenen TBF, als er zwei Dutzend Zeros durch die Wolken stoßen sah, die aus ihren 20-mm-Kanonen ununterbrochen feuerten. Manning erwiderte das Feuer aus seinem 15-mm-Maschinengewehr, wurde aber Sekunden später in die Brust getroffen. Der Funker Harry Ferrier, der im unteren Schützenstand das 12,7-mm-Maschinengewehr bediente, sah nach oben und entdeckte seinen Kameraden. „Der Anblick seines zusammengesunkenen, leblosen Körpers brachte mich aus der Fassung. Ich bekam Angst, ich, ein ausgewachsener Mann von 18 Jahren. Noch nie in meinem Leben hatte ich einen Toten gesehen. Ich verlor jegliches Zeit- und Richtungsgefühl und hockte an meinem Gewehr in der Hoffnung auf eine Gelegenheit zurückzuschießen."

Er sollte sie nicht bekommen. Während die sechs ungeschützten Torpedoflugzeuge mit voller Fahrt auf die *Akagi* zurasten, wurden sie mit Kanonengarben eingedeckt. An den Panzerplatten hinter den Pilotensitzen prallten Geschosse ab. Eins traf eine Hydraulikleitung in Earnests Maschine, und das Heckrad fiel aus seinem Schacht direkt vor Ferriers MG-Mündung. Der Pilot selbst erhielt einen Streifschuß am Kinn, während Ferrier, an Handgelenk und Kopf getroffen, vorübergehend das Bewußtsein verlor. Als Earnest mit seiner schwer beschädigten Avenger den äußeren Geleitschutzring um die *Akagi* überflog, öffnete er den Bombenschacht. Dann traf ein Geschoß den Steuermechanismus seiner Maschine, und sie verlor an Höhe. „Ich scherte aus der Formation aus", erinnerte sich Earnest, „und versuchte, mit Seiten- und Querruder Höhe zu halten, aber vergeblich. Ich dachte, ich wäre am Ende, zielte meinen Torpedo, so gut es ging, auf das nächste Schiff vor mir, einen Leichten Kreuzer mit vier Schornsteinen, und klinkte ihn aus." Danach gelang es ihm, sein Flugzeug wieder hochzuziehen, und er drehte ab. Doch er wurde sogleich von zwei Zeros verfolgt, die unmittelbar an seinem Leitwerk hingen.

„Ich versuchte, durch sämtliche Manöver, von denen ich je gehört hatte, ihrem Feuer zu entwischen", berichtete er. „Ich kippte über die Fläche ab, nahm Gas zurück, flog Kehren, Kurven und alle möglichen anderen Figuren. Schließlich hatten sie ihre Munition verschossen und setzten sich ab." Da die Japaner seinen elektrischen Kompaß in Stücke geschossen hatten, navigierte Earnest nach der Sonne, bis er eine Rauchwolke sah – Midway. Mit nur einem Rad machte er eine Bauchlandung, die sowohl er als auch Ferrier überlebten. Zwei B-26-Bomber schleppten sich ebenfalls nach Midway zurück, die übrigen Flugzeuge kehrten nicht zurück. Nicht ein einziger Torpedo hatte getroffen.

Als Nagumo ringsum amerikanische Flugzeuge vom Himmel fallen sah, die, wie er richtig annahm, auf Midway gestartet waren, kam er zu der Überzeugung, daß Tomonaga recht gehabt hatte, als er meinte, eine zweite Angriffswelle auf Midway sei nötig. Um 7.15 Uhr liefen die Vorbereitungen an: Die Torpedobomber, die auf der *Kaga* und der *Akagi* in Bereitschaft standen, falls ein gegnerischer Träger auftauchte, wurden unter Deck gebracht, damit sie von den Torpedos und panzerbrechenden Bomben auf für Landziele geeignete Bomben umgerüstet werden konnten. Nagumos Entscheidung war riskant, aber es lagen keinerlei Sichtmeldungen von amerikanischen Schiffen vor, die darüber hinaus ja auch gar nicht erwartet wurden. Waffenwarte und ihre Helfer machten sich fieberhaft an die Umrüstung der Maschinen.

Nur 13 Minuten später änderte sich die Lage von Grund auf. Einer der beiden Aufklärer, die mit Verspätung von der *Tone* gestartet waren, meldete „zehn vermutlich gegnerische Schiffe" in einer Position 320 Kilometer östlich von Nagumo. Wäre die Maschine wie geplant gestartet und die Meldung eine halbe Stunde früher eingegangen, hätte Nagumo 36 mit Torpedos beladene Flugzeuge startbereit gehabt. Jetzt aber stand ein Teil dieser Flugzeuge schon wieder an Deck, mit Bomben beladen, die für Landziele gedacht waren. Der Rest befand sich noch unter Deck. Um 7.45 Uhr befahl Nagumo, die Umrüstung der Flugzeuge vorerst zu unterbrechen.

Bevor er sich über seinen nächsten Schritt klarwerden konnte, sah er sich schon wieder angegriffen. Von Midway näherten sich 16 SBD-Sturzkampf-bomber des Marinekorps, die von Zeros in Empfang genommen wurden. Es gelang den Japanern, eine Hälfte abzuschießen, die andere zum Abdrehen zu zwingen. Unmittelbar danach trafen 15 B-17-Bomber ein, dicht gefolgt von elf Vindicator-Sturzkampfbombern. Keiner von ihnen kam über einen knappen Fehlwurf hinaus. Auf dem Höhepunkt dieses Angriffs vervollständigte der Aufklärer von der *Tone* seine Meldung: Der Verband von zehn amerikanischen Überwasserkampfschiffen, mit dem er Fühlung hielt, werde „wie es aussieht, von einem Flugzeugträger begleitet". Diese Meldung nahm Nagumo die Entscheidung ab. Er befahl, die Torpedoflugzeuge mit

Das Gemälde zeigt Leutnant zur See George „Tex" Gay, der mit seiner Devastator das Sperrfeuer des japanischen Trägers „Kaga" durchbricht und seinen Torpedo abwirft. Wenig später setzte Gay die beschädigte Maschine auf dem Wasser auf und trieb hilflos zwischen den feindlichen Schiffen, bis er von einem Wasserflugzeug gerettet wurde.

In einem Lazarett von Pearl Harbor freuen sich Leutnant Gay und eine Krankenschwester über die erhebenden Berichte vom Kriegsschauplatz Midway. Als einziger Überlebender der 8. Torpedostaffel erlangte Gay in kürzester Zeit Berühmtheit, und Admiral Nimitz sorgte dafür, daß der Leutnant nicht aus den Schlagzeilen geriet.

ihrer ursprünglichen Bewaffnung an Deck zu bringen – Torpedos und panzerbrechenden Bomben. Die erschöpften Waffenwarte machten sich von neuem an die Arbeit. Die Bomben, die sie aus den Schächten nahmen, um sie durch andere zu ersetzen, ließen sie einfach auf den Hangardecks stehen, um kostbare Minuten zu sparen.

Obwohl die Amerikaner bei ihren Luftangriffen erbärmlich versagt hatten, geriet das Konzept der Japaner ins Wanken. Es war bisher nicht gelungen, die Verteidiger von Midway in die Knie zu zwingen; daher konnten Yamamotos Landungstruppen die Insel noch nicht stürmen. Die auf Midway gestarteten Luftangriffsverbände hatten Nagumos Schiffe zu Ausweichmanövern gezwungen, so daß an ein Aufrechterhalten der geschlossenen Formation kaum noch zu denken war. Mindestens ein amerikanischer Flugzeugträger war darüber hinaus drei Tage früher als erwartet auf der Bildfläche erschienen.

Mit einem gegnerischen Flugzeugträger in Angriffsreichweite hätten Nagumos zwei Trägergruppen eigentlich sofort auseinandergezogen werden müssen, doch Nagumo waren vorläufig die Hände gebunden: Er mußte alle vier Schiffe in den Wind drehen, um die von Midway zurückkehrenden Flugzeuge aufzunehmen. Die ersten von ihnen waren am Horizont aufgetaucht, als die letzten Vindicator-Sturzkampfbomber ihre Angriffe auf die *Akagi* flogen. Ihre Landung würde 40 kostbare Minuten in Anspruch nehmen. Über eine weitere Stunde würde vergehen, bis der nächste Angriffsverband – darunter die zweimal umgerüsteten Torpedoflugzeuge – startbereit gemacht und der amerikanischen Flotte entgegengeschickt werden konnte. Während Nagumo noch seine Lage überdachte, startete die *Yorktown* ihre Angreifer; Torpedoflugzeuge und Sturzkampfbomber von der *Hornet* und der *Enterprise* waren schon unterwegs.

Die 8. Torpedostaffel von der *Hornet* fand den Gegner als erste, wenn auch nicht ohne Schwierigkeiten. Nagumos Träger, die Kurs Nordost gelaufen waren, solange die Flugzeuge aufgenommen und für den nächsten Einsatz klargemacht wurden, waren nicht, wo man sie erwartete. Als die 8. Torpedostaffel statt der Schiffe an dem angegebenen Standort nur tiefblaue See sah, beschloß Jack Waldron, weiter nördlich nach ihnen zu suchen. Um etwa 9.25 Uhr sah er Rauch über dem Horizont; er kam aus den Schornsteinen von Nagumos Schiffen.

Während des zwei Stunden und 20 Minuten dauernden Fluges von der *Hornet* hatte die 8. Torpedostaffel ihren Jagdschutz verloren, der, um taktisch den gegnerischen Zeros gegenüber im Vorteil zu sein, Hunderte von Metern höher flog als die Devastators. Durch Wolken getrennt, hatten sich die beiden Gruppen voneinander entfernt. Waldron wußte, daß er ohne Jagdschutz operieren mußte, wenn er zum Angriff überging. Andererseits vertraute er darauf, daß seine Leute bei einem wagemutigen Anflug ein oder zwei Treffer erzielen würden. Durch Wackeln mit den Tragflächen signalisierte er der Staffel, enger aufzuschließen, eine Maßnahme, die sie im Anflug auf den Träger *Kaga* weniger verwundbar machte.

Fast im selben Moment stießen die Zeros auf sie herunter. Eine TBD nach der anderen stürzte brennend ab. Waldron traf es als einen der ersten, als ein Treffer seinen Treibstofftank zur Explosion brachte und sein Flugzeug in Stücke riß. Als er sich gerade aus der Maschine fallen lassen wollte, schlug sie auf dem Wasser auf. Keine der 15 schwerfälligen Devastators, die sich mit einer Geschwindigkeit von knapp 320 Stundenkilometern vorwärtsbewegten, entkam dem mörderischen Kanonenhagel der weitaus schnelleren Zeros – beziehungsweise dem Sperrfeuer der Schiffe. Sie stürzten alle ins Meer. Nur George Gay gelang es wie durch ein Wunder, sich aus dem qualmenden Wrack zu befreien, bevor es unterging. Obwohl verwundet,

Midway im Modell

Photographen, die den Auftrag hatten, den Krieg im Pazifik im Bild festzuhalten, standen vor einem in jeder Hinsicht riesigen Problem. Die Trägerschlachten fanden über immense Entfernungen hinweg statt, so daß sie selbst aus der Luft das Geschehen nicht erfassen konnten. Die Herausgeber von *Life* fanden eine verblüffende Lösung: Sie ließen den Krieg auf einen photographierbaren Maßstab verkleinern, indem sie bei einem Industriedesigner ein zimmergroßes Modell mit Ozean und Inseln aus Gips, Wolken aus Watte und kleinen Schiffs- und Flugzeugnachbildungen in Auftrag gaben.

So entstanden die Aufnahmen von der Schlacht bei Midway, die hier und auf den folgenden Seiten wiedergegeben sind. Sie zeigen, was Photographen, die dabei gewesen waren, nicht ins Bild bekommen konnten – nämlich Gesamtansichten von kämpfenden Trägerverbänden.

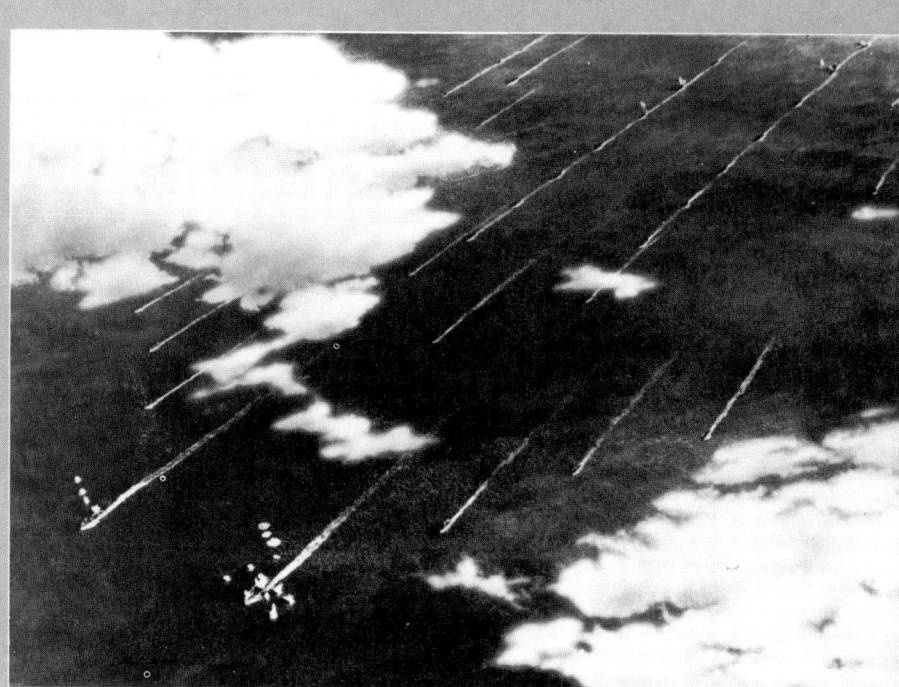

Unbehindert von amerikanischen Bombern, läuft die japanische Landungsflotte auf Midway zu.

hielt er sich an einem schwimmenden Sitzkissen fest und trieb hilflos zwischen den gegnerischen Schiffen im Wasser.

Lindsey und die 14 TBDs von der *Enterprise* trafen gerade noch rechtzeitig ein, um das Ende der 8. Torpedostaffel zu sehen. Obwohl auch er seinen Jagdschutz verloren hatte, befahl er der 6. Torpedostaffel, um etwa 9.40 Uhr anzugreifen. Im Anflug auf die *Kaga* wurden die TBDs von den Zeros abgewehrt, so daß nur wenige ihren Torpedo ausklinken konnten. Durch geschicktes Manövrieren gelang es der *Kaga* darüber hinaus, den paar Torpedos auszuweichen, die abgeworfen wurden.

Außer Lindsey fielen neun seiner Kameraden den Zeros und dem dichten Sperrfeuer der Flugabwehr auf den Geleitschiffen der *Kaga* zum Opfer. Zwei Besatzungsmitglieder konnten sich aus den Wracks befreien und schwimmend entkommen; sie wurden später geborgen. Die übrigen vier Devastators setzten sich ab und flogen zurück.

Nagumo war nicht in der Lage, seinen eigenen Angriffsverband zu starten, solange er von den Amerikanern in Atem gehalten wurde. Aber seine Männer setzten die Betankung und Bewaffnung ihrer Maschinen fort. Um 10 Uhr begann ein dritter Angriff, als mit Kapitänleutnant Lance Massey die 3. Torpedostaffel von der *Yorktown* eintraf. Thachs sechs Wildcats, die hoch über den zwölf TBDs flogen, hatten den Verband nicht aus den Augen verloren und konnten ihm Schutz gewähren, während er die japanischen Schiffe anflog. Doch dann fiel ein Schwarm Zeros über die amerikanischen Jäger her und verwickelte Thachs Männer in einen Luftkampf, in dem sie verzweifelt um ihr eigenes Überleben kämpften. Obwohl seines Jagdschutzes beraubt, reagierte Massey wie vor ihm schon Waldron und Lindsey. Er setzte zum Sturzflug auf die *Soryu* an, als ein halbes Dutzend Zeros auf ihn einschwenkte. Masseys Maschine fing Feuer und stürzte ab, wenig später

Amerikanische Wildcats (Vordergrund) fangen japanische Bomber ab.   *Herabstoßende Flugzeuge greifen den Flugplatz auf Midway an.*

gefolgt von den meisten anderen Devastators. Nur zwei Flugzeugen gelang die Flucht. Die *Soryu* blieb unbeschädigt.

Von den 93 Bomben- und Torpedoflugzeugen, mit denen die Amerikaner die japanischen Schiffe bisher angegriffen hatten, hatte nicht ein einziges einen Treffer erzielen können.

Admiral Nagumo nutzte die nun folgende Pause zur Vorbereitung des Gegenangriffs: Um 10.24 Uhr rollte die erste Zero das Deck der *Akagi* entlang und hob ab. Korvettenkapitän Mitsuo Fuchida, der sich wegen seiner Blinddarmoperation noch schonen mußte und dem man in der fliegerischen Einsatzzentrale ein bequemes Lager eingerichtet hatte, war erleichtert, als er den Verband endlich starten sah. Aber „in diesem Moment", erinnerte er sich, „brüllte ein Ausguck: ‚Sturzkampfbomber!'" Während der vorausgegangenen Kämpfe, bei denen die Zeros mit den tief angreifenden TBDs kurzen Prozeß gemacht und Thachs F4Fs in erbitterte Zweikämpfe verwickelt hatten, war der Anflug der beiden von Max Leslie geführten Dauntless-Staffeln von der *Yorktown* unbemerkt geblieben. Auch Wade McClusky und seine beiden Staffeln von der *Enterprise* hatten sich dem radarlosen japanischen Verband unauffällig nähern können. „Ich sehe die Japsen", funkte McClusky an sein Schiff.

Nachdem McClusky jeder seiner beiden Staffeln den Befehl zum Angriff auf ein anderes Ziel erteilt hatte, stieß er selbst an der Spitze der 6. Aufklärungsstaffel auf die *Kaga* herab, ohne auf Gegenwehr zu treffen – ein glücklicher Umstand, den seine Piloten kaum zu glauben vermochten. Um 10.22 Uhr tauchte seine Bombe zehn Meter von der *Kaga* entfernt ins Wasser ein. Auch die beiden nächsten Bomben gingen nur knapp daneben. Dann aber landeten die Piloten in kurzer Folge vier Treffer auf dem Träger. Eine Bombe explodierte mitten zwischen den startklaren Flugzeugen, eine

Der Träger „Soryu" wird von amerikanischen Sturzkampfbombern angegriffen, während die Zeros (Vordergrund) versuchen, ihr Schiff zu verteidigen.

andere durchschlug das Oberdeck und detonierte auf dem Hangardeck. Heftige Stöße erschütterten das Schiff, als Flugzeuge und Waffenkisten explodierten. Auf der Brücke kam unter anderem der Kapitän der *Kaga* bei der Explosion eines kleinen Tankwagens ums Leben.

Der größte Teil der Piloten der 6. Bomberstaffel war versehentlich der 6. Aufklärungsstaffel gefolgt und hatte die *Kaga* angegriffen. Der Rest jedoch flog die *Akagi* an. Korvettenkapitän Fuchida hörte den Warnruf des Ausgucks. Die plumpen Silhouetten von drei Dauntless-Sturzkampfbombern wurden schnell größer. Dann lösten sich von ihren Tragflächen plötzlich Bomben. Fuchida suchte instinktiv Deckung und blieb am Leben, als zwei Bomben die *Akagi* trafen. Eine zerschmetterte die Seite eines Aufzugsschachtes; die andere riß ein Loch in das Flugdeck und richtete die gleichen Verwüstungen an wie ihre Vorgängerin auf der *Kaga*.

Als McCluskys 30 SBDs nach den Angriffen auf die beiden Träger hochzogen, bekamen sie es mit den Zeros und der Flak zu tun. Zwar gelang es den amerikanischen Heckschützen, ein paar der japanischen Flugzeuge abzuschießen beziehungsweise zum Abdrehen zu zwingen. Aber insgesamt 14 Dauntless stürzten ab oder wasserten zwischen den gegnerischen Schiffen. Eine der notgewasserten Besatzungen konnte sich in ihrem Schlauchboot über Wasser halten: Leutnant zur See Frank W. O'Flaherty und Bruno Gaido, der furchtlose Bordschütze, der rund vier Monate zuvor einen japanischen Bomber aus einer abgestellten SBD beschossen hatte.

Zur gleichen Zeit, als die Staffeln von der *Enterprise* ihre Angriffe flogen, scherte Max Leslie, der einen Verband von 17 Dauntless von der *Yorktown* führte, in 4350 Meter Höhe über der *Soryu* aus der Formation aus. Der Waffenmechanismus seiner SBD war defekt, und er hatte seine Bombe kurz nach dem Start verloren; das gleiche war bei drei anderen Dauntless der

Japanische Träger und ihre Begleitschiffe weichen den Angreifern aus.

Als sich die Japaner zurückziehen, greifen Dauntless den Kreuzer „Mogami" an.

Fall. Die vier Maschinen bestrichen die Decks des Trägers mit Bordwaffen, um die Flak zu hindern, auf die nachfolgenden, noch mit Bomben beladenen amerikanischen Flugzeuge zu schießen. Leslies Rottenkamerad, Oberleutnant zur See Paul Holmberg, zielte seine 450-Kilogramm-Bombe genau auf die große rote aufgehende Sonne, die auf das Flugdeck der *Soryu* gemalt war – Volltreffer. Zehn andere Dauntless warfen daneben, zwei jedoch trafen das Flugdeck, auf dem Flugzeuge und sorglos verstaute Bomben explodierten. Die Zero-Piloten hatten noch alle Hände voll mit McCluskys Staffeln zu tun, und die überraschte japanische Flak auf der *Soryu* schoß nicht eine einzige SBD von Leslies 3. Bomberstaffel ab. Der Träger schien verloren, so daß die letzten vier Piloten beschlossen, statt dessen schwere Geleitfahrzeuge zu bombardieren.

Hoch über den brennenden Schiffen waren Thachs sechs Wildcat-Piloten „in einen Bienenschwarm" aus Zeros geraten, wie Thach sich ausdrückte. Eine F4F stürzte brennend ab, und Thach zog gerade herum, um in Schußposition auf einen der Gegner zu kommen, als sein Rottenkamerad Leutnant zur See Robert Dibb über Funk rief: „Skipper, ich habe eine Zero hinter mir. Knall sie ab!"

Dibb kannte seine Scherentechnik. Er „strengte seinen Grips an und kurvte in die richtige Richtung", berichtete Thach, „wobei er mir die Zero genau vor die Schnauze führte". Thach „wartete, bis sie ziemlich dicht herankam, und wir eröffneten zur selben Zeit das Feuer. Wir wären beinahe kollidiert. Dann hob es plötzlich ihre linke Fläche, und sie kippte über die Seite ab und an meinem Flugzeug vorbei. Sie hatte mich verfehlt."

Über Funk half Thach seinen Leuten durch eine Reihe ähnlicher Kämpfe. Bei einem eigenen Verlust von nur einer Wildcat schossen sie mindestens sechs Zeros ab; die Scherentechnik hatte sich ein weiteres Mal hervorragend bewährt. Die übriggebliebenen Zero-Piloten brachen den Kampf ab, offenbar verstört über den Anblick ihrer brennenden Träger.

Als der amerikanische Angriff um 10.30 Uhr vorüber war, standen drei japanische Flugzeugträger in Flammen. Admiral Nagumo weigerte sich, von der hilflos treibenden *Akagi* auf ein anderes Schiff überzuwechseln, und mußte fast mit Gewalt auf den Kreuzer *Nagara* gebracht werden. Auch Korvettenkapitän Fuchida, der sich bei seinem Sprung in Deckung beide Knöchel gebrochen hatte, wurde auf die *Nagara* gebracht, desgleichen Korvettenkapitän Genda. Von Nagumos vier Flugzeugträgern war nur die *Hiryu*, die einige Kilometer weiter nördlich stand, verschont geblieben.

Inzwischen kehrten die amerikanischen Piloten, die den Einsatz überlebt hatten, mit ihren Flugzeugen auf die US-Träger zurück. Thach landete mit seiner Gruppe auf der *Yorktown*, unmittelbar nachdem zehn SBDs der 5. Aufklärungsstaffel mit dem Auftrag gestartet waren, nach der *Hiryu* zu suchen. Als sich Max Leslies 3. Bomberstaffel gegen Mittag zur Landung einfand, wurde sie plötzlich abgewiesen. „Bereitmachen zur Abwehr von feindlichem Luftangriff!" dröhnte es aus dem Schiffslautsprecher. „Alle Mann an Deck hinlegen. Fliegerabteilung in Deckung gehen! Artillerieabteilung übernehmen!" Mit Radar war auf 74 Kilometer eine anfliegende nicht identifizierte Formation geortet worden. Es war ein Angriffsverband von 18 Val-Sturzkampfbombern und sechs Zeros, die eine Stunde zuvor von der *Hiryu* gestartet waren. Der Befehl dazu war von Konteradmiral Tamon Yamaguchi ergangen, dem Nagumo die fliegerische Einsatzleitung übertragen hatte. Oberleutnant zur See Michio Kobayashi, Führer der Gruppe, hatte Leslies Bomber gesichtet und war ihnen auf dem Rückflug gefolgt.

Ein sich bereits in der Luft befindlicher Verband von zwölf Wildcats, der die *Yorktown* sicherte, machte sich auf, um die Ankömmlinge abzufangen. Kapitän Elliott Buckmaster begann, Abwehrkeise zu fahren. Gleichzeitig eröffnete die Flugabwehr das Feuer. Die Wildcats von der *Yorktown* stürzten sich auf die bombenbeladenen Vals. Oberleutnant zur See William Barnes nahm sich den in 3600 Meter Höhe fliegenden, führenden Sturzkampfbomber vor. „Ich ging aus der seitlichen Überhöhung an ihn heran. Meine Gewehre hämmerten nur so in ihn hinein und er stürzte ab." Barnes wandte die gleiche Taktik bei einem zweiten japanischen Bomber an. Nachdem er einen dritten abgeschossen hatte, „hängten sich drei Zeros hinter mich, und da hat wirklich nicht viel gefehlt, als ich auf 2700 Meter stürzte und mich dann durch eine dichte Wolkendecke auf etwa 600 Meter durchfallen ließ, um sie abzuschütteln". Mit seiner durchlöcherten Wildcat kam er wohlbehalten auf der *Hornet* an.

Dreizehn Vals und drei Zeros fielen Jägern und Flak zum Opfer, während auf amerikanischer Seite nur eine Wildcat verlorenging. Sechs der feindlichen Flugzeuge aber konnten die Sperre durchbrechen und ihre 250-Kilogramm-Bomben abwerfen. Dank geschickter Manöver gelang es der *Yorktown*, drei Bomben auszuweichen, die knapp das Heck verfehlten, drei weiteren jedoch nicht. Eine explodierte auf dem Flugdeck und entfachte Brände, die schnell auf die unteren Decks übergriffen. Zwei durchschlugen das Flugdeck und explodierten tief im Schiffsinneren. Bei einer Detonation brachen Kesselrohre, und fünf der sechs Feuerungen wurden wie Kerzen ausgeblasen. Die Kesselräume füllten sich schnell mit Rauch. Die Fahrt der *Yorktown* verringerte sich rapide von 30 auf 6 Knoten. Dann blieb sie antriebslos liegen. Um 13.15 Uhr wechselte Admiral Fletcher auf den Kreuzer *Astoria* über. Doch die Feuerlöschtrupps brachten die Brände bald unter Kontrolle, und Reparaturgruppen gelang es, die *Yorktown* wieder in Betrieb zu nehmen. Gegen 14 Uhr machte sie 17 Knoten Fahrt, und auf Deck wurden die Jäger für den Start vorbereitet.

Die Betankung der Wildcats war noch im Gange, als mit Radar weitere nicht identifizierte Flugzeuge erfaßt wurden. Kurz darauf kamen zehn mit Torpedos beladene Kates und ihr Jagdschutz aus sechs Zeros in Sicht, die direkt auf die *Yorktown* zuflogen. Sie kamen von der *Hiryu*, wo sie unmittelbar nach dem Start der ersten Angriffswelle vorbereitet und gestartet worden waren. Ein Dutzend Wildcats, die den Träger aus der Luft sicherten, und die Flugabwehr auf der *Yorktown* sowie ihre Geleitkreuzer und -zerstörer eröffneten das Feuer, als die Kates von vier Seiten aus gleichzeitig angriffen. Etwa die Hälfte der Angreifer stürzte brennend ins Wasser, doch fünf Kates erreichten ihr Ziel und warfen ihre Torpedos ab, denen der Träger zum Teil ausweichen konnte. Zwei trafen jedoch steuerbords. Durch die Explosionen fiel die Stromversorgung auf dem ganzen Schiff aus. In sämtlichen Schiffsräumen unter Deck herrschte völlige Dunkelheit. Die Maschinen fielen aus, es kam zu starken Wassereinbrüchen, und die *Yorktown* lag nach Backbord über. Da ihre Schlagseite in kurzer Zeit 26 Grad erreichte, fürchtete der Kapitän, daß das Schiff kentern würde, und gab Befehl, es zu verlassen.

Die Amerikaner sollten nicht lange in der Defensive bleiben. Wenige Minuten zuvor, um 14.45 Uhr, hatte ein von der *Yorktown* noch vor dem ersten Angriff der Japaner gestarteter Aufklärer gemeldet, er habe die *Hiryu* gesichtet. Es verging keine Stunde, bis Admiral Spruance von der *Enterprise* zwei Dutzend SBDs gestartet hatte, darunter 14 der auf der *Yorktown* stationierten Flugzeuge, die mit Max Leslie an der Spitze eingetroffen waren, nachdem ihr eigenes Schiff sie abgewiesen hatte. Um 17 Uhr kamen die Bomber über der *Hiryu* an, einem, wie sich herausstellte, wiederum idealen Zeitpunkt. Yamaguchi, der von einem seiner Aufklärer erfahren hatte, daß sich drei amerikanische Träger in Angriffsreichweite befanden, hatte aufgetankte und mit Waffen beladene Flugzeuge auf das Flugdeck seines Schiffes bringen lassen, die bei Einbruch der Dämmerung angreifen sollten. Die Amerikaner stürzten sich direkt aus der Sonne auf die Abwehrkreise fahrende *Hiryu* und erzielten mit ihren 450-Kilogramm-Bomben vier Volltreffer auf Deck. Ein halbes Dutzend Zeros, die zur Verteidigung des Schiffes noch hatten aufsteigen können, brachten zwei SBDs zum Absturz. Aber die Flugzeuge an Deck der *Hiryu* explodierten mit großer Wucht. Damit stand der vierte japanische Träger in Flammen.

Mehrere hundert Kilometer weiter nordwestlich erreichte die Nachricht Admiral Yamamoto, der sich an Bord der *Yamato* befand. Er war entsetzt. Seine Träger waren zerstört. Die *Soryu* sollte um 19.15 Uhr mit 718 Mann ihrer Besatzung untergehen, zehn Minuten später gefolgt von der *Kaga*, die etwa 800 Mann mit in die Tiefe riß. Die *Akagi* brannte während der Nacht aus und sollte vor Tagesanbruch von den Japanern versenkt werden; 221 Mann ihrer Besatzung verloren das Leben. Die *Hiryu*, die ebenfalls den Gnadenstoß von japanischen Zerstörern erhielt, sollte am nächsten Morgen um 8.20 Uhr sinken. Admiral Yamaguchi, der sich weigerte, von Bord zu gehen, ging mit ihr unter.

Admiral Yamamoto erwog kurz, einen letzten Versuch zu unternehmen, Admiral Spruance und die Einsatzgruppe 16 doch noch aufzureiben, indem er Verstärkung heranholte, darunter die beiden leichten Träger *Ryujo* und *Junyo,* die an dem Ablenkungsangriff auf die Aleuten teilnahmen. Doch dann besann er sich eines Besseren. Um 2.55 Uhr in der Nacht des 5. Juni erteilte er folgenden Befehl: „Die Operation Midway ist abgebrochen." Die Schlacht um Midway war vorüber – wenn man von Luftangriffen der Amerikaner absieht, die den in Richtung Westen abdrehenden japanischen Schiffen nachsetzten und dabei den Kreuzer *Mogami* beschädigten und den Kreuzer *Mikuma* versenkten. Yamamoto war geschlagen; sein Plan war an

Nach einem Angriff japanischer Sturzkampfbomber auf die „Yorktown" am 4. Juni 1942 bei Midway gelingt es Feuerlöschtrupps, die Brände einzudämmen. Obwohl der Flugzeugträger von drei Bomben getroffen worden war, hatten Kapitän und Besatzung das Feuer beinahe unter Kontrolle, als die Japaner erneut angriffen.

Sämtliche Flugabwehrgeschütze feuern, als die Abwehrkreise fahrende „Yorktown" beim zweiten Angriff der Japaner bei Midway mittschiffs von einem Torpedo getroffen wird. Wenige Augenblikke später riß ein weiterer Torpedo ein Loch in die Bordwand. Es kam zu starken Wassereinbrüchen und zum Ausfall der gesamten Stromversorgung.

der überlegenen Funkaufklärung, der Taktik – und dem Glück – der Amerikaner gescheitert. Die Japaner hatten vier Flugzeugträger und einen Schweren Kreuzer verloren, dazu rund 2500 Mann und 234 Flugzeuge. Alles, was Yamamoto dagegen aufweisen konnte, war die Besetzung der Aleuteninseln Attu und Kiska – ein Ergebnis, das für die Amerikaner nicht mehr als ein kleines Ärgernis darstellte.

Am 5. Juni barg eine PBY Catalina Leutnant Gay, den einzigen Überlebenden der 8. Torpedostaffel, aus dem Pazifischen Ozean. Er hatte sich hinter seinem schwimmenden Sitzkissen verbergen und so der Gefangennahme entgehen können. Er konnte dabei den Untergang von drei japanischen Trägern beobachten. Auch Frank O'Flaherty von der 6. Aufklärungsstaffel und sein Bordschütze Bruno Gaido waren Zeugen dieser Ereignisse geworden, allerdings unter noch weitaus unangenehmeren Umständen – als Gefangene an Bord des Zerstörers *Makigumo*. Japanische Offiziere sagten nach dem Krieg aus, daß die beiden eine Woche lang verhört und dann an Händen und Füßen gefesselt, mit verbundenen Augen und beschwert mit wassergefüllten Fässern über Bord gestoßen wurden. Auf amerikanischer Seite gab es insgesamt 307 Gefallene sowie den Verlust von 147 Flugzeugen, einem Träger und einem Zerstörer.

Fast hätten die Amerikaner den Flugzeugträger nicht in die Liste ihrer verlorenen Schiffe aufnehmen müssen. Die wackere *Yorktown* hing zäh an ihrem Leben. Ihre Schlagseite stabilisierte sich bei 25 Grad, das Feuer erlosch, als das Schiff ausgebrannt war, und die Amerikaner begannen zu hoffen, den Träger vielleicht doch noch retten zu können. Am Nachmittag des 5. Juni wurde die *Yorktown* von einem Minensucher in Schlepp genommen. Am frühen Morgen des nächsten Tages brachte der Zerstörer *Hammann* Kapitän Buckmaster und eine Bergungsmannschaft an Bord.

Im Laufe des Nachmittags gelang es, genügend Wasser in die Steuerbordseite des Rumpfes zu pumpen, daß sich die *Yorktown* wieder aufrichten konnte. Doch dann spürte I-168, ein japanisches U-Boot, die *Yorktown* und die *Hammann* auf. Es jagte einen Torpedo in den Zerstörer, der in der Mitte auseinanderbrach und mit einem Drittel seiner 241 Mann starken Besatzung unterging. Zwei weitere Torpedos rissen klaffende Löcher in den Rumpf der *Yorktown,* die nunmehr tödlich getroffen war. Einige der Telephonverbindungen auf dem Schiff funktionierten noch; über diese wurde Kontakt mit drei tief unten im Rumpf eingeschlossenen Seeleuten aufgenommen. „Wißt ihr, in welcher Klemme ihr steckt?" wurden sie gefragt. „Klar", kam die Antwort, „aber wenn ihr wüßtet, was für ein irres Spiel hier gerade abgezogen wird." Als sich die *Yorktown* immer weiter überlegte, ging die Bergungsmannschaft schließlich von Bord. Am Morgen des 7. Juni kenterte der Flugzeugträger und sank.

Als der Pazifik die *Yorktown* verschlang, begrub er das letzte Wrack der Schlacht bei Midway. Die geschlagenen Japaner nahmen Kurs auf sichere Gewässer. „Wir ziehen uns zurück", schrieb ein japanischer Offizier. „Es ist einfach zum Verzweifeln."

Die Sieger gingen daran, ihren Vorteil auszunutzen. Am 6. Juni kam die *Saratoga* aus San Diego in Pearl Harbor an, nachdem die Torpedoschäden, die sie fünf Monate lang außer Gefecht gesetzt hatten, vollständig beseitigt worden waren. Am nächsten Tag lief sie aus, damit die dringend benötigten Ersatzflugzeuge und Piloten auf die *Enterprise* und die *Hornet* überführt werden konnten. Am 10. Juni lief der Träger *Wasp,* der bis dahin Flugzeuge von England nach Malta gebracht hatte, durch den Panamakanal in den Pazifik. Mit vier Trägern, die sie gegen die *Zuikaku,* die *Shokaku* und eine Handvoll leichter Träger der Japaner aufbieten konnte, war die US-Pazifikflotte ausreichend gerüstet, um in die Offensive zu gehen. ～～

Die präzise Choreographie an Deck eines Trägers

Schlagzeilen machten sie eigentlich nie, die hart arbeitenden Männer des Wartungspersonals auf den Flugzeugträgern. Dabei waren die Siege dieser Träger nicht denkbar ohne den körperlichen Einsatz und die Risikobereitschaft der „Airedales" oder „Schäferhunde", wie sie genannt wurden, weil sie ständig um die Flugzeuge besorgt waren.

Vor jedem Start brachten Angehörige der Transporteinheit – auch Flugzeugabsteller genannt – die Maschinen vom Hangardeck mit dem Aufzug auf das Flugdeck, wo sie mit Hilfe kleiner Zugmaschinen vorsichtig an ihren richtigen Abstellplatz „bugsiert" und mit Bremsklötzen gesichert wurden. Ihnen auf den Fersen folgten die Tankwarte, die die Treibstoffbehälter der Maschinen füllten, sowie die mit der Munitionierung betrauten Waffenwarte. Während sie ihrer Arbeit nachgingen, fegten manchmal stürmische Winde über das Deck, die Männer und Maschinen über Bord zu schleudern drohten. Bei Angriffen feindlicher Bomber kauerten sie zudem zwischen den startbereiten Flugzeugen wie auf einem Pulverfaß.

Sobald die Piloten in ihren Maschinen saßen und die Motoren angelassen waren, sahen sich die Airedales einer weiteren Gefahr ausgesetzt. Bei jedem Schritt, den sie taten, wenn sie auf dem überfüllten Deck Bremsklötze wegzogen, mußten sie aufpassen, daß sie nicht vom Propellerwind eines Flugzeugs in die laufende Luftschraube eines anderen geschleudert wurden. Mittlerweile wiesen andere auf dem Deck postierte Airedales die rollenden Flugzeuge mit Handzeichen nach vorn zur Startposition. Dort wurden sie von einem Ablaufoffizier übernommen, der die schwierige Aufgabe hatte, unter Berücksichtigung der Roll- und Stampfbewegungen des Trägers für jedes Flugzeug den richtigen Startmoment zu erwischen.

Wenn alle Flugzeuge in der Luft waren, hatten die Airedales Zeit zum Ausruhen. Nach ihrer anstrengenden Arbeit bei den Startvorbereitungen waren viele so erschöpft, daß sie an Deck einschliefen. Andere lasen, schrieben Briefe oder vertrieben sich die Stunden mit Spielen, bis das entfernte Dröhnen der zurückkehrenden Flugzeuge sie wieder aufspringen ließ und ein Landeeinweiser seine mit Signalfarben bemalten Kellen hervorholte, um die anfliegenden Piloten einzeln zur Landung einzuweisen.

Bei keiner anderen Phase des Flugbetriebs war die Arbeit auf dem Flugdeck so gefährlich wie bei den Landungen. Wenn ein Flugzeug eine Bruchlandung machte und Feuer fing, stürzten auf den Seitendecks postierte Airedales herbei und bekämpften die Flammen, während Rettungstrupps in Asbestanzügen die Besatzung aus dem brennenden Wrack befreiten. Aktionen dieser Art, die großen Mut verlangten, brachten den Airedales die aufrichtige Bewunderung von Piloten und Admiralen ein, wie sich in den Worten eines Marineoffiziers zeigt: „Ein Flugdeck wäre es ohne sie nicht wert, auf See gebracht zu werden."

Vor dem Start bringen Gruppen des Bodenpersonals Hellcat-Jäger mit Hilfe kleiner Zugmaschinen (unten rechts und Mitte) zum Heck eines Trägers. Am Rand des Flugdecks sind bereits Dauntless-Sturzkampfbomber abgestellt.

An Deck eines Trägers füllen Tankwarte die Tanks einer Hellcat, die gefechtsbereit gemacht wird. Das Flugbenzin befand sich in riesigen Behältern, die aus Trimmgründen im Kiel des Schiffes lagen, und mußte auf das Flugdeck gepumpt werden.

Auf der Tragfläche einer Hellcat hockt ein Waffenwart, der ein gefülltes Magazin für eines der sechs 12,7-mm-Maschinengewehre an Bord der Maschine lädt, während ein anderer das nächste Magazin mit gegurteter Munition auffüllt.

Seeleute ruhen sich auf 450-Kilogramm-Bomben aus, auf die sie originelle Namen und Botschaften für den Gegner geschrieben haben. Trotz ihres lässigen Auftretens befolgten die Männer das generelle Rauchverbot an Deck peinlich genau.

Unter dem Bombenschacht einer Avenger prüfen Airedales die Stahldrahtaufhängung, die eine 900-Kilogramm-Bombe hält. Ein gutes Team konnte ein Flugzeug in nur drei Minuten mit einer Bombe dieser Größenordnung beladen.

Während ein Avenger-Pilot den Motor anläßt, macht ein Waffenwart die vier 12,7-cm-Raketen scharf, die unter der rechten Tragfläche der Maschine aufgehängt sind. Da sich die Treibladungen der Raketen unter Umständen selbst entzünden konnten, wurde damit bis kurz vor dem Start gewartet, um das Risiko niedrig zu halten.

Vor seinem Bordschützen klettert ein Pilot in das Cockpit eines Dauntless-Sturzkampfbombers. Die Airedales im Hintergrund halten sich bereit, ihnen beim Anlegen der Fallschirmgurte zu helfen.

Während die Piloten die Motoren warmlaufen lassen, halten Angehörige des Wartungspersonals die Maschinen an den Flächen fest. Andere warten auf das Signal, die Bremsklötze wegzuziehen. Während des Starts rollten die Maschinen langsam nacheinander an, um dann in schneller, aber regelmäßiger Folge vom Deck abzuheben.

Ein Airedale, der ein Trägerflugzeug mit Handzeichen über das Flugdeck weist, bedeutet dem Piloten vorzurollen (unten links) und hebt dann die Arme über den Kopf zum Zeichen, daß er die Maschine völlig zum Stehen bringen soll.

Durch Flaggensignal gibt ein Ablaufoffizier dem
Sturzkampfbomberpiloten zu verstehen, daß er
die „Bremsen festhalten" soll, bis er die Startfrei-
gabe erhält. Damit die unmittelbar nach Verlassen
des Flugdecks niedrig fliegenden Maschinen bei
starkem Seegang nicht von einer Welle überspült
wurden, erfolgte der Start immer im vorausberech-
neten Augenblick, in dem sich das Deck hob.

360   370

Infolge der Beschleunigung unscharf, hebt eine
Hellcat vom Flugdeck ab. Die Offiziere
auf den Aufbauten des Trägers halten sich zum
Schutz gegen den Lärm die Ohren zu. Unter
optimalen Bedingungen erfolgte der Start des
nächsten Flugzeugs nur 20 Sekunden später.

Nach dem Start sind Airedales erschöpft auf
dem Flugdeck eingeschlafen. Mit dem an die
Zugmaschine angehängten Kran wurden beschädigte Flugzeuge vom Flugdeck geräumt.

Angehörige des Bodenpersonals verbringen
die Zeit mit Messerwerfen, einem Spiel, für das
sich das Holzdeck des Trägers gut eignete. Das
Messer wurde aus unterschiedlichen Positionen so geworfen, daß es im Holz steckenblieb.

Zurückkehrende Flugzeuge beenden die Ruhepause der Airedales, die Bremsklötze auf das Flugdeck tragen. Bei stürmischem Wetter wurden die abgestellten Flugzeuge zusätzlich mit dicken Tauen auf dem Deck festgezurrt.

Ein Landeeinweiser, der dem Piloten des an-
schwebenden Flugzeugs gerade Zeichen gegeben hat, das Gas zurückzunehmen, beobachtet die Landung. Teil der Aufgabe des LSO (Landing Signal Officer) bestand darin, den unterschiedlichen Flugstil der Piloten zu erkennen und
den Anflug zu korrigieren.

Am Heck einer Wildcat haken Airedales das
Drahtseil der Auffanganlage aus, das die Maschine zum Stehen gebracht hat. Die Piloten
durften ihre Maschinen erst verlassen, wenn
die Räder durch Bremsklötze gesichert waren.

Ein Airedale signalisiert einem rollenden Flugzeug anzuhalten. Im Aufzugsschacht vor ihm verschwindet gerade eine Hellcat, die auf das Hangardeck gebracht wird, wo Wartungs- und Reparaturarbeiten ausgeführt wurden. Im Einsatz oder bei Bruchlandungen stark beschädigte Maschinen wurden über Bord geworfen.

Von Kopf bis Fuß durch ihre Asbestanzüge geschützt, beobachten Angehörige des Feuerlöschtrupps aufmerksam die Landungen, um sofort eingreifen zu können, wenn eine Maschine Bruchlandung machen sollte.

Mit lauten Befehlen treibt ein Decksoffizier seine Leute, die ein beschädigtes Flugzeug aus dem Weg räumen, zur Eile an, damit die nachfolgenden Maschinen landen können.

Während der Löscharbeiten springen zwei Mann des Feuerlöschpersonals auf die Tragfläche einer brennenden Helldiver, um die Besatzung zu retten.

4

Heftige Kämpfe
auf dem Weg nach Tokio

Sechs Wochen nach der Schlacht bei Midway, in der die Amerikaner den Spieß gegen die Japaner umdrehten, liefen die Träger *Saratoga, Wasp* und *Enterprise* unter dem Kommando von Admiral Fletcher durch die Korallensee nach Norden. In ihrem Geleit befand sich der größte Teil der Pazifikflotte, die von Admiral Nimitz geführt wurde. „Der Horizont war mit Schiffen übersät", erinnerte sich der Avenger-Pilot Fred Mears, der nach der Schlacht bei Midway von der *Hornet* wieder auf die *Enterprise* kommandiert worden war.

Die Amerikaner hatten einen Plan entwickelt, die Salomonen zurückzuerobern, um dann die Japaner von ihrem wichtigsten Stützpunkt zu vertreiben, nämlich Rabaul auf Neubritannien im Bismarckarchipel. Die *Enterprise* und ihre beiden Schwesterschiffe waren Teil dieses Planes. Die Träger hatten den Auftrag, eine Division von Marineinfanteristen, die zunächst auf Guadalcanal und Tulagi angelandet werden sollten, aus der Luft zu unterstützen. Tulagi war wenige Tage vor der Schlacht in der Korallensee an die Japaner gefallen, die danach auf der Nachbarinsel Guadalcanal mit dem Bau eines Flugplatzes begonnen hatten – einem Projekt, an dessen Vollendung die Amerikaner sie unter allen Umständen hindern wollten. Noch war Rabaul der nächstgelegene Stützpunkt, von dem aus die Japaner mit Jagd- und Bombenflugzeugen die alliierten Nachschubrouten bedrohen konnten, die durch die Neuen Hebriden nach Australien führten. Wenn es ihnen jedoch gelingen würde, den Flugplatz auf Guadalcanal in Betrieb zu nehmen, wären ihre Anflugwege um über 1000 Kilometer kürzer.

Am Vorabend des 7. August, des für den Angriff festgesetzten Tages, beendete der fliegerische Operationsoffizier auf der *Enterprise* seine Einsatzbesprechung mit einem grimmigen Rat. „Laßt keine Nachsicht walten", erklärte er den Männern der 6. Fliegergruppe, „scheut euch nicht, ohne jede Rücksicht vorzugehen. Ihr könnt sicher sein, daß ihr ebenso behandelt werdet." Dann fügte er hinzu: „Acht Monate lang sind wir jetzt in der Defensive gewesen. Morgen wird sich das Blatt wenden."

Die Wende sollte kommen, wenngleich nur zögernd und mit schweren Verlusten verbunden. Im Sommer 1942 verfügte Japan noch immer über eine äußerst schlagkräftige Flotte. Als die amerikanischen Streitkräfte vorzudringen begannen, ging Japan zu einem seit langem bestehenden Verteidigungskonzept über. Es sah vor, die Seestreitkräfte des Gegners so stark zu dezimieren, daß die japanische Flotte den Rest in einer Entscheidungsschlacht besiegen konnte. Zu diesem Gefecht sollte es zwei Jahre später kommen. Zunächst zeigte sich auf Guadalcanal die Fähigkeit und Entschlossenheit der Japaner, einen Abnutzungskrieg zu führen.

Ein Dauntless-Sturzkampfbomber der US-Marine befindet sich im Anflug auf japanische Stellungen auf der Insel Wake. Der Angriff markierte den Beginn des amerikanischen Vorstoßes im mittleren Pazifik im Jahre 1943.

Am Morgen des 7. August, kurz nach 6 Uhr, begannen Kreuzer und Zerstörer der US-Marine, die japanischen Befestigungen auf der Insel unter Beschuß zu nehmen. Etwa zur gleichen Zeit starteten auf den Trägern die ersten Jäger und Sturzkampfbomber zum Angriff auf den im Bau befindlichen Flugplatz in Lunga Point an der Nordküste Guadalcanals. Die Japaner wurden von dem Angriff völlig überrascht: Die angelandeten Marineinfanteristen stießen auf keinen nennenswerten Widerstand. Am folgenden Nachmittag befand sich der Flugplatz – kurze Zeit später in Henderson Field umgetauft – fest in amerikanischer Hand, obwohl der größte Teil der Insel weiterhin von den japanischen Bodenkampftruppen besetzt blieb. Auf Tulagi dagegen setzten die Japaner den Amerikanern heftigen Widerstand entgegen. Sie konnten sich noch über 30 Stunden halten.

Im Luftraum blieb es anfangs relativ friedlich. Dann, kurz nach Mittag, war der Jagdflieger Joseph Daly von der *Saratoga* mit seiner Wildcat-Staffel in der Luft, um über der Passage zwischen Tulagi und Guadalcanal Überwachung für die Transportschiffe zu fliegen, die die Marineinfanteristen an Land absetzten. Um 13.20 Uhr wurde in einer Höhe von 3600 Metern ein Feindverband gesichtet. Die Amerikaner hatten damit gerechnet, daß die Japaner mit Bombern aus Rabaul kommen würden, und nun waren sie da: 27 zweimotorige Bettys jagten in enger V-Formation über den Himmel. Daly und ein zweiter Pilot, William „Wild Bill" Holt, schoben den Steuerknüppel nach vorn und griffen an.

„Als ich, aus allen Maschinengewehren feuernd, aufschloß", schrieb Daly, „zog jede Maschine eine feine graue Rauchspur hinter sich her – aus allen Türmen wurde auf mich geschossen." Daly fing zu kurven an. Trotzdem wurde seine Wildcat getroffen, wenn auch nicht schwer, so daß es ihm gelang, in vier Anflügen zwei Bomber abzuschießen; Holt erzielte einen Abschuß. Als Daly seine Wildcat für einen fünften Anflug auf die Bomber in die richtige Position brachte, bemerkte er weit hinter sich zwei Maschinen, die schnell näherkamen. Da er glaubte, es handele sich um die eigenen Jäger, brach er die Verfolgung der Bomber nicht ab. Erst dann wurde ihm klar, daß er Zeros hinter sich hatte, die den über 1000 Kilometer langen Anflug von Rabaul bewältigt hatten. „Wer hätte gedacht, daß ein Jäger eine solche Strecke hin- und zurückfliegen konnte", schrieb Daly. „Man lernt eben nie aus." Als er herumzog, um sich den Verfolgern zu stellen, traf ein 2-cm-Geschoß seine Wildcat und setzte das Cockpit in Flammen. Daly erlitt schwere Brandwunden, konnte aber noch abspringen; zwei Stunden später wurde er von einem Wasserflugzeug an Bord genommen.

Das in Rabaul stationierte fliegende Personal der Japaner hatte noch keine Kampferfahrung mit Piloten der amerikanischen Trägerflugzeuge und erlebte bei dieser ersten Begegnung einen schweren Schock – obwohl es das Überraschungsmoment auf seiner Seite hatte. Die verwirrende Scherentechnik machte die Japaner unsicher, und die Angriffslust der amerikanischen Piloten gab ihnen zu denken. Bootsmann Saburo Sakai, einer der führenden japanischen Jagdflieger, konnte gar nicht genug staunen. „Eine einzige Wildcat verfolgte drei Zeros", schrieb er später, „und jagte den wild kurvenden japanischen Maschinen kurze Feuerstöße hinterher. Alle vier Flugzeuge waren in einen heißen Luftkampf verwickelt und flogen enge Linksspiralen. Die Zeros hätten die einsame Grumman eigentlich problemlos erledigen müssen, aber jedesmal, wenn eine Zero sie vor die Kanonenrohre bekam, machte sich die feindliche Maschine im wilden Kurvenflug aus dem Staube und tauchte am Leitwerk einer Zero wieder auf. Eine solche Fliegerei hatte ich noch nie gesehen."

Sakai machte sich persönlich an die Verfolgung des kühnen amerikanischen Piloten und brachte ihn in einem erbitterten Zweikampf zum Absturz.

Saburo Sakai, ein gefährlicher Gegner der amerikanischen Piloten, erzielte insgesamt 64 Luftsiege – eine Leistung, die er zum Teil auf die Tatsache zurückführte, daß er aus einer alten Samurai-Familie stammte. Sakai gehörte zu den wenigen japanischen Flieger-Assen, die überlebten.

Als nächstes schoß er eine SBD Dauntless in Flammen, um dann die Verfolgung eines Verbandes von acht vermeintlichen Wildcats aufzunehmen. Da die Wildcats keine nach hinten gerichteten Waffen hatten, flog er unterhalb von ihnen dicht heran, um sicher zum Schuß zu kommen – und mußte feststellen, daß Geschosse vom Kaliber 12,7 mm und 15 mm seine Zero durchsiebten. Sakai war auf eine Formation TBF Avengers getroffen, neue Torpedoflugzeuge mit Maschinengewehren im oberen und hinteren Teil des Rumpfes. Sakai kämpfte, bis ihn eine schwere Kopfverletzung zwang abzudrehen. Trotzdem gelang es ihm, seinen schwer beschädigten Jäger sicher nach Rabaul zurückzubringen. Obwohl für immer auf einem Auge blind, kehrte er später in den aktiven Dienst zurück und blieb bis zum Kriegsende im fliegerischen Einsatz.

Die dreitägigen Luftangriffe kosteten die Japaner in Rabaul 42 Flugzeuge – und, was schwerer wog, 42 erfahrene Piloten. Einige wurden abgeschossen. Die meisten jedoch fielen der See zum Opfer, da die Anflugstrecke von Rabaul die Leistungsfähigkeit ihrer Maschinen überforderte. Von den eingesetzten Bombern kehrte mehr als die Hälfte nicht zurück, und der Ausbau des amerikanischen Brückenkopfes auf Guadalcanal konnte trotz aller Bemühungen kaum verlangsamt werden. Die amerikanischen Flugzeugverluste beliefen sich auf elf Wildcats (von denen allein sechs auf das Konto des besten japanischen Kampffliegers gingen, Oberstabsbootsmann Hiroyoshi Nishizawa) und die von Sakai abgeschossene Dauntless.

Dennoch wären die Amerikaner auf Guadalcanal fast an der japanischen Kampfstärke zur See gescheitert. In den frühen Morgenstunden des 9. August führte Vizeadmiral Gunichi Mikawa einen aus sieben Kreuzern und einem Zerstörer bestehenden Verband in Richtung auf die Insel. Er beabsichtigte, den Geleitschutzring – zu dem auch zwei australische Kreuzer gehörten – um die vor der Küste verankerten amerikanischen Transporter zu vernichten und dann auch die Transporter zu versenken.

Der Zerstörer *Patterson* machte Mikawas Kampfverband um 1.43 Uhr nachts in der Nähe der Insel Savo aus, etwa 13 Kilometer nördlich von Guadalcanal. Sekunden später eröffneten die Japaner das Feuer. Eine Reihe günstiger Faktoren – das Überraschungsmoment, die unglücklichen Positionen der amerikanischen Kriegsschiffe, welche vier Zufahrtsstraßen nach Guadalcanal zu bewachen hatten, die mangelhafte Funkverbindung zwischen den Schiffen der Alliierten und die größere japanische Erfahrung in der Führung nächtlicher Seegefechte – trugen dazu bei, daß Mikawa dem Gegner eine bittere Niederlage beibrachte. Vier Kreuzer wurden versenkt, 1023 Mann fielen. Um 2.30 Uhr befand sich Mikawa dicht vor den Transportschiffen seines Gegners. Doch statt anzugreifen, machte er kehrt, da er befürchtete, daß Fletchers Trägerflugzeuge bei Tagesanbruch zum Gegenangriff übergehen würden.

Dabei hatte Fletcher seine Träger am vorhergehenden Abend in Richtung Südosten abgezogen und war überhaupt nicht in der Nähe. Schon vor dem Angriff auf Guadalcanal hatte er angekündigt, er werde seine Träger nie länger als einen oder zwei Tage auf Angriffsposition gehen lassen, und keiner seiner Vorgesetzten hatte ihm widersprochen. Fletcher, der noch immer unter dem Eindruck des Verlustes der *Lexington* und *Yorktown* stand, glaubte, seine Träger durch längere Aufenthalte allzu leicht der Gefahr japanischer Luftangriffe auszusetzen. Der Sorge um seine Schiffe war es zu verdanken, daß sich die Avengers und Dauntless viel zu weit vom Kampfschauplatz entfernt befanden, um Mikawas Schiffe beim Rückzug anzugreifen, und die Japaner unbehelligt davonkamen.

Fünfzehn Tage später sagte die Kaiserliche Marine den Alliierten erneut den Kampf an. Diesmal setzte Admiral Yamamoto mehr als 60 Kriegsschiffe gegen Guadalcanal ein, wo sie jedes erreichbare feindliche Schiff vernichten und ein Kontingent von 1500 Mann zur Verstärkung der Besatzungstruppen absetzen sollten. Zum Schutz seiner Schlachtschiffe und Kreuzer vor Angriffen von Fletchers Trägerflugzeugen schickte Yamamoto zum ersten Mal seit Midway seine eigenen Flugzeugträger in den Kampf. Er plante, die US-Träger mit dem leichten Träger *Ryujo* als Köder in eine Falle zu locken. Wenn sie angriffen, sollten Flugzeuge von den schnellen Trägern *Zuikaku* und *Shokaku* zum Gegenangriff übergehen und sie versenken.

Am Morgen des 24. August sichteten amerikanische Aufklärer die *Ryujo* 450 Kilometer nordwestlich von Fletchers beiden Trägern *Enterprise* und *Saratoga*. (Die *Wasp* und ihren Troß hatte Fletcher am vorhergehenden Abend zum Betanken entlassen, da er nicht so früh mit Feindberührung gerechnet hatte.) Fletcher nahm Kurs auf die *Ryujo* und startete 61 Dauntless und Avengers zum Angriff auf Yamamotos Köder. Korvettenkapitän Harry D. Felt führte den 38 Maschinen starken Verband von der *Saratoga*. Er traf das Ziel mit einer 450-Kilogramm-Bombe, einer von mindestens vier – und möglicherweise sogar zehn –, die den Träger trafen. Die Sturzkampfbomber hatten ihr Werk kaum vollendet, als fünf Avengers von beiden Seiten auf den Bug des Trägers zuflogen. Nur einer der abgeworfenen Torpedos erreichte sein Ziel, doch das genügte, um die *Ryujo*, die durch die vorangegangenen Bombentreffer ohnehin schon schwer angeschlagen war, zu versenken. Bei dem Einsatz ging bemerkenswerterweise kein einziges amerikanisches Flugzeug verloren.

Nur eine Viertelstunde nachdem er seinen Angriffsverband gegen die *Ryujo* gestartet hatte, erfuhr Admiral Fletcher, daß die *Shokaku* und die *Zuikaku* in der Nähe kreuzten, ohne daß er viel dagegen tun konnte. Auf beiden japanischen Trägern waren die Vorbereitungen für einen Angriff auf ihn schon im vollen Gange, und der größte Teil seiner eigenen Bomben- und Torpedoflugzeuge befand sich auf dem Weg zur *Ryujo*. Alle Versuche, sie zu den neuen Zielen umzudirigieren, schlugen fehl, da die Funkverbindungen an diesem Tag zu wünschen übrigließen.

Um 16.02 Uhr meldeten die amerikanischen Radarbeobachter den Anflug einer Formation nicht identifizierter Flugzeuge. Munitionierte und in Erwartung des Angriffs bereits warmgelaufene Wildcats starteten, um zu den Jägern zu stoßen, die über dem Schiff bereits Patrouille flogen. Insgesamt 53 Wildcats bildeten die Abwehr, doch nur einige wenige konnten den Verteidigungsriegel der Zeros durchbrechen und die Val-Sturzkampfbomber angreifen, die sich der *Enterprise* und der *Saratoga* näherten. Zu denen, die durchkamen, gehörte Leutnant zur See Donald Runyon, Führer einer Wildcat-Halbstaffel auf der *Enterprise*. Direkt aus der Sonne anfliegend, eröffnete er das Feuer auf eine Val, deren Besatzung ihn nicht gesehen hatte. Das japanische Flugzeug explodierte in der Luft. Runyons Taktik bewährte sich bei einer weiteren Val, dann einer Zero, die einzugreifen versuchte, und schließlich einer dritten Val.

Während Runyon sich am Rande der japanischen Angriffsformation zu schaffen machte, flog die Hauptkampfgruppe unbeirrt weiter auf die *Enterprise* zu. (Die *Saratoga*, die 16 Kilometer entfernt operierte, sollte an diesem Tag verschont bleiben.) Um 16.41 Uhr kippte die erste Val ab und griff im Sturzflug an. Ihr folgten im Abstand von jeweils sieben Sekunden zwei Dutzend weitere Maschinen. Die erste Bombe schlug neben der *Enterprise* auf das Wasser auf, ein Blindgänger. Auf dem Träger und seinen Geleitschiffen hämmerten die Flugabwehrgeschütze, ihre Geschosse durchsiebten die Luft, und mindestens sechs Vals fielen dem vernichtenden Abwehrhagel zum Opfer. Dennoch erzielten drei von ihnen Treffer, die das Achterschiff in Flammen setzten.

Hydraulische Hilfe für Start und Landung

Obwohl die Flugzeuge in der Regel mit eigener Kraft von ihren Trägern starteten, kamen im Laufe des Krieges immer häufiger Katapulte zum Einsatz. Diese hydraulischen Startvorrichtungen – in den beiden oberen Zeichnungen rechts schematisch dargestellt – verschafften dem Trägerkommandanten im Gefecht wesentliche Vorteile. Erstens ließ sich die Startfrequenz bedeutend steigern, da die Katapulte die Startstrecke verkürzten und er eine größere Zahl Maschinen auf dem Deck vorbereiten lassen konnte. Zweitens brauchte er seinen Träger für die Starts nicht in den Wind zu drehen, was ihn unter Umständen näher an die gegnerische Flotte gebracht hätte. Und drittens mußte er bei Nachtstarts keine Decksbeleuchtung einschalten, die seine Position allzu leicht verraten hätte.

Zusätzlich zu den Katapulten für den Start der Flugzeuge hatten die Träger hydraulisch gebremste Fangkabel, die die Landestrecke der Flugzeuge verkürzten (Zeichnung rechts unten). Wenn eine Maschine zu hoch hereinkam und ihre Fanghaken nicht in eins der Drahtseile faßten, wurde sie durch Notbarrieren abrupt zum Stehen gebracht. Nach jeder erfolgreichen Landung wurden die Notbarrieren umgelegt, damit das Flugzeug auf dem Deck weiterrollen konnte.

Rote Linien markieren die Stellen, an denen die Fangkabel über das Deck gespannt sind, blaue kennzeichnen die Notbarrieren und gelbe zeigen die beiden Katapulte des Trägers an. Das abgebildete Schiff ist die U.S.S. „Yorktown".

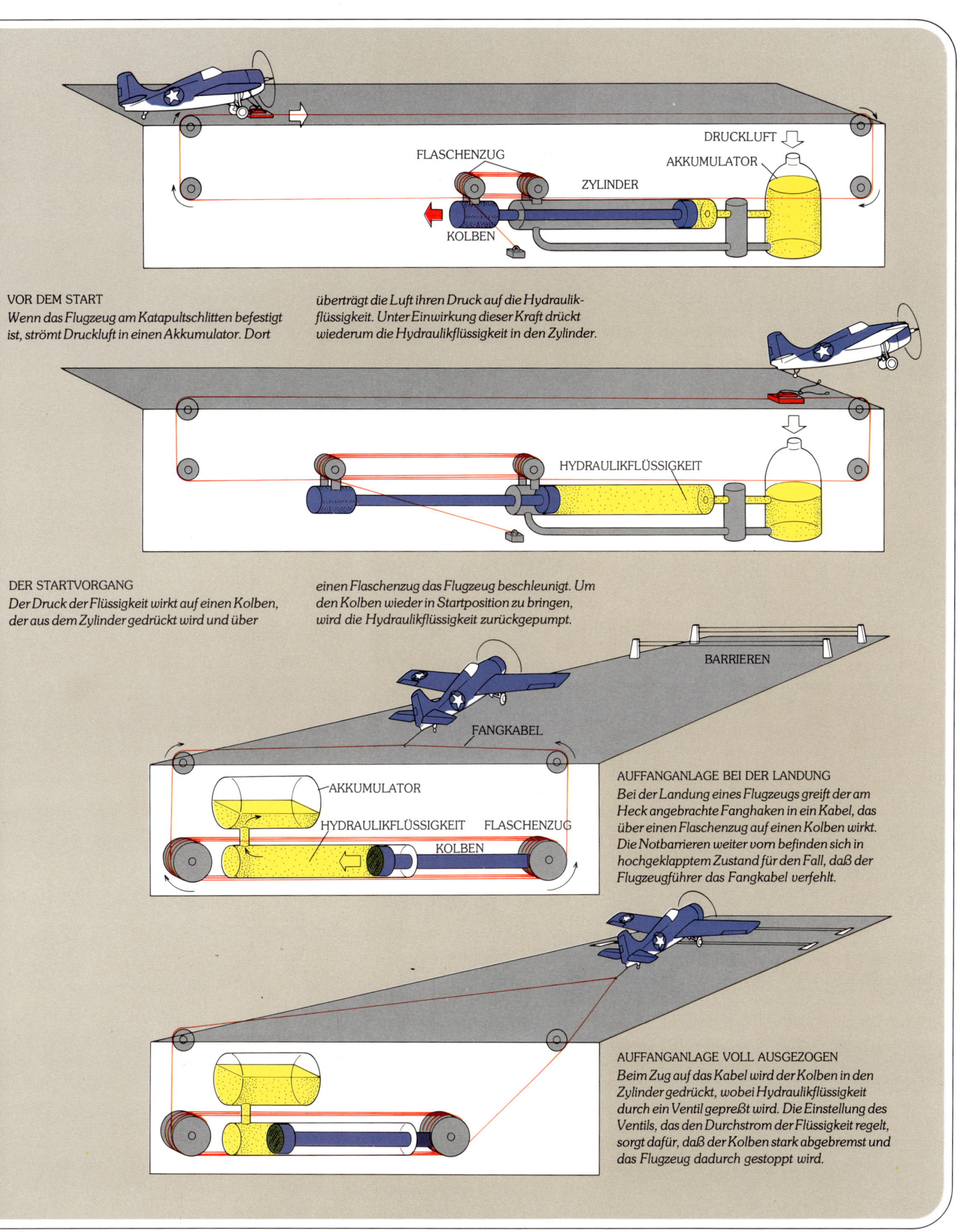

DRUCKLUFT

FLASCHENZUG

AKKUMULATOR

ZYLINDER

KOLBEN

VOR DEM START
Wenn das Flugzeug am Katapultschlitten befestigt ist, strömt Druckluft in einen Akkumulator. Dort *überträgt die Luft ihren Druck auf die Hydraulik- flüssigkeit. Unter Einwirkung dieser Kraft drückt wiederum die Hydraulikflüssigkeit in den Zylinder.*

HYDRAULIKFLÜSSIGKEIT

DER STARTVORGANG
Der Druck der Flüssigkeit wirkt auf einen Kolben, der aus dem Zylinder gedrückt wird und über *einen Flaschenzug das Flugzeug beschleunigt. Um den Kolben wieder in Startposition zu bringen, wird die Hydraulikflüssigkeit zurückgepumpt.*

BARRIEREN

FANGKABEL

AKKUMULATOR

HYDRAULIKFLÜSSIGKEIT FLASCHENZUG

KOLBEN

AUFFANGANLAGE BEI DER LANDUNG
Bei der Landung eines Flugzeugs greift der am Heck angebrachte Fanghaken in ein Kabel, das über einen Flaschenzug auf einen Kolben wirkt. Die Notbarrieren weiter vorn befinden sich in hochgeklapptem Zustand für den Fall, daß der Flugzeugführer das Fangkabel verfehlt.

AUFFANGANLAGE VOLL AUSGEZOGEN
Beim Zug auf das Kabel wird der Kolben in den Zylinder gedrückt, wobei Hydraulikflüssigkeit durch ein Ventil gepreßt wird. Die Einstellung des Ventils, das den Durchstrom der Flüssigkeit regelt, sorgt dafür, daß der Kolben stark abgebremst und das Flugzeug dadurch gestoppt wird.

119

Aus der Luft wirkte die *Enterprise* schwer angeschlagen – Flammen schlugen empor, und es bildeten sich schwarze Rauchwolken. Doch die Brände konnten schnell unter Kontrolle gebracht werden, und das Flugdeck, von Bomben durchschlagen, die mehrere Decks tiefer explodiert waren, wurde provisorisch mit Metallplatten ausgebessert. Binnen einer Stunde nach der letzten Explosion lief die *Enterprise* mit 24 Knoten in den Wind, um ihre Flugzeuge aufzunehmen.

In diesem Seegefecht, der Schlacht bei den östlichen Salomonen, entriß Fletcher Yamamoto die als Köder ausgelegte *Ryujo,* während dessen schnelle Träger nicht in der Lage waren, die Luftüberlegenheit über Guadalcanal zu erringen, so daß sie und der Rest des Geleitzuges den Rückzug antreten mußten, ohne zuvor ihre Truppenkontingente auf der Insel angelandet zu haben.

Auf Guadalcanal selbst war es zu einer Art Pattsituation gekommen. Bautrupps hatten die Start- und Landebahnen auf dem Henderson Field fertiggestellt. Jede Nacht jedoch, wenn US-Flugzeuge nicht eingreifen konnten, landeten die Japaner mit schnellen Zerstörern Nachschub und Einheiten zur Verstärkung ihrer Besatzungstruppen, die den Rest der Insel hielten. Während dieser Transporte, die so regelmäßig erfolgten, daß die Marineinfanteristen sie den „Tokio-Expreß" nannten, wurden die Amerikaner auf der Insel von den Japanern, in der Regel von See her und aus der Luft, unter Beschuß genommen, so daß sie sich gezwungen sahen, die ganze Nacht über in Deckung zu bleiben. Bei Tagesanbruch hatten sich die Zerstörer dann jeweils wieder zurückgezogen, und die Amerikaner setzten den Ausbau ihrer eigenen Befestigungen fort. Ende August standen sich auf Guadalcanal über 16 000 amerikanische Soldaten und rund 8000 Japaner gegenüber, ohne daß eine Streitmacht die andere besiegen konnte.

Die *Enterprise,* obgleich nach der Schlacht ausgebessert, war keineswegs in gefechtsbereitem Zustand und mußte zur Reparaturwerft Pearl Harbor laufen. Die *Saratoga* und die *Wasp* – kurz darauf verstärkt durch die *Hornet,* die nach Schulungseinsätzen aus Pearl Harbor zurückgekommen war – patrouillierten südöstlich von Guadalcanal, außerhalb der Reichweite der in Rabaul stationierten japanischen Aufklärungsflugzeuge.

Eine Bedrohung der US-Träger, wenn auch nicht aus der Luft, war gleichwohl gegeben, und zwar durch die gegnerischen U-Boote. Am 31. August erfaßte die *Saratoga* mit Radar ein verdächtiges Objekt. Der Zerstörer *Farragut,* der schleunigst in das betreffende Gebiet beordert wurde, konnte die unter der Wasseroberfläche lauernde Gefahr nicht ausmachen – das japanische U-Boot I-26. Die Seeleute der *Saratoga* standen gerade zum Frühstück an, als I-26 sechs Torpedos auf den Träger abfeuerte. Der Kommandant des Schiffes, Kapitän Dewitt Ramsey, durch einen Zerstörer seines Geleitzuges auf die drohende Gefahr aufmerksam gemacht, befahl volle Kraft voraus. Schwerfällig nahm der Träger Fahrt auf und begann, Abwehrkreise zu laufen. Fünf Torpedos gingen ins Leere, der sechste traf den Rumpf der *Saratoga* in der Nähe der Aufbauten auf der Steuerbordseite. Bei der Explosion wurden ein Dutzend Männer verletzt, aber niemand kam um. Auch die Schäden am Schiff hielten sich in Grenzen, und die *Saratoga* konnte Tongatabu anlaufen, einen Marinestützpunkt in der Nähe der Fidschi-Inseln, wo sie repariert wurde.

Die U-Boot-Gefahr ließ nicht nach. Am 15. September sichteten Ausgucks auf der *Wasp,* die gerade ihre Luftraumüberwachung und Flugzeuge zur Bekämpfung von U-Booten gestartet hatte, schnurgerade auf das Schiff zulaufende Blasenspuren von Torpedos. I-19 war es gelungen, alle sechs Zerstörer des Geleitzuges der *Wasp* unbemerkt zu passieren und vier Torpedos abzufeuern. Drei von ihnen schlugen im Rumpf ein. Die Explosio-

Über der „Wasp", die zur taktischen Unterstützung der US-Landungstruppen auf Guadalcanal eingesetzt war und am 15. September 1942 von einem japanischen U-Boot torpediert wurde, verdichten sich schwarze Rauchwolken. Die „Wasp" war damit der dritte Flugzeugträger, den die USA im ersten Jahr des Pazifikkrieges verloren.

nen erschütterten das Schiff, schleuderten Flugzeuge vom Deck und rissen schwere Generatoren aus ihren Befestigungen. Feuer griffen schnell auf die noch mit Flugbenzin gefüllten Tankschläuche über und drohten die mit Bomben beladenen Flugzeuge zur Explosion zu bringen. Bei den Detonationen zerbarsten die Wasserleitungen, was verheerende Folgen hatte: An kritischen Stellen fehlte den Löschtrupps das Wasser. Schließlich gewannen die Brände die Oberhand. Es wurde Befehl gegeben, das Schiff zu verlassen. Als niemand mehr an Bord war, feuerte der Zerstörer *Lansdowne* mehrere Torpedos auf die *Wasp* ab, die um 9 Uhr unterging.

Die U-Boot-Angriffe und die drei Bomben, die die *Enterprise* in der Schlacht bei den östlichen Salomonen außer Gefecht gesetzt hatten, reduzierten die Zahl der einsatzbereiten amerikanischen Flugzeugträger im Pazifik auf ein einziges Schiff – die *Hornet*. Und die stand einer Übermacht von fünf Gegnern gegenüber. Abgesehen von den schnellen Trägern *Shokaku* und *Zuikaku* verfügten die Japaner über drei leichte Träger, die *Zuiho*, ein in den Vorkriegsjahren gebautes Schiff, die *Hiyo* und die *Junyo*, die beide aus Handelsschiffen umgebaut und 1942 fertiggestellt worden waren. Von den drei letztgenannten Trägern hatte nur die *Junyo* schon einmal an einem Kampfeinsatz teilgenommen, und zwar an dem erfolglosen Ablenkungsangriff, der der Schlacht bei Midway vorausging.

Yamamoto beabsichtigte, seine zahlenmäßige Überlegenheit an Trägern in der fortdauernden Schlacht um Guadalcanal gut zu nutzen. Für ihn stand ja auch einiges auf dem Spiel: Der Flugplatz von Guadalcanal befand sich nach wie vor in der Hand der Amerikaner, und sie mußten unter allen Umständen vertrieben werden, wenn Japan nicht Gefahr laufen wollte, seine sämtlichen Eroberungen im Südpazifik wieder zu verlieren.

Der Admiral und der Führungsstab des Heeres erarbeiteten einen kühnen Plan. Japanische Heeres- und Marineinfanteristen sollten am 22. Oktober den Flugplatz Henderson Field angreifen und erobern. Zur gleichen Zeit sollten Schlachtschiffe und Flugzeugträger der Kaiserlichen Marine verhindern, daß die Amerikaner Verstärkung auf der Insel anlandeten. Sobald der Flugplatz gefallen war, sollten die Schiffe, wie es im Einsatzbefehl hieß, „im Gebiet um die Salomonen starken Feindverbänden zuvorkommen und sie vernichten".

Doch die japanischen Bodentruppen waren nicht in der Lage, ihren Teil des Befehls auszuführen. Obwohl eine Angriffswelle nach der anderen gegen den Verteidigungsring um Henderson Field anstürmte, hielten die Amerikaner die Stellung. Am 26. Oktober hatte der japanische Angriff jegliche Stoßkraft verloren. Die japanischen Verluste gingen in die Tausende, die der Verteidiger beliefen sich auf 156 Gefallene und vier Vermißte.

Das Versagen der japanischen Bodentruppen, den Flugplatz im Handstreich einzunehmen, hatte weitreichende Folgen. Im Besitz der Amerikaner stellte Henderson Field eine ernste Gefahr für die japanischen Flugzeugträger dar, die im Gebiet um die Salomonen operierten, und entsprechend Yamamotos Plan hätte Admiral Nagumo, der sie befehligte, den Rückzug antreten müssen, als der Eroberungsversuch fehlschlug. Statt dessen blieb er mit seinen Schiffen, wo er war, und wurde schließlich von Catalina-Flugbooten gesichtet, die von ihrem Standort auf der Insel Espiritu Santo zu einem Aufklärungseinsatz gestartet waren.

Mittlerweile hatte sich die Ausgangsposition der Amerikaner für den Kampf mit den Japanern beträchtlich verbessert. Am 24. Oktober war die *Enterprise* wieder zur *Hornet* gestoßen. Die somit verdoppelte Trägerstreitmacht unterstand dem Kommando von Konteradmiral Thomas C. Kinkaid. Den Oberbefehl über die Gesamtoperation hatte der Chef der Südpazifik-Streitkräfte, Vizeadmiral William Halsey, in Nouméa. Weder Kinkaid noch Halsey wußten allerdings, daß auf japanischer Seite die *Hiyo* mit Maschinenschaden nach Truk hatte zurücklaufen müssen. Auf diese Weise hatte sich das Ungleichgewicht an Trägern innerhalb von wenigen Tagen von einem düsteren Verhältnis von 5 zu 1 auf ein fast schon rosiges von 2 zu 1 für die Amerikaner verbessert.

Am 26. Oktober schickten beide Seiten am frühen Morgen Aufklärer in die Luft. Um 6.50 Uhr sichteten zwei Aufklärer der *Enterprise* – Dauntless-Bomber, beladen mit 225-Kilogramm-Bomben – Nagumos Träger nordwestlich der Insel Santa Cruz, nur rund 350 Kilometer von dem amerikanischen Träger entfernt. Als die beiden Maschinen hochzogen, um zum Angriff überzugehen, tauchten acht Zeros auf, die sie zum Abdrehen und zur Flucht zwangen. Drei der Angreifer wurden von Heckschützen der Dauntless-Bomber abgeschossen. Sie selbst entkamen unversehrt.

Rund eine Stunde später traten zwei andere Aufklärer, Oberleutnant zur See Stockton B. Strong und Leutnant zur See Charles B. Irvine, in Aktion. Um 7.40 Uhr kippten sie in 4200 Meter Höhe über der *Zuiho* zum Sturzflug

U-Boot-Jagd
im Atlantik

„Ich werde beweisen, daß das U-Boot allein in der Lage ist, diesen Krieg zu gewinnen", versprach Admiral Dönitz im Jahre 1940. Es fehlte nicht viel, und seine Boote hätten dies wahrgemacht. Sie gingen in „Wolfsrudeln" im Atlantik auf Jagd nach Versorgungsschiffen, ohne die die Kriegsanstrengungen der Alliierten in Europa zum Scheitern verurteilt gewesen wären. In einem einzigen Monat des Jahres 1943 versenkten sie rund 570 000 Tonnen wichtiger Nachschubgüter.

Dönitz' U-Boote vermieden Gegenangriffe landgestützter Flugzeuge, indem sie in sicherer Entfernung von deren Basen operierten. Nur trägergestützte Flugzeuge konnten ihnen gefährlich werden. Da die amerikanischen Träger im Pazifik gegen die Japaner eingesetzt waren, begann die amerikanische Marine 1942 mit dem Umbau von Handelsschiffen zu kleinen Geleitträgern, die die Bekämpfung der U-Boote im Atlantik übernehmen sollten. Diese sogenannten „Baby-Flugzeugträger" hatten bis zu 24 Torpedo- und Jagdflugzeuge an Bord – Avengers und Wildcats – und operierten im Verband mit drei bis sechs für die U-Boot-Jagd entsprechend ausgerüsteten Zerstörern.

Der erste dieser neuen Geleitträger war die U.S.S. *Bogue*, die 1943 in Dienst gestellt wurde. Zwei Monate lang begleitete die *Bogue* mit ihrem Verband Geleitzüge im Atlantik, ohne auf U-Boote zu stoßen. Dann änderte die US-Marine ihre Taktik und beauftragte die *Bogue* und ihre Zerstörer auch mit der Jagd auf U-Boote. Avengers und Wildcats flogen in Rotten weite Aufklärungsflüge und pirschten sich unabhängig von den Geleitzügen an die U-Boote heran. Wenn sie ein aufgetauchtes U-Boot sichteten, beschossen die Piloten es mit ihren Waffen *(folgende Seiten)*. Konnten sie ihr Opfer nicht versenken, weil es schnell genug wegtauchte, riefen die Piloten die Zerstörer ihres Verbandes zu Hilfe, die dem U-Boot mit Wasserbomben nachsetzten.

Innerhalb weniger Tage nach Einführung dieser offensiven Taktik gelang es der *Bogue* und ihrem Verband, ein U-Boot zu versenken, zwei zu beschädigen und zwei weitere abzudrängen. Diese Erfolge führten zum Bau weiterer Träger, und im Frühjahr 1944 hatten elf solcher aus Trägern und Zerstörern bestehenden Verbände die U-Boot-Gefahr im Atlantik praktisch beseitigt.

Die U.S.S. „Bogue", der erste kleine Geleitträger, den die Amerikaner gegen U-Boote einsetzten, durchpflügt den Atlantik.

Auf dem Flugdeck der „Bogue" wird im Mai 1944 eine Avenger startklar für die U-Boot-Jagd gemacht. Das vielseitige Flugzeug griff U-Boote mit Raketen (unter der Fläche), Maschinengewehren und Wasserbomben an, die zur Bekämpfung aufgetauchter oder knapp unter der Wasseroberfläche fahrender U-Boote eingestellt waren.

Vier Wildcats von der „Bogue" suchen den Atlantik nach feindlichen U-Booten ab. Beim Angriff auf ein aufgetauchtes U-Boot bestrichen sie das Deck mit Bordwaffen, um die Bedienung der Flugabwehr von ihrem Posten zu vertreiben und gleichzeitig den nachfolgenden, schwerer bewaffneten Avengers einen sicheren Weg zu bahnen.

Bei einem Angriff von Trägerflugzeugen der „Bogue" im Juni 1943 suchen Seeleute des deutschen U-Bootes U-118 schleunigst Deckung.

Tieffliegende Avenger-Torpedoflugzeuge von der „Bogue" kreisen über der Stelle, an der U-118 unterging, um sich ihres Erfolges zu vergewissern.

ab und griffen direkt aus der Sonne an. Sie stießen auf keinerlei Widerstand der Flugabwehr, geschweige denn der Zeros, die sich nicht auf Abfangposition befanden. Strong und Irvine klinkten ihre Bomben in 450 Meter Höhe aus und drehten schleunigst ab, denn inzwischen waren die Feindjäger zur Stelle. Eine der beiden Bomben explodierte auf dem hinteren Teil des Flugdecks. Dann tauchte plötzlich eine Zero hinter Strongs Maschine auf, wurde aber von seinem Heckschützen Clarence Garlow abgeschossen. Einen weiteren Jäger erledigte Irvines Bordschütze, bevor die beiden Dauntless ihren Verfolgern, etwa einem Dutzend Zeros, in die Wolken entkommen konnten. Die *Zuiho* blieb mit einem 15 Meter großen Loch im Flugdeck zurück, unfähig, Flugzeuge zu starten oder aufzunehmen.

In der Zwischenzeit hatten japanische Aufklärer Kinkaids Träger entdeckt und Angriffsverbände auf sie angesetzt. Der erste wurde von Kapitänleutnant Mamoru Seki von der *Shokaku* geführt und bestand aus 22 Aichi-Sturzkampfbombern, 18 Nakajima-Torpedoflugzeugen und 27 Zeros. Der zweite Verband, ähnlich zusammengesetzt, folgte Kapitänleutnant Shigeharu Murata von der *Shokaku,* der bei den Angriffen auf Pearl Harbor und Midway die Torpedoflugzeuge geführt hatte.

„Alle Mann angreifen", befahl Seki um 9.10 Uhr, und seine Staffeln stießen auf die *Hornet* hinab (die *Enterprise* hatte Schutz in einer Regenwand gesucht). Während die Japaner zum Sturzflug ansetzten, nahmen vier Wildcats, die Luftraumdeckung über dem Träger geflogen hatten, die Verfolgung durch das dichte Sperrfeuer ihrer eigenen Schiffe auf und schossen drei Bomber ab. Mehrere japanische Flugzeuge scheiterten an der Flak auf den Geleitkreuzern und -zerstörern, doch nicht alle. Eine Bombe schlug im Flugdeck der *Hornet* ein. Dann lenkte Seki, dessen Sturzkampfbomber hoffnungslos getroffen war, seine Maschine gezielt auf das Deck des Trägers, das er durchschlug, bevor seine Bomben im Inneren des Schiffes explodierten. Danach wurde der Rumpf in kurzer Folge von zwei Torpedos getroffen. Schließlich explodierten auf drei verschiedenen Decks noch drei weitere Bomben, bevor sich ein anderer Selbstmörder mit seinem brennenden Torpedobomber auf das Vorschiff stürzte.

Der Angriff kam die Japaner teuer zu stehen. Amerikanische Jäger und Flak schossen insgesamt 25 ihrer Maschinen ab. Doch auch die Japaner hatten gut gezielt. Die *Hornet* trieb hilflos im Wasser, an verschiedenen Stellen brennend, ohne Stromversorgung und ohne Funkkontakt.

Glücklicherweise hatte die *Hornet* vor dem Auftauchen der Japaner zwei Angriffsverbände gestartet – insgesamt 54 Maschinen. Von der *Enterprise* war eine kleinere Gruppe aufgestiegen, darunter acht von Kapitänleutnant James Flatley geführte Wildcats. Auf dem Weg zu ihren Zielen kam es mehrfach zum Schlagabtausch zwischen Flatleys Verband und anfliegenden Zeros, von denen die Amerikaner drei abschießen konnten. Sie selbst verloren dabei allerdings vier Jäger und vier Torpedoflugzeuge – fast die Hälfte ihres Angriffsverbandes.

Etwa um 9.15 Uhr sichtete Kapitänleutnant William J. „Gus" Widhelm, der die erste Angriffswelle aus 15 Dauntless-Bombern und vier Wildcats führte, einen Verband japanischer Kriegsschiffe, die von Nagumo zur Ablenkung von seinen Trägern auf Position geschickt worden waren. Als einer von Widhelms Piloten fragte, ob sie angreifen sollten, gab Gus nur kurz zurück: „Das sind nur kleine Fische. Was wir suchen, sind Träger." In diesem Moment stürzte ihnen aus der Sonne ein Schwarm Zeros entgegen, und eine von Widhelms Dauntless scherte aus, um den Kampf aufzunehmen. Sie wurde prompt abgeschossen. Die übrigen Sturzkampfbomber blieben in der Formation, und ihre Heckschützen zahlten es einem Teil der Zeros heim, die den begleitenden Wildcats entkommen waren. Die ameri-

Das Gemälde von Tom Lea zeigt den auf dem Träger „Hornet" stationierten Piloten A.C. Emerson, der sich in Schußposition auf eins der zahlreichen japanischen Flugzeuge bringt, die am 26. Oktober 1942 US-Kriegsschiffe nahe der Insel Santa Cruz angriffen. Obwohl Emersons Wildcat von Einschlägen übersät war, landete er sicher.

kanischen Jäger, in Zweikämpfe mit den Zeros verwickelt, fielen zurück, was Widhelm und den Führer der 8. Bomberstaffel, Oberleutnant zur See James E. Vose, jedoch nicht daran hinderte, mit ihren Staffeln weiter vorzustoßen. Sie flogen direkt in einen weiteren Schwarm Zeros. Einer gelang es, Widhelms Maschine zu treffen und die Ölleitung zu durchschießen. Während Widhelm die Notwasserung vorbereitete, sichtete er die feindlichen Träger – insgesamt vier. „Bleibt in der Formation, Männer", befahl er über Funk seiner Staffel und übertrug das Kommando Oberleutnant Vose.

Sein Befehl wurde befolgt. Etwa um 9.30 Uhr kippten die elf noch intakten Dauntless über der mächtigen *Shokaku* ab, von der sie mit einem fürchterlichen Geschoßhagel empfangen wurden, und klinkten ihre 450-Kilogramm-Bomben aus. „Und wie sie den Träger eindeckten", erinnerte sich Widhelm später, der das Geschehen zusammen mit seinem Bordschützen aus einem Rettungsfloß beobachtete (sie wurden erst zwei Tage danach geborgen). Die Dauntless-Bomber, berichtete er, „stiegen tief herab und legten ihre Eier in schnurgerader Linie von einem Ende des Decks zum anderen". Der Angriff setzte die *Shokaku* außer Gefecht; erst neun Monate später wurde sie wieder in Dienst gestellt.

Doch der Vergeltungsschlag für die *Shokaku* ließ nicht lange auf sich warten. Um 10 Uhr näherte sich Muratas Angriffsverband der *Enterprise*. Obwohl sie mitten in heftiges Flugabwehrfeuer flogen, erzielten die japanischen Vals zwei Treffer; eine Bombe ging knapp daneben. Auf dem Träger, auf dem Feuer ausbrach, wurde ein Hauptturbinenlager beschädigt, und es gab zahlreiche Gefallene und Verletzte. Als nächste waren die Kates mit ihren Torpedos an der Reihe, wurden aber von Oberleutnant zur See Stanley W. Vejtasa und seiner Abteilung von der 10. Jagdstaffel abgefangen. Vejtasa selbst schoß ein halbes Dutzend Kates ab. Mehrere andere fielen den übrigen Wildcats und der Flugabwehr zum Opfer – einschließlich Muratas Maschine. Den abgeworfenen Torpedos konnte die *Enterprise* durch geschickte Ausweichmanöver entgehen.

Mittags schien die Schlacht bei den Santa-Cruz-Inseln so gut wie vorüber. Admiral Nagumo übertrug sein Kommando vorübergehend Admiral Kakuta und begleitete seine schwer angeschlagenen Träger auf dem Rückzug nach Norden. Obwohl nur noch wenige japanische Flugzeuge einsatzbereit waren, startete Kakuta Angriffsverbände von den noch unbeschädigten Trägern *Zuikaku* und *Junyo*. Seine Angriffslust wurde belohnt. Um 15.15

Die „Hornet" und ihre Kanoniere, die aus allen Rohren feuern, liefern den japanischen Flugzeugen bei Santa Cruz einen erbitterten Kampf. Von Bomben, Torpedos und zwei schwer beschädigten Feindflugzeugen, deren Piloten sich mit ihren Maschinen in selbstmörderischer Weise auf den Träger stürzten, getroffen, ging die „Hornet" unter.

Uhr fanden japanische Torpedobomber die schwer angeschlagene *Hornet*. Sie griffen sie an und erzielten einen Treffer, der ein klaffendes Loch in den hinteren Teil des Rumpfes riß. Wassermassen strömten in den Maschinenraum. Wenn es bis zu diesem Zeitpunkt noch so ausgesehen hatte, als ob der Träger gerettet werden könnte, wurde seine Lage nun schnell hoffnungslos, da er sich 14 Grad nach Steuerbord überlegte. Zwei weitere Bombentreffer, die er im Laufe des Nachmittags noch erlitt, waren überflüssig; der Beschluß, die *Hornet* aufzugeben, stand bereits fest.

Bei Einbruch der Dunkelheit befanden sich alle überlebenden Besatzungsmitglieder der *Hornet* – 111 waren gefallen – an Bord anderer Schiffe, doch der Träger ging nicht unter. Brennend schwamm er sogar noch weiter, nachdem zwei US-Zerstörer neun Torpedos und mehr als 400 Schuß aus ihren 12,7-cm-Kanonen auf seinen Rumpf abgefeuert hatten. Um 20.40 Uhr warfen japanische Aufklärer, die plötzlich erschienen waren, Leuchtkugeln ab, die die Szene in helles Licht tauchten und die Zerstörer zwangen, das Weite zu suchen. Ein paar Stunden später erschienen zwei japanische Zerstörer, die das Schicksal der *Hornet* mit vier Torpedos besiegelten.

Die Amerikaner hatten den Versuch der Japaner, Guadalcanal wieder vollständig in ihre Hand zu bekommen, vereitelt, aber unter großen Verlusten. Die *Saratoga* und die *Enterprise* mußten Reparaturwerften anlaufen, so daß zwei Wochen lang kein einziger gefechtsbereiter US-Flugzeugträger im Pazifik operierte. Zum Glück für die Amerikaner hatten die Japaner in der Schlacht bei den Santa-Cruz-Inseln so viele Flugzeuge verloren, daß sie diese Schwäche nicht ausnutzen konnten.

An der Pattsituation auf den südlichen Salomonen änderte sich nichts: Henderson Field auf Guadalcanal blieb Festung der amerikanischen Marineinfanterie, den Rest der Insel kontrollierten die Japaner. Mitte Novem-

Im Bereitschaftsraum des schnellen Trägers „Yorktown" sehen sich Piloten eine vom US-Nachrichtendienst zusammengestellte Karte der Insel Marcus an, die am 31. August 1943 angegriffen wurde. Der Angriff, der vor Morgengrauen begann, kam für den Gegner völlig überraschend und führte zur vollständigen Vernichtung der japanischen Fliegerverbände auf der Insel.

Im Hafen von Rabaul versuchen am 5. November 1943 japanische Schiffe, durch Abwehrmanöver angreifenden Flugzeugen von den Trägern „Saratoga" und „Princeton" zu entkommen. Die in diesem Monat geflogenen Angriffe auf Stützpunkte des Gegners trugen entscheidend dazu bei, dem Vorstoß der amerikanischen Landstreitkräfte im südwestlichen Pazifik den Weg zu ebnen.

ber setzte Admiral Yamamoto einen Kampfverband aus Schlachtschiffen, Kreuzern und Zerstörern auf den Flugplatz an mit dem Auftrag, ihn dem Erdboden gleichzumachen. Es sollte sein letzter Versuch werden, den Feind von der Insel zu vertreiben. Doch die Amerikaner waren vorbereitet. Sie erwarteten die Japaner mit Kriegsschiffen und Flugzeugen, die zum Teil von der außer Gefecht gesetzten *Enterprise* nach Guadalcanal überführt worden waren, und lieferten ihnen einen erbitterten Kampf, der als die Seeschlacht von Guadalcanal in die Geschichte einging. Am Ende des dreitägigen Gefechts behaupteten beide Seiten, gesiegt zu haben. Doch die Kaiserliche Marine hatte nicht einen einzigen Schuß auf den Flugplatz Henderson Field abgegeben und so schwere Verluste erlitten – 13 Schiffe wurden versenkt, neun beschädigt –, daß Yamamoto schließlich dafür plädierte, die Insel aufzugeben.

Es sollte jedoch noch bis zum Jahresende dauern, bis General Hideki Tojo, Japans Premierminister, unter dem Eindruck des unerbittlichen Abnutzungskrieges, der hohe Verluste an Männern, Flugzeugen und Schiffen forderte, der Aufgabe von Guadalcanal zustimmte. Im Januar 1943 erlebten die Amerikaner eine angenehme Überraschung. Mit dem „Tokio-Expreß", der bisher stets Verstärkung herangebracht hatte, wurden nun jeweils kleinere Truppenkontingente abgezogen. In drei großangelegten Operationen wurden in den Nächten des 2., 3. und 7. Februar alle 11 000 Überlebenden von der „Todesinsel", wie Guadalcanal inzwischen bei den Japanern hieß, evakuiert.

Nachdem Guadalcanal endlich gesichert war, konnten die Amerikaner mit einer verstärkten Luftoffensive gegen japanische Stützpunkte beginnen, die sich auf Neugeorgien und Bougainville – Inseln der mittleren und nördlichen Salomonen –, in Rabaul auf Neubritannien und in Lae und Salamaua auf Neuguinea befanden. Von dem Wiedererstarken der Amerikaner beunruhigt, verlegte Admiral Yamamoto rund 200 Flugzeuge von seinen Trägern auf die Flugplätze der verschiedenen Inseln und begab sich nach Rabaul, um von dort aus die Luftoperationen persönlich zu leiten. In der zweiten Aprilwoche 1943 ließ er Flugplätze und Seeziele rund um Guadalcanal und in Port Moresby, Milne Bay und Oro Bay auf Neuguinea bombardieren. Die Angriffe richteten zwar schwere Verwüstungen an, konnten die Position der Japaner im Südpazifik nicht verbessern.

Es war Yamamotos letzte Schlacht. Am 14. April ermittelte die amerikanische Funkaufklärung den Zeitplan einer Inspektionsreise, die ihn zu einem japanischen Flugplatz auf Bougainville führte. Am 18. April fing ein Heeresfliegerverband, der auf dem Henderson Field stationiert war, mit zweimotorigen Jägern des Typs P-38 Lightning Yamamotos Maschine ab und brachte sie zum Absturz. Seine Leiche wurde später von einem japanischen Suchtrupp im Dschungel von Bougainville gefunden.

Der Tod Yamamotos kam einer schweren Niederlage gleich. Dennoch, ein Ersatz für ihn ließ sich finden, nicht aber für die Schiffe, die die Kaiserliche Marine verloren hatte – oder zumindest nicht schnell genug. Im Südpazifik hatten die Japaner den Amerikanern bis dahin zwar Paroli bieten können, aber sie waren die Verlierer in einem viel bedeutungsvolleren Kampf – dem Rüstungswettlauf. Auch wenn sie nach Midway den Bau von Flugzeugträgern auf Kosten des Schlachtschiffbaus forciert hatten, waren die Vereinigten Staaten ihnen voraus, weil sie zwei Jahre früher ein ähnliches Schiffbauprogramm in Angriff genommen hatten. Außerdem verfügten die Amerikaner über eine leistungsfähigere Industrie und überlegene Technologie, und sie waren in der Lage, weit mehr und weit bessere Schiffe zu produzieren. Nicht weniger als 33 schnelle Flugzeugträger einer völlig neuen Kategorie befanden sich bereits im Bau: neun leichte 11 000-Tonnen-Träger der *Independence*-Klasse, zu deren Bau Rümpfe Leichter Kreuzer verwendet worden waren, und zwei Dutzend 27 100-Tonnen-Träger der *Essex*-Klasse..

Die Träger der *Essex*-Klasse waren allen ihren Vorgängern überlegen. Sie waren wendiger, stärker gepanzert und darüber hinaus mit einer größeren Zahl Flugabwehrwaffen und den modernsten Radar- und Funkgeräten ausgerüstet. Entsprechend ihrer Tradition, die Namen von Schiffen, die im Kampf untergegangen waren, weiterleben zu lassen, taufte die Marine zwei der neuen Träger der *Essex*-Klasse *Yorktown* und *Lexington*. Später wurden auch wieder eine *Hornet* und eine *Wasp* in Dienst gestellt.

Abgesehen von den Trägern der *Essex*- und *Independence*-Klasse liefen in den amerikanischen Werften Dutzende kleiner Geleitträger (CVEs) mit einer durchschnittlichen Wasserverdrängung von rund 7800 Tonnen vom Stapel, „in schneller Folge, wie Rülpser aus dem Munde eines Betrunkenen", wie ein Kommentator schrieb. Sie sollten zunächst im Atlantik, wo sie Jagd auf U-Boote machten *(S. 123-127)*, und später im Pazifik eingesetzt werden, wo sie bei Angriffen der Alliierten für die taktische Luftunterstützung sorgten. Im Sommer 1943 wurden die ersten dieser neuen Träger von der US-Pazifikflotte übernommen. Die ersten neuen japanischen Träger wurden dagegen erst im darauffolgenden Frühling fertiggestellt.

Auch in der Flugzeugkonstruktion waren die Amerikaner den Japanern überlegen. Anfang 1943 lief in den US-Flugzeugfabriken die Serienproduktion eines Sturzkampfbombers und zweier Jagdflugzeuge an, bei Curtiss die robuste SB2C Helldiver, bei Chance Vought die F4U Corsair mit Knickflügeln und bei Grumman die F6F Hellcat. Die beiden letztgenannten Jäger

Neben einer ihrer F6F Hellcats gruppiert, freuen sich Piloten der auf der „Lexington" stationierten 16. Jagdstaffel über die gelungene Abwehr eines Angriffs von zwei Dutzend japanischen Flugzeugen, der am 23. November 1943 vor Tarawa erfolgte. Ohne eigene Verluste schossen die Amerikaner bei diesem Kampf 17 Maschinen ab.

sollten alle ihre Rivalen eindeutig deklassieren. Nicht anders als die Schiffbauer leisteten die amerikanischen Flugzeugbauer deutlich bessere Arbeit als ihre japanischen Kollegen, quantitativ wie qualitativ. Bis zum Ende des Krieges sollten die Vereinigten Staaten 297 000 Flugzeuge für ihre Streitkräfte produzieren. Ein Großteil davon kam in Europa und auf anderen Kriegsschauplätzen der Welt zum Einsatz. Doch allein der Anteil, der in den Pazifik entsandt wurde, überstieg Japans gesamte Kriegsproduktion, die sich auf 32 000 Flugzeuge belief, um fast das Dreifache.

Die Einnahme Guadalcanals war der erste Schritt zur Befreiung der Salomonen, doch der Vormarsch auf Rabaul, das eigentliche Ziel der Operation, kam bis Mai 1943 nur schleppend voran. Es gab einen einfachen Grund für diesen Stillstand: das Fehlen von Flugzeugträgern. Admiral Halsey verfügte im Südpazifik nur noch über die *Saratoga.* Die *Enterprise* war nach Norden beordert worden, wo sie den Kern eines neuen Trägerkampfverbandes bilden sollte, der kurze Zeit später seine Operationen im mittleren Pazifik aufnahm. Den Sommer über mochte Halsey seinen einzigen und zudem noch angeschlagenen Träger nicht dem Risiko von Angriffen durch landgestützte Flugzeuge der Japaner aussetzen. Infolgedessen wurden die amerikanischen Bodenkampftruppen bei ihrem Vorstoß im Schneckentempo auf Rabaul durch Flugzeuge unterstützt, die auf eroberten japanischen beziehungsweise von den Bautrupps errichteten Flugplätzen stationiert waren. Im Oktober jedoch erhielt Halsey von Admiral Nimitz Verstärkung in Form des leichten Flugzeugträgers *Princeton.* Frederick „Ted" Sherman, nach der Schlacht in der Korallensee und dem Verlust der

Lexington zum Konteradmiral befördert, erhielt das Kommando über die beiden Träger und setzte sie sofort ein.

Am Morgen des 1. November stürmten US-Soldaten die Küste von Bougainville, einer etwa auf halbem Wege zwischen Guadalcanal und Rabaul gelegenen Insel. Shermans Träger und auf den Nachbarinseln stationierte Flugzeuge deckten ihre Landung aus der Luft. Er ließ innerhalb von zwei Tagen drei Angriffe auf japanische Flugplätze an der Nordseite Bougainvilles fliegen und lief dann nach Süden ab, um aufzutanken.

Am 4. November erfuhr Halsey, daß die Japaner einen Leichten und sieben Schwere Kreuzer nach Rabaul verlegt hatten – eine ernste Bedrohung für den amerikanischen Brückenkopf auf Bougainville. Er befahl Sherman, sie anzugreifen, obwohl er die beiden Träger damit in Reichweite der landgestützten japanischen Luftstreitkräfte brachte. Sein Plan barg ein doppeltes Risiko, da die Träger ohne ihren üblichen Jagdschutz operieren mußten: Alle 52 erst kürzlich auf den Trägern eingeschifften Hellcats wurden mit dem Begleitschutz des aus 23 Avengers und 22 Dauntless bestehenden Angriffsverbands beauftragt, weil der, wie Halsey erwartete, den Verteidigern in Rabaul zahlenmäßig weit unterlegen sein würde. Zur Sicherung der wehrlosen Träger sollten die auf den südlichen Salomonen stationierten Jäger herangezogen werden. Was Halsey nicht wußte, war, daß Admiral Mineichi Koga, Yamamotos Nachfolger, am 1. November 173 Trägerflugzeuge von Truk auf den Karolinen abgezogen und zur Verstärkung auf den Stützpunkt in Rabaul verlegt hatte.

Es stellte sich heraus, daß die Verstärkungen den Ausgang der Offensive in keiner Weise beeinflußten, da die Japaner völlig überrascht wurden. Am 5. November um 9 Uhr starteten Shermans Träger, die sich Rabaul im Schutze einer Schlechtwetterzone unbemerkt genähert hatten, die ersten Maschinen des Angriffsverbands. Kurz vor 10.30 Uhr beschädigten amerikanische Bomben und zwei Torpedos vier Schwere Kreuzer erheblich und verursachten geringere Schäden auf zwei Leichten Kreuzern und einem Zerstörer. Während sich die Rauchwolken über dem Hafen verdichteten, drehten die Piloten der Trägerflugzeuge im Kugelhagel der Abwehr ab und formierten sich zum Rückflug, bei dem sie sich gegen einen Schwarm Zeros zur Wehr setzen mußten. Von den 97 Flugzeugen, die gestartet waren, kehrten nur fünf Hellcats, vier Avengers und eine einzige Dauntless nicht zurück, obwohl nahezu alle Maschinen von Geschossen durchsiebt wurden. In einer Hellcat beispielsweise, die sicher wieder auf ihrem Träger gelandet war, wurden über 200 Einschläge gezählt.

Am gleichen Tag, an dem Shermans Einsatzgruppe Rabaul angriff, kam ein weiterer Trägerverband im Südpazifik an. Als vorübergehende Verstärkung erhielt Halsey von Admiral Nimitz die drei brandneuen Träger *Essex*, *Bunker Hill* und *Independence*, die dem Kommando von Konteradmiral Alfred E. Montgomery unterstanden. Am 11. November warf Halsey beide Verbände in den Kampf um Rabaul, wobei er Sherman von Norden, Montgomery von Süden her angreifen ließ. Landgestützte Jäger aus Neugeorgien halfen bei der Sicherung der Träger.

Diesmal waren die Japaner vorbereitet. Rund 120 Kilometer vor dem Ziel fingen Zeros die von Montgomery gestarteten drei Fliegergruppen ab. Doch einige der japanischen Piloten zögerten. Statt in den Verband hineinzustoßen, flogen sie, aus allen Rohren feuernd, elegant an die Amerikaner heran, um dann gekonnt um sie herumzuturnen. Aber ihr Plan, die Jäger von dem Verband wegzulocken, mißlang. Die Hellcats bereiteten sich lediglich auf den Luftkampf vor, indem sie die unter dem Rumpf befestigten Zusatztanks abwarfen – und dabei eine Zero zum Absturz brachten, die mit einem der Tanks kollidierte und explodierte –, und blieben in der Formation.

Die dramatische Photoreihe zeigt den Abschuß eines japanischen Torpedobombers. Als das Flugzeug den Träger in den Gewässern vor den Marshall-Inseln angreift, werfen sich Seeleute auf das Deck (1). Hinter dem anfliegenden Angreifer explodieren Flakgeschosse (2 und 3), bevor ein Treffer einen der Treibstofftanks zur Explosion bringt. In Sekundenschnelle bricht die brennende Tragfläche ab (4), das Flugzeug verliert daraufhin Höhe (5) und schlägt – in eine dichte Rauchwolke gehüllt – schließlich auf dem Wasser auf (6).

Als die Amerikaner auf Sichtweite an Rabaul herangekommen waren, empfingen sie die üblichen schwarzen Sprengwölkchen der Flugabwehrgeschosse. Aber etwas Neues war hinzugekommen: weiße Rauchwolken hoch über ihnen, aus denen flockige Streifen auf sie niederregneten. Es waren Phosphorbomben, von Zeros in größerer Höhe ausgeklinkt, um die angreifenden Maschinen in Brand zu setzen. Die Amerikaner umflogen die Gefahr ohne Schwierigkeiten. Dann ertönte über Funk die sonore Stimme von Korvettenkapitän M. P. Bagdanovich, des Zigarrenstummel kauenden Führers der 17. Fliegergruppe von der *Bunker Hill:* „Das war nur eine Bagatelle, wir haben einen Kreuzer da unten und zwei weitere vor uns. Okay, Moe, nimm ihn dir vor."

James E. „Moe" Vose, inzwischen Kapitänleutnant und Führer der 17. Bomberstaffel, die mit den neuen, leistungsfähigen Helldivers ausgerüstet war, kippte an der Spitze seiner Männer ab. Ihnen schlossen sich die Dauntless von der *Essex* an, die sie bei ihrem ersten Einsatz verstärkten. Die Bomben schlugen dicht neben dem Kreuzer und direkt auf dem Deck eines Zerstörers ein, der gerade Torpedos verlud. Die Explosion an Bord des Zerstörers war so heftig, daß die Flugzeuge von den Druckwellen hochgeworfen wurden. Das Schiff ging wie ein Stein unter. Als nächstes flogen Bagdanovich und seine TBF Avengers einen anderen Kreuzer und einen Zerstörer an, die sie beschädigten, während die Hellcats über dem Ziel kreisten, bis die letzten Angreifer abgekippt waren, um ihnen dann zu folgen und Kriegs- und Transportschiffe zu beschießen.

Als die amerikanischen Piloten abdrehten, stießen 40 oder 50 Zeros herab und versuchten, von hinten in Schußposition auf die verwundbaren Maschinen zu kommen. Doch die Amerikaner schlossen sich eng zum Rückflug zusammen, und die Jäger, in Zweierrotten aufgeteilt, flogen über den Bomben- und Torpedoflugzeugen hin und her, um die Zeros zum Abdrehen zu zwingen. Mit ihrer Scherentaktik schossen sie zahlreiche Zeros ab. Etwa 65 Kilometer von Rabaul entfernt gaben die Verfolger schließlich auf. Elf amerikanische Flugzeuge, weit weniger als erwartet, waren bei diesem Einsatz verlorengegangen. An Bord der *Essex* überschütteten die Bomber- und Torpedopiloten, die den glorifizierten Jagdfliegern sonst eher das Leben schwermachten, ihre Beschützer mit Schokolade, Zigarren und Zigaretten, an die kurze Sprüche des Dankes geheftet waren.

Die Angriffe von Shermans und Montgomerys Trägern auf Rabaul hatten weitreichende Folgen. Die Japaner zogen sämtliche Kreuzer nach Truk ab. Sie sollten nie zurückkehren. Von ihren zur Verstärkung Rabauls herangezogenen Piloten der Trägerflugzeuge waren zwei Drittel gefallen. Die Überlebenden wurden wieder nach Truk verlegt. Doch es dauerte rund sechs Monate, bis genügend neue Piloten ausgebildet und für den Frontdienst abgestellt werden konnten, so daß die Träger praktisch ein halbes Jahr nutzlos vor Anker lagen. Nachdem es den Amerikanern gelungen war, die in Rabaul stationierten Luft- und Seestreitkräfte auszuschalten, gab es keinerlei Grund mehr, die annähernd 100 000 dort verschanzten, gut versorgten Japaner anzugreifen. Rabaul, einst eines der wichtigsten Ziele amerikanischer Befehlshaber, sollte entsprechend der amerikanischen Strategie des Übergehens von Zielen, von denen aus der Gegner nicht offensiv werden konnte, umgangen und isoliert werden. Bis auf die Säuberung einiger Nachbarinseln war der Südpazifik gesichert.

Truk, ein Archipel aus mehr als zwei Dutzend kleinen Inseln am Rande einer friedlichen Lagune, lag genau in der Stoßrichtung der amerikanischen Offensive, die nun auf den mittleren Pazifik zielte. Mitte November 1943 war es soweit, daß die Operation anlaufen konnte. Inzwischen verfügte die

5. US-Flotte, deren Hauptquartier in Pearl Harbor lag und die speziell aufgestellt worden war, um die Japaner quer über den Pazifik nach Japan zurückzudrängen, über elf Flugzeugträger. Weitere sollten dazukommen. Statt wie bisher um einen einzelnen Träger als Kern einen Einsatzverband aufzustellen, hatten die Amerikaner Trägerkampfverbände aus jeweils vier Flugzeugträgern gebildet. Den Oberbefehl über diese Kampfverbände – die unter dem Begriff Schnelle Trägerkampfgruppe zusammengefaßt waren – erhielt zunächst der dienstälteste Chef der bisherigen Trägereinsatzgruppen, Konteradmiral C. A. Pownall. Im Januar 1944 wurde er jedoch durch Konteradmiral Marc Mitscher abgelöst, der die letzten fünf Monate als Chef der Marinefliegerverbände Westküste in San Diego verbracht hatte. Mitschers Vorgesetzter war der Befehlshaber der 5. US-Flotte, Vizeadmiral Spruance, der Sieger bei Midway.

Der Angriff auf Truk war für Mitte Februar 1944 geplant. Seit November des vorangegangenen Jahres hatten die Träger der Schnellen Trägerkampfgruppe bei der Eroberung japanischer Stützpunkte auf den Gilbert- und Marshall-Inseln strategische und taktische Aufgaben übernommen, indem sie einerseits weit vom aktuellen Kampfschauplatz entfernte Stellungen des Gegners angriffen, von wo aus die Japaner die amerikanischen Truppen bekämpfen konnten, und andererseits in den Landungsgebieten zuschlugen, um den japanischen Widerstand zu schwächen, bevor die US-Landungstruppen die Küste stürmten. Die ersten Siege im mittleren Pazifik verzeichneten die Amerikaner auf Makin und Tarawa in den Gilbert-Inseln; dann kamen Kwajalein und Majuro in den Marshall-Inseln.

Eniwetok, ebenfalls eine Insel der Marshall-Gruppe, stand als nächstes auf der Liste der Träger, und der Angriff sollte am 16. Februar beginnen.

Beim Angriff auf die bei Kwajalein verankerten japanischen Schiffe am 4. Dezember 1943 verwandeln amerikanische Torpedoflugzeuge ein gegnerisches Transportschiff in ein brennendes Wrack. Sechs US-Träger starteten ihre Verbände, nachdem Aufklärerphotos starke gegnerische Schiffskonzentrationen hatten erkennen lassen.

Der neue Träger der Essex-Klasse, U.S.S. „Lexington" läuft gegen den Wind, um Flugzeuge aufzunehmen. Das Photo entstand bei Übungen im März 1944, als sich der 27 100-Tonnen-Träger auf dem Weg nach Neuguinea befand. Dort angekommen, hatte er die Aufgabe, die Landungen der Amerikaner an der Nordküste zu sichern.

Der schwache Widerstand der Japaner zwei Wochen zuvor auf Kwajalein machte deutlich, daß nicht alle Träger für die Landung auf Eniwetok erforderlich sein würden. Infolgedessen liefen Mitscher und Spruance mit neun Flugzeugträgern in Richtung Truk, wo sie den Verband des japanischen Admirals Koga vermuteten und zum Kampf stellen wollten. Am 16. Februar setzten die Amerikaner vor Morgengrauen rund sechs Dutzend Hellcats gegen den Hafen ein; Bomber und Torpedoflugzeuge blieben zurück. Mitscher hoffte, daß die Hellcats, nicht wie sonst an Begleitschutzaufgaben gebunden, den japanischen Widerstand in der Luft so schwächen konnten, daß die Helldivers und Avengers, die im Laufe des Tages nachfolgen sollten, eine gute Chance hatten, die Japaner auf Truk zu schlagen. Die Taktik war neu, und sie funktionierte hervorragend.

Von den Angreifern überrascht, starteten die Japaner mit etwa 80 Zeros, um die Hellcats abzufangen. Doch sie waren dem Feind einfach nicht gewachsen. Die Amerikaner schossen bei nur vier eigenen Verlusten über 30 japanische Flugzeuge ab. Gegen Mittag gehörte der Luftraum über Truk den Jägern aus den Vereinigten Staaten. Ein Pilot, der im Zweikampf drei Abschüsse erzielt hatte, fand später denkwürdige Worte des Lobes für seine Hellcat. „Diese Grummans sind schon phantastische Flugzeuge", schwärmte Oberleutnant zur See Eugene A. Valencia. „Wenn sie kochen könnten, würde ich eine heiraten."

Nachdem sie die Zeros vom Himmel geschossen hatten, begannen die Hellcats, die noch am Boden stehenden Feindflugzeuge mit Maschinengewehrfeuer zu bestreichen, bevor 18 Avengers mit Brandbomben über den Flugplätzen eintrafen. Dieser Angriff vernichtete oder beschädigte mehr als 250 japanische Maschinen. Mittlerweile griffen die Sturzkampfbomber über

der Lagune an, mit Erfolg: Sie versenkten mehr als 41 Schiffe; zur Enttäuschung der Amerikaner in der Mehrzahl jedoch keine Kriegs-, sondern Handelsschiffe. Bis auf acht Zerstörer und drei Kreuzer hatte Admiral Koga seine gesamte Streitmacht zu der 2000 Kilometer westlich gelegenen Insel Palau abgezogen, bevor Mitscher eintraf. Die zurückgebliebenen drei Kreuzer und vier der Zerstörer wurden versenkt.

Am Mittag des 17. Februar war der vorläufig größte Trägereinsatz des Krieges – und einer der erfolgreichsten – beendet, und Mitscher, der dabei nur 17 Flugzeuge verloren hatte, nahm mit seinen Trägern Kurs nach Osten. Von seinen Schiffen hatte lediglich die *Intrepid* schwere Schäden hinnehmen müssen: Bei einem schwachen Gegenangriffsversuch der Japaner am Abend vorher hatte eine Kate einen Torpedotreffer am Heck angebracht. Der Träger mußte mit blockiertem Ruder abgezogen werden. Gemessen am Erfolg der Operation aber waren Mitschers Verluste geringfügig: In Truk sollte nie wieder ein Schiff der japanischen Vereinigten Flotte einlaufen. Der Angriff auf Eniwetok verlief nach Plan. Am 22. Februar befand sich das Atoll sicher in der Hand der Amerikaner.

Am 29. April 1944 durchbricht ein japanischer Torpedobomber das dichte Sperrfeuer der „Yorktown" – von der aus das Photo gemacht wurde. Die Kanoniere des Trägers, der an einem Angriff auf den japanischen Marinestützpunkt auf der Insel Truk teilnahm, schossen die angreifende Maschine nur wenige Sekunden später ab.

Nach der Einnahme von Eniwetok stieß die amerikanische Flotte westwärts auf Japan vor. Etwa auf halbem Wege zu ihrem Ziel lag das letzte große Hindernis im mittleren Pazifik – die Marianen, eine sanft geschwungene Inselkette, die die Japaner praktisch ihrem Heimatland zurechneten. Die ursprüngliche Strategie der Kaiserlichen Marine sah die Gewässer um die Marianen als Schauplatz der Entscheidungsschlacht vor, bei dem eine übermächtige Vereinigte Flotte dem in einem Abnutzungskrieg systematisch seiner Kampfstärke beraubten Feind den Rest geben sollte.

Kurz vor Sommeranfang 1944 jedoch sah die Lage für die Japaner alles andere als rosig aus. Ihre Vereinigte Flotte war es, die geschwächt worden war, während die 5. US-Flotte – weiterhin Nutznießer der unvergleichlichen Leistungsfähigkeit der amerikanischen Industrie – über eine Kampfstärke verfügte, die größer war als je zuvor. Für den Angriff auf Saipan, den wichtigsten Stützpunkt der Japaner in den Marianen, konnten Admiral Spruance und seine 5. Flotte zudem mit Mitscher, seit März Vizeadmiral, und dessen Trägerkampfgruppe rechnen, die 15 schnelle Träger, annähernd 900 Flugzeuge, sieben Schlachtschiffe, die schnell genug waren, um mit den Trägern mitzuhalten, 21 Kreuzer und 67 Zerstörer umfaßte. Zur Deckung der Landungstruppen der 5. Flotte – fast 130 000 Mann – stand darüber hinaus noch ein Verband von insgesamt acht Geleitträgern mit 200 Flugzeugen, sechs Schlachtschiffen, elf Kreuzern und einer entsprechenden Anzahl Zerstörer zur Verfügung.

Wenn auch geschwächt, war die japanische Flotte keineswegs zu unterschätzen. Admiral Jisaburo Ozawa, der Nagumo Ende 1943 als Befehlshaber des Trägerkampfverbands abgelöst hatte, führte jetzt eine bewegliche Flotte aus neun schnellen Trägern mit 450 Flugzeugen, fünf Schlachtschiffen, zehn Schweren Kreuzern, zwei Leichten Kreuzern und 27 Zerstörern. Er war damit Mitschers Schneller Trägerkampfgruppe zahlenmäßig zwar in jeder Hinsicht – mit Ausnahme der Schweren Kreuzer – unterlegen, hatte gleichwohl aber drei taktische Vorteile. Erstens waren seine Trägerflugzeuge, bei denen man durch den Verzicht auf Panzerung und selbstabdichtende Tanks Gewicht gespart hatte, Mitschers Flugzeugen an Reichweite überlegen. Im Gegensatz zu den amerikanischen Maschinen, die, ohne Bombenlast, Aufklärungseinsätze von nur 550 Kilometern und, mit Bomben beladen, Angriffseinsätze von kaum mehr als 300 Kilometern Entfernung durchführen konnten, hatten die japanischen Flugzeuge als Aufklärer einen Aktionsradius von 900 Kilometern, während ihre Reichweite mit voller Bombenlast, bei normalem Treibstoffverbrauch, bis zu 650 Kilometer betrug. Zweitens plante Ozawa, die Amerikaner innerhalb der Reichweite landgestützter Flugzeuge auf Guam in den Marianen und Yap in den westlichen Karolinen zu stellen. Drittens lief Ozawa, der aus Westen anmarschierte, gegen den Ostpassat und konnte seine Flugzeuge starten und wieder aufnehmen, ohne vom Gegner abdrehen zu müssen.

Andererseits hatte Ozawa ein ernstes Handikap, das seine taktischen Vorteile weitgehend zunichte machte: Seine Trägerpiloten waren ungenügend geschult. Die Kaiserliche Marine, die seit dem vergangenen Jahr mit erheblichen Treibstoffversorgungslücken und einem Fehlbestand an Flugzeugen zu kämpfen hatte, sah sich außerstande, ihrem fliegenden Personal jene Ausbildung zu geben, die es in den Anfangsjahren des Krieges erhalten hatte. Statt wie einst mit 700 Flugstunden wurden die Piloten nun mit nur 275 Stunden im Cockpit zu einem Kampfverband abkommandiert. Darüber hinaus bekam der Nachwuchs keine Gelegenheit, von den Erfahrungen zu profitieren, die altgediente Piloten gesammelt hatten. Anders als die Amerikaner, die ihre Flieger in regelmäßigen Abständen vorübergehend aus der Front nahmen und die erfolgreichsten von ihnen mit Schulungsaufgaben betrauten, ließen die Japaner ihre Piloten an der Front, außer wenn sie erkrankten oder verwundet wurden.

Die schnellen Träger verließen Majuro am 6. Juni 1944 als Vorhut einer Landungsflotte, die am 15. zum Angriff auf Saipan übergehen sollte. Ende Februar hatte Saipan einen Vorgeschmack von Mitschers Kriegführung erhalten. Damals hatte er, durch Aufnahmen einer Luftbildaufklärereinheit unterrichtet, die Gelegenheit ergriffen, 168 japanische Flugzeuge zu vernichten, indem er die gleiche Taktik anwendete wie auf Truk. Um diese Schäden zu vergrößern, hatte Mitscher Bomber eingesetzt, die mehrere feindliche Transportschiffe versenkten und andere in die tödlichen Fänge der amerikanischen U-Boote trieben, die die Insel umzingelt hatten. Der Doppelangriff hatte die Japaner 45 000 Tonnen Schiffsraum gekostet. Jetzt, am 11. Juni, fiel ein umfangreicher Hellcat-Verband über die 150 auf der Insel stationierten Flugzeuge her, von denen die meisten am Boden überrascht wurden. Die Wirkung war verheerend. „Fast zwei Stunden lang", notierte ein japanischer Feldwebel in seinem Tagebuch, „liefen die Feindflugzeuge Amok, bevor sie schließlich in aller Ruhe abzogen. Wir konnten nur hilflos zusehen."

Anhand der übermittelten Meldungen, die von U-Booten über Bewegungen von Kriegsschiffen eintrafen, berechnete Spruance, daß es am 18. oder 19. Juni zu der entscheidenden Begegnung zwischen den Flotten kommen werde. In den nächsten beiden Tagen streckten beide Verbände ihre Fühler aus. Die Spannung stieg immer stärker an, je näher die bevorstehende Schlacht in der Philippinensee rückte.

Mitscher wollte dem Feind mit den schnellen Trägern entgegenlaufen und ersuchte Spruance um die entsprechende Genehmigung. Doch der Befehlshaber der 5. Flotte traf eine Entscheidung, die nach der Schlacht zu langanhaltenden Diskussionen führen sollte, und lehnte ab. Er sah seinen Auftrag zweifelsfrei darin, dem bereits angelaufenen Angriff auf Saipan zum Erfolg zu verhelfen. Spruance fürchtete, ihn zu gefährden, indem er die schnellen Träger entließ, denn seiner Ansicht nach würde sich dann Ozawa, dessen Stärke und Aufstellung nur unzulänglich bekannt waren, die Möglichkeit bieten, die amerikanischen Seestreitkräfte zu umfassen.

Im Morgengrauen des 19. Juni stand Mitschers Flaggschiff, die *Lexington,* knapp 250 Kilometer südwestlich von Saipan. Da bisher keine Spur der feindlichen Schiffe oder Flugzeuge gesichtet worden war, entsandte Mitscher auf Anregung von Spruance über 30 Hellcats mit dem Auftrag, den japanischen Flugplatz auf Guam auszuschalten, weil Ozawa dort, wie Spruance argumentierte, vermutlich seine Flugzeuge würde betanken lassen wollen. Um etwa 8.30 Uhr kam es am Himmel über Guam zu einer Reihe kurzer Luftkämpfe, bevor sich nach ungefähr eineinhalb Stunden der Hauptkampfplatz plötzlich in Richtung auf die See verlagerte: Mit Radar waren 240 Kilometer entfernt trägergestützte Flugzeuge des Gegners im Anflug geortet worden. Kurz vor 10.30 Uhr drehten Mitschers Flugzeugträger in den Wind und begannen umgehend damit, Jäger zu starten, die die Ankömmlinge abfangen sollten.

Als Ozawas 16 Zeros, 45 Jagdbomber und acht Torpedoflugzeuge eintrafen, hatten sämtliche Träger des Einsatzverbandes ein Hunderte von Hellcats starkes Empfangskomitee in die Luft geschickt. Mindestens 25 Angreifer wurden bei den ersten Anflügen abgeschossen. Rund 40 flogen weiter auf ihre Ziele zu. Doch die Hellcats zogen schon herum, um sie anzugreifen, und weitere 16 stürzten brennend ab. Kein japanisches Flugzeug stieß bis zu den Trägern vor. Den einzigen Bombentreffer erhielt das Schlachtschiff *South Dakota,* auf dem 27 Seeleute getötet und 23 verletzt wurden. Nur 24 Flugzeuge dieser ersten japanischen Angriffswelle

Auf der „Lexington" beobachtet Vizeadmiral Marc Mitscher, einer der beliebtesten Befehlshaber der US-Marine, während der Schlacht in der Philippinensee startende Maschinen. „Seine deutlich spürbare Befähigung", schrieb einer seiner Männer, „gab uns die Kraft zum Weitermachen und den Willen, ihm überallhin zu folgen."

konnten entkommen. Ozawas zweiter Angriffswelle erging es noch schlechter. Sie verlor 98 von 128 Flugzeugen.

Der gefährlichste Feind der Japaner war an diesem Tage Oberleutnant zur See Alexander Vraciu, ein Hellcat-Pilot, der in früheren Gefechten bereits 13 Luftsiege erzielt hatte. Minuten nach seinem Start von der *Lexington* nahm Vraciu den Kampf mit Sturzkampfbombern des Typs Yokosuka D4Y – genannt „Judy" – auf, die in Zickzackformation anflogen. Sein erstes Opfer explodierte nur 60 Meter vor ihm. Während er den Wrackteilen auswich, entdeckte Vraciu zwei andere Sturzkampfbomber. Er brachte seine Maschine in Schußposition hinter sie und feuerte auf den einen, der zu qualmen begann und auf das Wasser zuraste, während der Heckschütze ununterbrochen, aber wirkungslos zurückschoß, bis die Judy auf dem Wasser aufschlug. Aus der zweiten Judy drangen Flammen empor, als Vraciu mit dem Maschinengewehr vom Kaliber 12,5 mm kurze Salven auf sie abfeuerte. Der Pilot konnte die Maschine nicht mehr unter Kontrolle bringen und stürzte ebenfalls ab.

In nicht einmal drei Minuten hatte Vraciu drei feindliche Flugzeuge abgeschossen, doch sein Morgenpensum war erst halb erledigt. Zwei weitere Judys fielen ihm zum Opfer, als sie gerade zum Sturzflug ansetzten. Dann kippte Vraciu ab und nahm die Verfolgung einer sechsten auf, die bereits auf ihr Ziel zustürzte. Er ließ nicht von der Maschine ab, sondern verfolgte sie immer weiter, obwohl er mitten in den Feuerhagel der eigenen Schiffsabwehr geriet. Es blitzte hell auf, und die Judy zerbarst in ihre Einzelteile. Nachdem er sich vergewissert hatte, daß keine unmittelbare Gefahr mehr drohte, flog Vraciu zur *Lexington* zurück.

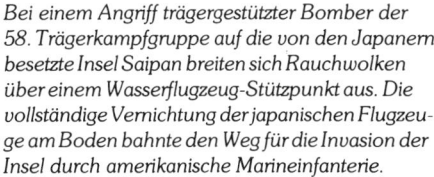

Bei einem Angriff trägergestützter Bomber der 58. Trägerkampfgruppe auf die von den Japanern besetzte Insel Saipan breiten sich Rauchwolken über einem Wasserflugzeug-Stützpunkt aus. Die vollständige Vernichtung der japanischen Flugzeuge am Boden bahnte den Weg für die Invasion der Insel durch amerikanische Marineinfanterie.

Ozawa startete noch zwei Angriffsverbände, denen es ähnlich erging wie den beiden vorausgegangenen. Mitschers Piloten schossen zum Teil drei oder mehr Feindflugzeuge ab; die schlecht vorbereiteten japanischen Flieger waren ihnen einfach nicht gewachsen. Es war ein reines Gemetzel. Ozawa verlor alles in allem fast 350 Flugzeuge, die Amerikaner dagegen nur 30. Doch damit nicht genug. In der Tiefe lauernde US-Unterseeboote versenkten die *Taiho,* Japans neuesten und größten Flugzeugträger, sowie die altgediente *Shokaku.* Am Abend des 19. Juni drehte Ozawa ab, um aufzutanken. Doch sein Kampfgeist hatte ihn mittlerweile verlassen. Am nächsten Tag trat er den Rückzug an.

Mitscher setzte ihm die ganze Nacht und den folgenden Tag über nach. Bei Sonnenuntergang des 20. Juni startete er auf 490 Kilometer Gefechtsentfernung einen Angriff. Es war eine beispiellose Entscheidung, da er genau wußte, daß sich ein Großteil der 216 ausgeschickten Flugzeuge mit dem letzten Tropfen Treibstoff zurückquälen und bei Nacht auf den Trägern landen mußte, eine Leistung, die von den meisten Piloten bis dahin noch nie gefordert worden war. Mitscher war sich auch darüber im klaren, daß vielen Piloten der Treibstoff ausgehen konnte oder daß sie beim Landeversuch möglicherweise abstürzen würden.

Die Flieger schlugen sich hervorragend. Hellcats dezimierten Ozawas Restbestand von 65 Jägern; Avengers versenkten den Träger *Hiyo;* Dauntless und Helldivers richteten schwere Schäden auf den Trägern *Zuikaku, Junyo* und *Chiyoda* an. Als die Maschinen zurückkamen, brach Mitscher mit einer heiligen Regel der Kriegsmarine und befahl dem ganzen Einsatzverband, Lichter zu setzen, ungeachtet der gegnerischen U-Boote, die die Gelegenheit zum Angriff benutzen konnten. Die Flugdecks der Träger waren taghell beleuchtet, und Kreuzer feuerten Leuchtkugeln ab, die die Szene in helles Licht tauchten, während Zerstörer das Gebiet absuchten und 52 von 101 Mann bargen, die ins Wasser gestürzt waren.

Aber sechs von Ozawas Flugzeugträgern waren unbeschädigt entkommen und konnten den Kampf weiterführen, eine Tatsache, die im Hauptquartier der Pazifikflotte durchaus zur Kenntnis genommen wurde. Während einer Pressekonferenz wurde dem Chef der Flotte, Admiral Nimitz, und dem Oberbefehlshaber der Marine-Operationsabteilung, Admiral King, die Frage gestellt, ob ihre Streitkräfte eine Chance vergeben hätten, einen großen Teil der japanischen Flotte zu vernichten. „Admiral Nimitz schwieg nachdenklich einige Sekunden", berichtete ein Kriegsberichterstatter, „und Admiral King hielt die Augen geschlossen." Schließlich entschloß sich Nimitz zu einer Antwort: „Der Primärauftrag der Flotte lautete, die amphibischen Landungen auf Saipan zu decken und diese Landungen von See her zu unterstützen. Der Auftrag wurde erfüllt."

Im August gelang es den US-Landstreitkräften, den hartnäckigen – am Ende selbstmörderischen – Widerstand der Japaner zu brechen und ihre Truppen von den Marianen zu vertreiben. Kurz darauf begannen die Amerikaner mit dem Bau von Flugplätzen, auf denen die neuen strategischen Fernbomber des Typs B-29 Superfortress starten und landen konnten, die im Herbst gegen Japan eingesetzt werden sollten.

Während Spruance und Mitscher den mittleren Pazifik säuberten, drang General Douglas MacArthur mit seinen Streitkräften vom Südpazifik aus westlich nach Neuguinea vor. In einer Reihe schneller amphibischer Operationen entlang der Küste und auf vorgelagerten Inseln vertrieb er die Japaner aus Hollandia, Wakde, Biak, Noemfoor und Sansapor. Im August 1944 hatte er schließlich ganz Neuguinea unter Kontrolle. General MacArthurs nächstes Ziel waren nun die Philippinen, auf die er im Herbst, vereint mit den schnellen Trägern, zum Angriff übergehen sollte.

Ein japanisches Torpedoflugzeug, das von den Amerikanern getroffen wurde, stürzt unweit des Geleitträgers „Kitkun Bay" (Vordergrund) ab.

GRUMMAN TBM-1C AVENGER TORPEDOBOMBER (1942)
*In ihrem Bombenschacht konnte die Avenger
einen 55-cm-Torpedo oder eine Bombenlast von
900 Kilogramm tragen. Die von Grumman gebauten Avengers trugen die Bezeichnung TBF. Die
abgebildete Maschine hatte die Bezeichnung
TBM, weil sie, wenngleich von Grumman entwik-
kelt, in Lizenz von General Motors gebaut wurde.*

Neue Bauserien
von Trägerflugzeugen

Im weiteren Verlauf des Krieges versuchten Amerikaner und Japaner, durch Einführung neuer trägergestützter Hochleistungsflugzeuge die Oberhand im Luftraum über dem Pazifik zu gewinnen. Die wichtigsten Trägerflugzeuge dieser zweiten Generation werden hier und auf den folgenden Seiten unter Angabe des Jahres, in dem der betreffende Typ in Dienst gestellt wurde, vergleichend gegenübergestellt.

Im japanisch-amerikanischen Wettlauf um mehr und bessere Flugzeuge lagen die Vereinigten Staaten bald weit an der Spitze. Die Avenger beispielsweise – ein robuster, von Grumman entwickelter Torpedobomber mit drei Mann Besatzung, der an die Stelle der Douglas Devastator trat – war mit mehr Waffensystemen einsetzbar als irgendein anderes Trägerflugzeug des Zweiten Weltkrieges. Zusätzlich zu den fest eingebauten Maschinengewehren vom Kaliber 7,7 mm und 12,7 mm konnte die Avenger mit Wasserbomben, Torpedos mit akustischer Zielsucheinrichtung, Luft-Boden-Raketen, Minen, konventionellen Torpedos oder Bomben bestückt werden.

Auch die beiden neuen Flugzeuge der japanischen Marine – ein Torpedobomber (unten) und ein Sturzkampfbomber (nächste Seite) stellten gegenüber ihren Vorgängern erhebliche Verbesserungen dar. Doch als sie auf dem Kriegsschauplatz erschienen, herrschte auf japanischer Seite bereits ein empfindlicher Mangel an gut ausgebildeten Piloten. Die Überlegenheit der neuen amerikanischen Hellcat-Jagdflugzeuge nahm ihnen bei herkömmlichen Angriffen auf die US-Flotte darüber hinaus praktisch jegliche Chance. In der Schlacht in der Philippinensee beispielsweise stellte der Tenzan-Torpedobomber – ein wesentlich leistungsstärkeres Flugzeug als die Nakajima B5N2 Kate, die er ersetzte – im Grunde keine wirkliche Bedrohung dar, weil es den japanischen Piloten selten gelang, den dichten Abwehrring der Hellcats um die amerikanischen Schiffe zu durchbrechen.

NAKAJIMA B6N2 TENZAN-TORPEDOBOMBER (1944)
Der Motor des von den Alliierten „Jill" genannten Tenzan-Torpedobombers leistete 85 Prozent mehr als das Triebwerk der Kate, deren Nachfolger er war. Mit einer Höchstgeschwindigkeit von 480 Stundenkilometern übertraf er seine Vorgängerin um über 100 Kilometer in der Stunde.

Judy und das Biest

Einer der amerikanischen Spätankömmlinge auf dem Kriegsschauplatz im Pazifik erwies sich als große Enttäuschung – jedenfalls zu Beginn. Der Sturzkampfbomber Curtiss Helldiver „bot wenig an Verbesserungen" gegenüber der SBD Dauntless, urteilte ein mit der Erprobung des neuen Flugzeugs im Trägereinsatz beauftragter Staffelführer.

Der Prototyp, der zweimal zu Bruch ging, war außerordentlich instabil. Drei Wochen vor dem Erstflug der Maschine waren jedoch 200 Flugzeuge geordert worden, und die Marine blieb bei ihrer Entscheidung, weil sie bereits Arbeitskräfte und Führungskräfte für das Projekt abgestellt hatte. Der Prototyp mußte neu konstruiert und die erste Bauserie modifiziert werden, bis es Curtiss und der Marine gelang, die Mängel der Maschine zu beseitigen. In mehreren wichtigen Einsätzen verschaffte sich der wesentlich verbesserte Helldiver dann bis zum Ende des Krieges große Anerkennung für seine Leistung.

Der neue, schlanke Sturzkampfbomber der Japaner, Yokosuka Suisei, war schneller als der Helldiver. Doch der inzwischen verstärkte Sperriegel amerikanischer Jagdflugzeuge machte es ihm, nicht anders als dem Tenzan-Torpedobomber, unmöglich, sich in der Konkurrenz zu bewähren.

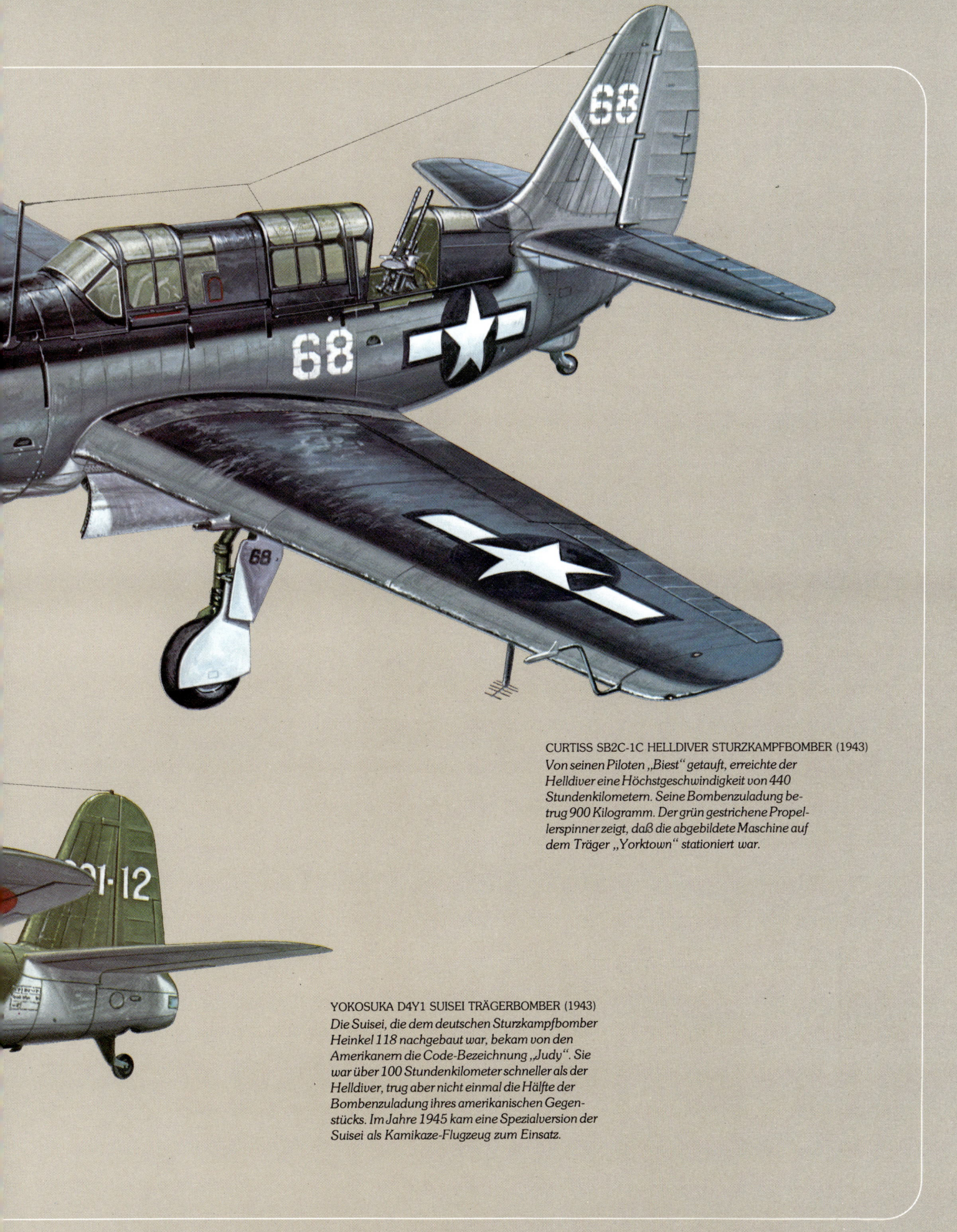

CURTISS SB2C-1C HELLDIVER STURZKAMPFBOMBER (1943)
Von seinen Piloten „Biest" getauft, erreichte der Helldiver eine Höchstgeschwindigkeit von 440 Stundenkilometern. Seine Bombenzuladung betrug 900 Kilogramm. Der grün gestrichene Propellerspinner zeigt, daß die abgebildete Maschine auf dem Träger „Yorktown" stationiert war.

YOKOSUKA D4Y1 SUISEI TRÄGERBOMBER (1943)
Die Suisei, die dem deutschen Sturzkampfbomber Heinkel 118 nachgebaut war, bekam von den Amerikanern die Code-Bezeichnung „Judy". Sie war über 100 Stundenkilometer schneller als der Helldiver, trug aber nicht einmal die Hälfte der Bombenzuladung ihres amerikanischen Gegenstücks. Im Jahre 1945 kam eine Spezialversion der Suisei als Kamikaze-Flugzeug zum Einsatz.

GRUMMAN F6F-5 HELLCAT TRÄGER-JAGDFLUGZEUG (1944)
*Diese Hellcat, die auf dem Träger „Princeton"
stationiert war, hatte dank des unter dem Rumpf
angebrachten Zusatztanks eine Reichweite von
über 2000 Kilometern. Nahezu 75 Prozent aller
Luftsiege von Piloten der amerikanischen Marine
wurden mit Hellcat-Jägern errungen.*

Amerikas Antwort auf die Zero

Die F6F Hellcat war das „beste Flugzeug des Krieges", behauptete David McCampbell, Flieger-As der US-Marine. Es gab noch andere Anwärter auf diesen Titel, aber der robuste, über 600 Stundenkilometer schnelle Grumman-Jäger war unbestritten ein hervorragendes Flugzeug. Seinen einzigen Nachteil, nämlich daß er es an Wendigkeit nicht mit der Zero – die von der japanischen Marine nicht ersetzt wurde – aufnehmen konnte, machte er durch bessere Panzerung, höhere Geschwindigkeit und überlegene Leistungen in großer Höhe mehr als wett.

Die Hellcat, die Luftpatrouillen über den Kampfverbänden der Marine flog, bekam schließlich Verstärkung durch ein noch schnelleres Flugzeug, die Chance Vought Corsair. Mit diesem Jäger waren ursprünglich landgestützte Marineflieger und Staffeln des Marinekorps ausgerüstet worden, weil er die unangenehme Angewohnheit hatte, bei Landungen mehrfach zu hüpfen. Doch der Fehler ließ sich beseitigen, und die Corsair wurde gegen Ende des Krieges auf den Trägern stationiert, die sich mit verstärkten Jagdeinheiten gegen die japanischen Kamikaze-Angriffe wehren sollten.

Gemeinsam überwältigten Hellcats und Corsairs die einst so gefürchteten Zeros und eroberten mit einer Bilanz von insgesamt 7295 abgeschossenen Feindflugzeugen den Himmel über dem Pazifik zurück.

CHANCE VOUGHT F4U-1D CORSAIR JAGDBOMBER (1944)
Diese auf der „Bunker Hill" stationierte Corsair trägt an den Waffenstationen unter jedem ihrer Knickflügel vier HVARs (Hochgeschwindigkeits-Luft-Raketen) und unter der rechten Fläche einen fast 600 Liter fassenden, abwerfbaren Zusatztank. Mit einer Geschwindigkeit von über 670 Stundenkilometern war die Corsair das schnellste Jagdflugzeug an Bord der amerikanischen Träger.

5

Der Krieg der Kamikaze-Flieger

Am Vormittag des 25. Oktober 1944, kurz vor 11 Uhr, hob Kapitän F. J. McKenna auf seinem Schiff, dem Geleitträger *St. Lo,* die Gefechtsbereitschaft auf. In der Leyte-Bucht vor der gleichnamigen Insel in den östlichen Philippinen, die er zu bewachen hatte, war weit und breit nichts Verdächtiges zu sehen, und seine Männer, seit dem frühem Morgen in Alarmbereitschaft, brauchten dringend Zeit zum Ausruhen. Weder McKenna noch seine Leute ahnten, daß sich in diesem Moment fünf Zeros der japanischen Marineflieger im direkten Anflug auf die *St. Lo* und fünf andere amerikanische Geleitträger in der Leyte-Bucht befanden. Die Maschinen flogen so knapp über der Wasseroberfläche, daß sie weder vom Radar noch von den Jägern gesichtet wurden, die Hunderte von Metern höher patrouillierten. Wenige Minuten vor Erreichen der Schiffe zogen die Zeros plötzlich steil hoch, um aus 1500 Meter Höhe zum Sturzangriff auf die Geleitträger anzusetzen.

Die japanischen Piloten, die von der Philippineninsel Luzon kamen, hatten den außergewöhnlichen Auftrag, sich mit ihren Flugzeugen direkt auf die Träger zu stürzen. Und so geschah es. Die erste Zero schlug auf dem Geleitträger *Kitkun Bay* auf und verursachte beträchtliche Schäden. Zwei andere rasten im Sturzflug auf die *Fanshaw Bay* zu, konnten aber durch gezieltes Feuer der Flugabwehr auf den Trägern früh genug zum Absturz gebracht werden. Die übrigen Flugzeuge steuerten die *White Plains* an.

Zunächst schien es, als sollte die *St. Lo* bei diesem aberwitzigen Angriff verschont bleiben. Doch dann veränderte eine Rauchspur plötzlich die Richtung und kam direkt auf den Träger zu. Es war eine Zero, die, von der Schiffsabwehr beschädigt, von ihrem ursprünglichen Ziel abgedreht hatte.

Die *St. Lo* stand sozusagen unter einem unglücklichen Stern, seit die amerikanische Marine im vergangenen Monat beschlossen hatte, sie umzutaufen und ihren ursprünglichen Namen, *Midway,* zur Bezeichnung einer neuen Trägerklasse zu verwenden. Alte Seeleute behaupten, den Namen eines Schiffes zu verändern bringe Unglück, und die *St. Lo* sollte ihren Teil davon bekommen. Die qualmende Zero durchschlug das Flugdeck und blieb in einer sich ausbreitenden Lache brennenden Treibstoffs auf dem Hangardeck liegen. Bevor das Feuer gelöscht werden konnte, explodierten mehrere Bomben und Torpedos der *St. Lo* mit solcher Wucht, daß Teile des zerfetzten Flugzeugaufzugs im Achterschiff hoch in die Luft gewirbelt und Flugzeuge über Bord geschleudert wurden. Eine gute halbe Stunde später ging die *St. Lo* mit rund 100 Mann unter. Japans Selbstmord- oder Kamikaze-Flieger hatten ihr erstes gegnerisches Schiff versenkt.

Der Kamikaze-Angriff war nur ein Zusammenstoß im Rahmen der größten Seeschlacht der Geschichte – der Schlacht in der Leyte-Bucht. Die Gefechte, zu denen mehr Schiffe aufmarschierten als zu der größten Seeschlacht des Ersten Weltkrieges, der Schlacht am Skagerrak, hatten fünf Tage zuvor begonnen: Im Anschluß an eine viermonatige Operation, die nach der Schlacht in der Philippinensee eingeleitet wurde und bei der sie,

Nur knapp verfehlt ein herabstoßendes Kamikaze-Flugzeug Anfang Mai 1945 den US-Geleitträger „Sangamon". Im letzten Kriegsjahr setzte die japanische Marine einen Großteil ihrer noch verbliebenen Flugzeuge für diese selbstmörderischen Angriffe ein. Es war ein verzweifelter Versuch, die überlegene amerikanische Flotte aufzuhalten.

Fünf junge Kamikaze-Flieger der Shomu-Staffel (Staffel der Geweihten und Tapferen) werden von Vizeadmiral Shigeru Fukudome (rechts), dem Befehlshaber der Ersten Vereinigten Landgestützten Luftstreitkräfte Japans, mit Sake und einem zeremoniellen Trinkspruch verabschiedet.

von Insel zu Insel springend, einen Sieg nach dem anderen verbuchten, landeten die Amerikaner am 20. Oktober Truppen auf der Philippineninsel Leyte. Die Befreiung der Philippinen, von General Douglas MacArthur vor langer Zeit versprochen, hatte begonnen.

Der Kamikaze-Angriff lieferte einen Vorgeschmack des Krieges, der den Trägern in den folgenden Monaten bevorstand. Mit den Trägerduellen war es vorbei. Fortan sollten die amerikanischen Flugzeugträger als Schild und Lanze dienen, sollten sie Schwärme selbstaufopferungsbereiter japanischer Piloten abwehren und Heer und Marineinfanterie helfen, verbissen kämpfende japanische Truppen aus den Inselfestungen zu vertreiben, die dem amerikanischen Vorstoß nach Japan im Wege standen.

Sobald die Japaner erkannten, daß MacArthurs Stoßrichtung auf die Philippinen zielte, setzten sie einen Operationsplan in die Tat um, der für eben diesen Fall vorbereitet worden war. Im Prinzip hörte sich dieser Plan – *Sho 1* oder „Sieg 1" genannt – einfach an. Er sah in der ersten Phase vor, daß Japans Flugzeugträger die amerikanischen Träger banden, während der Rest der japanischen Flotte, insgesamt 56 Kampfschiffe, die amerikanischen Kriegsschiffe dezimierte, die MacArthurs Landungsstreitmacht deckten. Anschließend sollten die japanischen Schiffe die Transporter vernichten, die die amerikanischen Landungstruppen mit Munition, Verpflegung und Ausrüstung versorgten. Alles gut und schön – doch die amerikanische Streitmacht war mit über 200 Kriegsschiffen so stark, daß es schon eines Wunders bedurfte, damit die Rechnung aufging; und die Befehlshaber der japanischen Flotte wußten das. Als sie Kaiser Hirohito *Sho 1* zur Zustimmung vorlegten, bat ein Admiral: „Gebt uns von der Vereinigten Flotte eine Gelegenheit, wie Blumen des Todes zu erblühen." Gegenüber einem geduckten Abwarten im Hafen gaben viele der japanischen Flieger einem ehrenvollen Tod bei einem Angriff – selbst wenn dieser wenig Sinn hatte – eindeutig den Vorrang.

Wenn dennoch eine entfernte Möglichkeit bestanden haben sollte, den Amerikanern eine größere Niederlage zu bereiten, so wurde sie durch das unkoordinierte Vorgehen der japanischen Kriegsschiffe vergeben. Statt gleichzeitig in die Leyte-Bucht einzulaufen, marschierten ihre Schiffe aufs Geratewohl an und gaben Admiral William Halsey, dem Befehlshaber der

Japanische Kamikaze-Flieger, die den Auftrag ha- ben, die amerikanische Flotte unter Einsatz ihres Lebens aufzuhalten, lassen auf einer behelfsmäßi- gen Rollbahn in der Nähe der Manila-Bucht die Motoren ihrer mit Bomben beladenen Zeros an. Von jeweils vier Selbstaufopferungs-Piloten ge- lang es im Durchschnitt einem, sein Ziel zu treffen.

3. US-Flotte, Gelegenheit, sie einzeln in Kämpfe zu verwickeln. *Sho 1* wurde zu einer Niederlage.

Die japanischen Flugzeugträger bezogen schließlich ihre Positionen, um ihren Teil des Planes zu erfüllen. Vizeadmiral Jisaburo Ozawa war am 20. Oktober mit Kurs auf die Leyte-Bucht ausgelaufen. Doch weder die *Zuikaku*, die drei Jahre zuvor dazu beigetragen hatte, den Amerikanern in Pearl Harbor eine schwere Niederlage zuzufügen, noch die übrigen Träger seines Verbands waren für den Kampf ausreichend gerüstet. Im Oktober 1944 kamen die Japaner mit der Ausbildung ihres fliegenden Personals einfach nicht mehr nach und konnten nicht genügend Piloten auf die Flugzeugträger abstellen. Der überwiegende Teil der 108 an Bord von Ozawas Schiffen untergebrachten Flugzeuge wurde lediglich auf Luftstütz- punkte in den Philippinen überführt.

Zur Erfüllung seines Auftrages brauchte Ozawa im übrigen auch gar keine besondere Schlagkraft. In der Operation *Sho 1* spielte er nämlich nicht die Rolle eines Angreifers, sondern die eines Lockvogels für die dem Komman- do von Vizeadmiral Marc Mitscher unterstellten schnellen amerikanischen Träger, die er vom Hauptverband der japanischen Schlachtschiffe abziehen sollte. Die japanischen Träger waren als Köder ausersehen, denn sie waren entbehrlich geworden: Es fehlte an Öl, um sie zu betanken, und die Amerikaner waren so weit vorgedrungen, daß sie sich nun innerhalb der Reichweite der landgestützten japanischen Fliegerverbände befanden.

Konsterniert stellte Ozawa fest, daß es ihm unerwartet schwer fiel, die Aufmerksamkeit der gegnerischen Träger auf sich zu lenken. Er hatte erwartet, auf amerikanische U-Boote zu stoßen. Doch sie waren nicht da,

weder um ihn anzugreifen, noch um seine Bewegungen zu melden. Am 23. Oktober setzte er deshalb einen langen Funkspruch ab, der es den Amerikanern ermöglichen sollte, ihn anzupeilen. Sein Plan schlug fehl, so daß er kurz vor Mittag am folgenden Tag zu einer weiteren List griff und einen Teil der für die Überführung bestimmten Flugzeuge zum Angriff auf die amerikanischen Träger startete. Die Maschinen klinkten ihre Bomben in großer Höhe aus und zogen sich, ohne Schäden zu verursachen, unter Verlusten nach Luzon zurück. Ozawa hatte nicht erwartet, Mitschers Verband schwer anzuschlagen, wohl aber gehofft, daß die Amerikaner den Ursprung der Luftangriffe richtig ableiten und sich auf die Suche nach seinen Trägern machen würden. Die Kriegslist gelang; fünf Stunden später sichtete ein amerikanischer Aufklärer die japanischen Schiffe und meldete ihren Standort. Die Amerikaner konnten in der kurzen Zeit bis zum Einbruch der Dunkelheit keinen Angriffsverband mehr auf den Weg schicken. Erst in den frühen Morgenstunden begannen Waffenwarte und Mechaniker, die Flugzeuge startklar zu machen.

Im Morgengrauen startete Mitscher Aufklärer, die mit Ozawa wieder Fühlung aufnehmen und seine genaue Position ermitteln sollten. Unmittelbar danach folgte ein Angriffsverband, der Kurs auf seine vermutete Position nahm. Die Maschinen waren bereits unterwegs, als die Aufklärer kurz nach 7 Uhr Ozawas Schiffe sichteten. Um 8 Uhr griffen Mitschers Helldivers im Sturzflug an, gefolgt von einer Gruppe Avenger-Torpedoflugzeugen. Zehn Stunden lang bombardierten und torpedierten sechs Angriffsverbände die nahezu wehrlosen japanischen Träger und ihre Geleitschiffe. Bei den Amerikanern, die kaum Verluste erlitten, breitete sich Siegesstimmung aus. Ein junger Pilot, der gerade zur *Lexington* zurückgekehrt war, stürmte eine Leiter zu Mitschers Befehlsstand auf der Brücke hinauf und rief dem schweigsamen Admiral zu: „Ich habe einen Träger getroffen! Ich habe einen Träger getroffen!" Und er war nicht der einzige. Mindestens vier Avenger-Piloten brachten der *Zuikaku* Torpedotreffer bei. Sie sank kurz nach 14 Uhr, nachdem sich Ozawa auf den Kreuzer *Oyodo* hatte übersetzen lassen. Das gleiche Schicksal wie die *Zuikaku* hatte zuvor schon den Träger *Chitose* sowie einen Zerstörer ereilt. Am Nachmittag folgten ihr die Träger *Chiyoda* und *Zuiho*. Bei den 527 amerikanischen Einsätzen waren nicht einmal 20 Flugzeuge verlorengegangen.

Seine Rolle als Köder hätte Ozawa um ein Haar erfolgreich gespielt. Sein einziger Fehler lag in der Tatsache, daß es ihm nicht gelungen war, die Amerikaner früher auf sich aufmerksam zu machen. So kam es, daß amerikanische Flugzeuge wenige Stunden, bevor er entdeckt wurde, ein japanisches Schlachtschiff versenkten, daß Ozawa hatte decken sollen. Doch von den vier Zusammenstößen, zu denen es bei der Schlacht in der Leyte-Bucht kam, war der Einsatz ihrer schnellen Träger der einzige, der wie von den Japanern geplant verlief. Bei allen übrigen erlitten die japanischen Seestreitkräfte schwere Niederlagen. Nach drei Kampftagen hatte Japan insgesamt vier Träger, drei Schlachtschiffe (von denen zwei durch amerikanische Schlachtschiffe und Zerstörer versenkt wurden), neun Kreuzer und acht Zerstörer verloren. Doch der Sieg war den Amerikanern nicht geschenkt worden. Eine japanische Judy warf im Alleingang zwei 250-Kilogramm-Bomben über dem schnellen Träger *Princeton* ab, die das Hangardeck durchschlugen und sechs mit Torpedos beladene Avengers zur Explosion brachten. Bei den Detonationen entstanden so schwere Schäden, daß das Schiff versenkt werden mußte. Darüber hinaus verlor die US-Marine zwei Zerstörer, ein Zerstörer-Geleitschiff und die beiden Geleitträger *St. Lo* und *Gambier Bay*. Letztere erwarb sich den zweifelhaften Ruhm, als einziger amerikanischer Flugzeugträger des Krieges durch Schiffsgeschütze

Während eine anfliegende Hellcat eilig wegzieht, um aus der Gefahrenzone zu entkommen, stößt eine japanische Zero durch die dichte Wolkendecke herab und schlägt auf dem Geleitträger „Suwannee" auf, der am 25. Oktober 1944 nahe der Leyte-Bucht operiert. Die „Suwannee", eins der ersten Ziele eines Kamikaze-Angriffs, konnte innerhalb von zwei Stunden repariert werden.

versenkt worden zu sein. Die *Gambier Bay* gehörte zu den sechs Geleitträgern, die von japanischen Schlachtschiffen und Kreuzern aus dem Hinterhalt angegriffen wurden, nachdem die schnellen US-Träger Ozawas Fährte aufgenommen hatten und ihm nach Norden gefolgt waren.

Bei der Schlacht in der Leyte-Bucht hatte die japanische Flotte viel von ihrer Gefährlichkeit verloren, aber die Stellung der Amerikaner auf den Philippinen war keinesfalls gesichert. MacArthurs Truppen stießen an den Küsten auf starken Widerstand, und Kamikaze-Flieger drohten zu erreichen, was den japanischen Kriegsschiffen versagt geblieben war – die US-Flotte in die Knie zu zwingen.

Kamikaze, wörtlich übersetzt „göttlicher Wind", knüpfte an Japans legendäre Vergangenheit an. Es war der Name eines Windgottes, der den Japanern im Jahre 1281, als sich mongolische Invasoren ihrer Küste nähern wollten, einen Taifun gesandt haben soll. Jetzt, fast sieben Jahrhunderte später, verbreitete der „göttliche Wind" erneut Angst und Schrecken unter einer herannahenden Invasionsarmee.

Die amerikanische Marine wußte allerdings nicht, daß die Japaner taktisch und waffentechnisch gar keine andere Wahl hatten. Bei den Luftschlachten von der Korallensee bis zu den Philippinen waren ihre besten Piloten gefallen, und amerikanische U-Boote hatten so erfolgreich Jagd auf ihre Öltanker gemacht, daß die militärischen Ausbildungsflüge drastisch eingeschränkt werden mußten. Viele Nachwuchspiloten bekamen nie Gelegenheit, sich mit den herkömmlichen Bombardierungs- und Torpedotaktiken vertraut zu machen.

In dieser aussichtslosen Situation kam Admiral Takijiro Onishi, dem Taktiker, der vor mehr als drei Jahren dem Angriffsplan für Pearl Harbor gute Chancen eingeräumt hatte, der extreme Gedanke, die gegnerischen Schiffe mit den Marineflugzeugen selbst zu bombardieren. Es entstand ein Kamikaze-Korps aus jungen Freiwilligen, die die Gelegenheit begrüßten, ihrem Land in einer so besonderen Rolle dienen zu können. „Kamikaze baut auf Moral auf", erklärte Kapitän Rikihei Inoguchi, ein Offizier, der die Operationen der Kamikaze-Flieger leitete, selbst aber keinen solchen Einsatz flog. „Unmittelbar vor der Landung der Alliierten auf den Philippinen gab es bei uns nur einen Gedanken: Wir müssen dem Kaiser und dem Land unser Leben opfern. Mit dieser Einstellung wurden wir geboren. Wir Japaner leben mit dem Grundsatz des Gehorsams gegenüber Kaiser und Land. Andererseits erhoffen wir uns, daß uns nach dem Tode der beste Ort beschieden sein möge, wie es im *Bushido* heißt." (*Bushido* war die Ethik der alten japanischen Krieger.) Ein Kamikaze-Flieger gab eine einfachere Erklärung seiner Rolle. „Ich bin nichts als ein Eisenteilchen", schrieb er am Vorabend seiner Selbstaufopferung, „das von einem Magneten angezogen wird – dem amerikanischen Flugzeugträger."

Bei den ersten Kamikaze-Fliegern handelte es sich um junge Piloten, die für diesen Einsatz ausgewählt wurden, weil sie am wenigsten Erfahrung besaßen und daher am ehesten entbehrlich waren. Mit der Zeit jedoch sollte diese Quelle versiegen. Danach wurden Kamikaze-Flieger unter Universitätsstudenten geworben, fliegerisch im Schnellverfahren ausgebildet und in den Kampf geschickt, vielfach mit nicht einmal 30 Stunden Flugerfahrung.

Als es sich die Japaner nicht mehr leisten konnten, hohe Ansprüche an das fliegerische Können der Piloten zu stellen, die zum Kamikaze-Einsatz kamen, konnten sie auch bei den dazu verwendeten Flugzeugen nicht mehr wählerisch sein. War es in der Schlacht in der Leyte-Bucht noch die Zero, die, mit einer 250-Kilogramm-Bombe beladen, von den Kamikaze-Fliegern am häufigsten benutzt wurde, so setzten die Japaner später auch Sturzkampfbomber sowie konventionelle zweimotorige Bomber und am Ende sogar Schulmaschinen ein. Obwohl langsam und verletzlich, waren letztere billig herzustellen und für die unerfahrenen Piloten leicht zu handhaben. Die geringe Bombenlast, die die Schulflugzeuge tragen konnten, ergänzte man durch Handgranaten, die im Cockpit verstaut wurden.

Der erste Kamikaze-Angriff hatte in Admiral Onishi neue Hoffnungen für Japan geweckt. Mit nur 18 Flugzeugen war es am 25. Oktober gelungen, einen Geleitträger zu versenken und drei zu beschädigen. Wenn die Flieger so weitermachten, konnte Japan sämtliche amerikanischen Schiffe im Pazifik vernichten und behielt noch Flugzeuge übrig. Unter Hinweis auf den außergewöhnlichen Erfolg der Operation konnte Onishi seinen Vorgesetzten, Admiral Shigeharu Fukudome, noch am selben Abend überreden, sämtliche 500 auf der Insel Luzon in Manila stationierten Marineflugzeuge für Kamikaze-Einsätze freizugeben.

Die Anziehungskraft von Admiral Halseys „Magneten" war unwiderstehlich, solange sie sich im engen Seeraum vor Leyte befanden und MacArthurs Truppen in ihrem Kampf um die Insel unterstützten. Am 25. November griffen über 40 Kamikaze-Flieger die Träger an. Zwei mit Bomben beladene Zeros erkoren sich die Intrepid zum Ziel, ein vom Pech verfolgtes Schiff, das nur einen Monat zuvor schon einmal bei einem Kamikaze-Angriff beschädigt worden war. Zu ihren Unglücksfällen zählte auch die Kollision mit einem Schleusentor im Panamakanal und ein Torpedotreffer während der ersten Angriffswelle bei Truk. Seeleute anderer Schiffe, die unter einem günstigeren Stern standen, nannten sie statt Intrepid (die Furchtlose) „Decrepid" (die Altersschwache) und „Unlucky I" (Pechvogel I).

Die Kanoniere der Intrepid hofften, dem Schicksal ihres Schiffes eine Wende zum Besseren geben zu können, als sie das Feuer auf die beiden tieffliegenden Angreifer eröffneten. Mit ihren 2,74- und 4-cm-Geschützen brachten sie eine der Zeros rund 1500 Meter vor dem Träger zum Absturz. Dann richteten sie ihre Waffen auf das zweite Flugzeug. Gleichzeitig begann die leichte Flak mit ihren 2-cm-Kanonen zu feuern. Doch die Zero durchbrach das Sperrfeuer, klinkte ihre Bombe aus und stürzte direkt auf das Flugdeck. Beim Aufschlag der Maschine entstanden kleinere Brände, die schnell unter Kontrolle gebracht werden konnten. Die Bombe jedoch explodierte in einem Bereitschaftsraum und löste in einer angrenzenden Kammer einen Feuersturm aus, in dem 32 Mann ums Leben kamen.

Die Rauchwolke über dem Schiff wirkte wie eine Zielmarkierung, die einen dritten Kamikaze-Flieger anzog. „Um Himmels willen", rief der Feuerleitoffizier des Trägers, „sind wir denn das einzige Schiff weit und breit?" Die Zero bestrich das Deck mit Maschinengewehrfeuer und klinkte ihre Bombe aus, bevor sie auf dem Flugdeck aufschlug und in Richtung Vorschiff schlidderte, weitere Brände hinter sich lassend. Die Bombe explodierte im Hangardeck und setzte es in Brand. Der Feuerlöschtrupp konnte die Intrepid zwar retten, sie mußte jedoch eine Reparaturwerft anlaufen, die sie erst vier Monate später wieder verließ.

Am selben Morgen stürzte sich ein Kamikaze-Flieger auf den Träger Essex und tötete 15 Mann. Zwei andere Selbstmordpiloten rasten in den Träger Cabot und rissen klaffende Löcher in Flugdeck und Rumpf. Dabei wurde ein Katapult schwer beschädigt. 36 Mann der Besatzung fielen. Lange durften diese verheerenden Angriffe auf die Flugzeugträger nicht mehr weitergehen. „Träger", meinte ein amerikanischer Admiral, „sind verletzliche Wesen, so verletzlich wie Joe Louis mit einem Kinn aus Glas." Halsey merkte, daß er seinen Trägern in dem voraussichtlich langen und schweren Philippinen-Feldzug besseren Schutz gewähren mußte. Also befahl er Mitscher, die Träger nach Ulithi abzuziehen, eine etwa 2000 Kilometer weiter südöstlich gelegene vorgeschobene Marinebasis.

Auf Ulithi war Jimmy Thach, inzwischen Korvettenkapitän und Einsatzoffizier der Schnellen Trägerkampfgruppe, stationiert. Der einstige Erfinder der Scherentechnik erwies sich wieder einmal als überlegener Taktiker. Er überzeugte Halsey, daß es nur eine wirksame Möglichkeit zur Abwehr der Bedrohung durch die Kamikaze-Flieger gab, die „große blaue Decke", wie Thach sein System nannte, einen ständigen, umfassenden Luftschirm.

„Ich entwickelte ein in die Tiefe reichendes System von kombinierten offensiven und defensiven Maßnahmen", erläuterte Thach später. Als defensive Maßnahme sollten Jäger in die Luft geschickt werden, die ständig im Umkreis von rund 100 Kilometern um die Trägerkampfgruppe patrouillierten. Als offensive Maßnahme sollten die Träger „turnusmäßig drei Angriffsverbände starten, um die feindlichen Flugplätze ständig durch Jäger bewachen zu lassen". Bei Tage befand sich ein Verband in Warteposition über dem gegnerischen Flugplatz, um je nach Lage mit Bomben oder Bordwaffen anzugreifen sowie jede Bewegung am Boden unterbinden zu können. Gleichzeitig wurde an Bord der Träger ein weiterer Verband für den Start vorbereitet, während sich ein dritter Verband auf dem Weg zum oder vom Flugplatz befand. Bei Einbruch der Dunkelheit sollten Jäger und Torpedoflugzeuge die Flugplätze in unregelmäßigen Abständen mit Bomben und Bordwaffen angreifen, um den Start feindlicher Maschinen zu verhindern. Diese ununterbrochene Überwachung würde es den Japanern

Von amerikanischen Trägerflugzeugen getroffen, liegt im November 1944 ein japanischer Öltanker (links) brennend im Hafen von Manila. Schwarzer Rauch verdüstert den Himmel über mehreren beschädigten Transportschiffen, die Nachschub von Niederländisch-Indien zu den japanischen Truppen auf den Philippinen brachten.

Admiral William F. „Bull" Halsey jr., Befehlshaber der 3. US-Flotte, entspannt sich Anfang 1945 an Bord seines Flaggschiffs, der „New Jersey". Im März des Jahres wurde ihm die Dinstinguished Service Medal (Medaille für hervorragende Verdienste) für seinen Einsatz der Flugzeugträger zur Unterstützung der Eroberungsoperationen auf Inseln im westlichen Pazifik verliehen.

sehr schwer machen, „größere Angriffsformationen zusammenzuziehen", meinte Thach, „obwohl unsere Träger in Reichweite von rund 6000 Feindflugzeugen operierten".

Die schnellen Träger erprobten Thachs Luftschirm erstmals Mitte Dezember, als MacArthurs Truppen Mindoro stürmten, eine nordwestlich von Leyte gelegene Insel der Philippinen. Drei Tage und drei Nächte lang griffen Trägerflugzeuge am Boden stehende Maschinen der Japaner mit Bomben und Bordwaffen an. Die wenigen Flugzeuge, die von Plätzen der benachbarten Insel Luzon herüberkamen, wurden abgeschossen. Angesichts der ständigen Bedrohung konnten die Japaner erst am dritten Tag einen nennenswerten Kamikaze-Angriff formieren, als sie mit 23 Maschinen von einem Feldflugplatz im nördlichen Luzon starteten. Sie wurden von Hellcats von der *Ticonderoga*, einem ganz neuen Träger, abgefangen. Die amerikanischen Jäger schossen 18 von ihnen ab und zwangen den Rest zum Abdrehen. Einige von MacArthurs Landefahrzeugen wurden zwar beschädigt, bis zu den Trägern aber stieß kein einziger vor.

Der Luftschirm hatte sich, wenn auch nicht so umfassend wie von Halsey gewünscht, bewährt und wurde als Standardtaktik zur Abwehr der Kamikaze-Flieger eingeführt. Dafür brauchten die schnellen Träger aber dringend zusätzliche Jäger. Im Laufe der nächsten Monate wurde die Zahl der Jagdstaffeln auf Halseys Trägern auf über 70 verdoppelt mit Staffeln des Marinekorps, die mit ihren F4U Corsairs für den Einsatz auf Flugzeugträgern kurz ausgebildet und zusammen mit neuen Hellcat-Staffeln der Marine auf die schnellen Träger verlegt wurden. Mit den neuen Grumman-Jagdflugzeugen, den F6F-5 Hellcats, verfügten die Marineflieger über einen vielseitigen Jagdbomber, der schwere Bomben- und Raketenlasten tragen konnte. Durch die Einführung dieser Maschinen konnten die Träger auf einen Teil ihrer weniger vielseitigen Torpedoflugzeuge des Typs Helldiver und Avenger verzichten und mit den Hellcats gesonderte Jagdbomberstaffeln aufstellen, die die Kennung VBF erhielten.

Um die Rund-um-die-Uhr-Abwehr gewährleisten zu können, stellte die Marine darüber hinaus spezielle, mit Radar ausgerüstete Nachtjäger und -bomber in Dienst. Als General MacArthur im Januar 1945 zum Angriff auf sein nächstes Ziel, Luzon, übergehen konnte, waren die schnellen Träger *Independence* und *Enterprise* für den Nachteinsatz umgerüstet worden und hatten nur noch einen einzigen Auftrag, nämlich jede Bewegung auf den japanischen Flugplätzen nach Einbruch der Dunkelheit niederzuhalten.

Am 17. Januar hatte MacArthur auf Luzon einen sicheren Brückenkopf eingerichtet. Von nun an verlief der Philippinen-Feldzug vornehmlich zu Lande, so daß die Flotte von einem Großteil ihrer Aufgaben im Bereich der Inseln entbunden werden konnte. Unter dem Kommando von Admiral Spruance konnte sich die Flotte auf die nächsten beiden Ziele konzentrieren, die auf der Liste der Alliierten standen: Iwo Jima und Okinawa.

Die beiden Inseln sicherten die südlichen Zufahrtswege nach Japan. Ihre Eroberung war die Voraussetzung für die Invasion des gegnerischen Kernlandes, die für Herbst 1945 geplant war. Iwo Jima, knapp 1300 Kilometer südlich von Tokio gelegen, war als Stützpunkt der Jagdverbände des Heeres sowie als Notlandeplatz für die Fernbomber vom Typ B-29 Superfortress vorgesehen, die auf den Marianen stationiert waren und seit November des vergangenen Jahres Angriffe auf japanische Städte flogen. Auf Okinawa sollte neben Flugplätzen auch eine vorgeschobene Marinebasis für die Invasion Kyushus eingerichtet werden, die südlichste der japanischen Inseln und die erste, die die Amerikaner zu erobern planten.

Inzwischen hatte sich bei den Flugzeugträgern ein festes System der Aufgabenverteilung herausgebildet. Die kleinen Geleitträger – gelegentlich auch Jeep-Träger genannt – hatten in der Regel den Auftrag, die Landungen zu sichern, indem sie Flugzeuge starteten, die die Küstenverteidigung und Stellungen des Gegners auf der Insel mit Bomben und Bordwaffen angriffen, während die Truppen an Land stürmten und vorstießen. Die schnellen Träger nahmen an diesen Unternehmungen zwar von Zeit zu Zeit teil, operierten im großen und ganzen aber weiträumiger und griffen weiter vom aktuellen Kampfplatz entfernte Ziele an.

Die Operation Iwo Jima machte keine Ausnahme. Am 16. Februar, drei Tage vor der Landung, befand sich Admiral Mitscher mit 16 schnellen Trägern und 1000 Flugzeugen vor Japan und ließ Industriegebiete und Flugplätze in der Umgebung von Tokio angreifen. Anschließend lief er in Richtung Iwo Jima, um die elf Geleitträger zu unterstützen, die vor der Landung der Marineinfanteristen die japanischen Verteidigungslinien an der Küste aufweichten. Ihr Auftrag führte sie in einen relativ engen Seeraum, was es den feindlichen Flugzeugen leichtmachte, sie aufzufinden. Genau das geschah am Spätnachmittag des 21. Februar, zwei Tage nach dem Beginn der Landung auf Iwo Jima. Die Japaner kamen mit 18 Bombern und 32 Kamikaze-Fliegern und versuchten, die amerikanischen Schiffe vor der Insel anzugreifen. Der größte Teil der Angreifer konnte von patrouillierenden Jägern abgeschossen oder zurückgedrängt werden, einige kamen jedoch durch. Zwei Kamikaze-Flieger stürzten sich auf den Geleitträger *Bismarck Sea*, der drei Stunden später sank. Vier andere Kamikaze-Flieger und vier Bomben trafen die leidgeprüfte *Saratoga*, die zwar nicht sank, aber zum drittenmal in diesem Krieg schwer beschädigt außer Dienst gestellt und in eine Reparaturwerft beordert werden mußte.

Nach drei weiteren Wochen erbitterter Kämpfe hatten die Marineinfanteristen Iwo Jima eingenommen, und Admiral Mitscher konzentrierte sich auf sein nächstes Ziel – Okinawa. Um die Invasion vorzubereiten, liefen die Träger erneut in Richtung Japan, wo sie Flugplätze auf Kyushu und die japanische Flotte in ihrem Heimathafen Kure angreifen sollten. Seit der Schlacht in der Leyte-Bucht war kein starker japanischer Flottenverband mehr aufgekreuzt. Doch die japanische Flotte, die noch immer über so mächtige Schiffe wie die *Yamoto* verfügte, war nach wie vor in der Lage, zu einem gefährlichen Gegenschlag auszuholen. Am 18. und 19. März griffen die Flugzeugträger Kyushu und Kure an. Sie setzten dabei zum erstenmal eine neue Waffe ein – Tiny Tim, eine Rakete mit dem Kaliber von 30 cm, die unter den Tragflächen von Avengers, Corsairs und Hellcats aufgehängt wurde. Mit Tiny Tim, die ein Gewicht von 225 Kilogramm besaß, sollte sich eine größere Treffsicherheit erzielen lassen als mit Bomben. Um so enttäuschender war der Ausgang des Angriffs vom 19. März auf Kure. Obwohl mehrere Schiffe getroffen wurden – darunter die *Yamato* und der Träger *Amagi* – entstand nur leichter Schaden.

Der Grund dafür lag darin, daß die neue amerikanische Waffe ihrem Ruf der Treffsicherheit in keiner Weise gerecht wurde, sowie in der überraschenden Stärke der japanischen Verteidiger in der Luft. Die Piloten der US-Marine und des Marinekorps hatten sich daran gewöhnt, über ihren Zielen auf nur geringen Widerstand einiger weniger japanischer Jäger zu stoßen, die oft von unerfahrenen Piloten geflogen wurden. Bei ihrem Anflug auf Kure wurden sie jedoch nicht von Zeros empfangen, sondern von 40 neuen Kawanishi NIK2-J Shiden-kai (von den Amerikanern „George" genannt), Jägern, die speziell als Antwort auf die Hellcat entwickelt worden waren. Und bei den Piloten handelte es sich um erfahrene Veteranen, darunter die wenigen überlebenden Flieger-Asse der Kaiserlichen Marine. Sie lieferten den amerikanischen Hellcats und Corsairs einen Kampf, als sei die Zeit auf 1942 zurückgedreht worden.

Flak-Kanoniere der neuen U.S.S. „Hornet" feuern im Februar 1945 vor der japanischen Küste auf gegnerische Flugzeuge. Die Schußfolge ihrer 4-cm-Geschütze betrug 120 Schuß in der Minute, ihre wirksame Reichweite über drei Kilometer.

Der Unteroffizier der Marineflieger Shoichi Sugita, ein ausgezeichneter Pilot mit über 70 Luftsiegen, flog einen der Shiden-kai-Jäger, die aus der Höhe eine Gruppe unvorsichtiger Grummans angriffen. Sein Staffelkamerad Saburo Sakai beobachtete die Kämpfe vom Boden aus mit dem Fernglas. „Sugita stieß steil herab", erzählte Sakai. „Er fing ab, zog seine Maschine in eine enge Kurve und feuerte eine volle Salve auf eine Hellcat." Die Garbe traf den Motor des amerikanischen Jägers, der sofort Feuer fing, berichtete Sakai weiter, und die Hellcat „torkelte führungslos durch die Luft. Mit einer halben Rolle brachte Sugita seine Maschine genau in Schußposition hinter eine zweite Hellcat, die er voll in Cockpit und Rumpf traf. Die Grumman schmierte ab und stürzte ins Meer." Sugita erzielte noch einen dritten und vierten Abschuß. Doch die kleine Gruppe von 40 Japanern kämpfte vergeblich gegen die Amerikaner, die mit Hunderten von Flugzeugen aufmarschiert waren und 17 Schiffe beschädigten.

Japanische Sturzkampfbomber verwandeln am 19. März 1945 das Flugdeck der U.S.S. „Franklin" in ein Inferno aus Flammen und herumwirbelnden Teilen,

Auf See starteten Mitschers Flugzeugträger bereits den zweiten Verband des Tages, der Kure zum Ziel hatte. Sie wurden aber um etwa 7 Uhr durch den Angriff einiger Feindbomber unterbrochen, die den Radar der Schiffe unterflogen hatten. Ein Bomber nahm sich die *Wasp* zum Ziel und klinkte seine Bombe aus, die mehrere Decks durchschlug und in einer Kombüse explodierte, in der das Küchenpersonal gerade Frühstück machte. Die Detonation forderte 101 Gefallene und 269 Verwundete.

Ein anderer japanischer Bomber näherte sich der *Franklin,* die eben die ersten Maschinen des zweiten Angriffsverbands startete. Nur sieben oder acht Flugzeuge hatten das Flugdeck verlassen, als der Navigationsoffizier, Kapitänleutnant Stephen Jurika jr., über Funk den Ausruf hörte: „Feindflugzeug im Anflug. Eins kommt genau auf Sie zu!" Der Radar der *Franklin* erfaßte den Bomber, als er etwa 20 Kilometer entfernt zum Angriff hochzog. Die Geschütze schwenkten in die angegebene Richtung, doch über dem Wasser lag dichter Dunst, und die Kanoniere konnten die Maschine nicht ausmachen. In diesem Moment rief ein Ausguck: „Jetzt sind wir dran!" Jurika sah zwei Bomben, die aus dem Dunst direkt auf das mit aufgetankten und munitionierten Flugzeugen vollstehende Flugdeck fielen.

„Es gab eine furchtbare Explosion", erinnerte sich ein Marineflieger später; eine zweite Detonation erschütterte das Schiff nur Sekundenbruchteile später. Beide Bomben waren bis zum Hangardeck durchgeschlagen. Die erste zerstörte den vorderen Flugzeugaufzug. Die zweite setzte 40 auf dem Hangardeck abgestellte Flugzeuge in Brand, sprengte den hinteren Aufzug aus seinem Schacht und brachte die auf dem Flugdeck bereitstehenden Angriffsflugzeuge zur Explosion.

Die *Franklin* – von ihrer Besatzung „Big Ben" genannt – verwandelte sich in ein flammendes Inferno. Durch das sich ausbreitende Feuer wurden Hunderte von Männern unter Deck eingeschlossen. Pfarrer Joseph T. O'Callahan, der gerade frühstückte, warf sich bei der Explosion der ersten Bombe unter den Tisch. „Das ist das Ende", dachte er und begann, als Glühbirnen zerbarsten und Glassplitter auf ihn und seine Kameraden niederregneten, auf Lateinisch die Sterbesakramente zu sprechen. Dann ertönte die Stimme eines Offiziers, den er nicht erkannte: „Raus hier, den Steuerbordgang nach vorn und dann auf das Vorderdeck."

O'Callahan stolperte den Gang entlang, während, wie er später berichtete, „eine heftige Explosion das ganze Schiff erschütterte. Die Jungs wurden auf das Deck geworfen und gegeneinander geschleudert." Sie tasteten sich weiter vor und erreichten schließlich das durch das Flugdeck geschützte Vorderdeck – alle außer Pfarrer O'Callahan, der inzwischen auf das Hangardeck zueilte, nachdem er gehört hatte, daß dort nach einem Treffer seine Dienste gebraucht würden. Doch als er dort ankam, stand er einem „undurchdringlichen Feuersturm" gegenüber. „Hier und dort lagen, weißlich glühend, Flugzeugmotoren wie besonders hell brennende Kohlen, deren gleißender Schein den Augen weh tat und sich für immer ins Gedächtnis einbrannte. Hier konnte niemand auch nur eine Sekunde überlebt haben." Der Geistliche sprach ein kurzes Gebet für diejenigen, die tot in den Flammen vor ihm lagen, und eilte weiter, um nach Lebenden zu suchen, die seine Hilfe vielleicht noch brauchen konnten.

Auch tiefer unten im Schiff, wo die Maschinen noch arbeiteten, breitete sich ein Gefühl der Hoffnungslosigkeit aus. Hier hockten in einer Ecke Männer der „schwarzen Gang" – eine Bezeichnung, die noch aus der Zeit der kohlebefeuerten Schiffe stammt, als die Heizer rußverschmiert von ihrer Arbeit kamen –, denen der Weg nach draußen durch blockierte Gänge abgeschnitten war. Oberleutnant zur See Donald Gary, der Zweite Ingenieur, sprach ihnen Mut zu: „Ich kenne dieses Schiff. Ich finde einen Weg

raus, und ich komme zurück und hole euch. Ich weiß, was ich sage." Und er kam und führte mehr als 300 Männer durch ein Labyrinth von Ventilationsschächten auf das sechs Etagen höher liegende Flugdeck.

Doch das Flugdeck war auch nicht gerade ein Hort der Sicherheit. Der Erste Offizier, Korvettenkapitän Joseph Taylor, beobachtete Tiny-Tim-Raketen, die, durch das Feuer gezündet, wild durch die Gegend zischten. „Die einen sausten nach Steuerbord, die anderen nach Backbord, und wieder andere das ganze Flugdeck entlang. Jedesmal, wenn eine losging, warfen sich die Feuerlöschtrupps instinktiv zu Boden."

Explosionen erschütterten die *Franklin* wie eine Serie von Erdbeben, und das Schiff legte sich 13 Grad nach Steuerbord über. Um 10 Uhr lag es antriebslos im Wasser. Als Admiral Mitscher von der *Bunker Hill* dem Kommandanten der *Franklin*, Kapitän Leslie H. Gehres, die Erlaubnis signalisierte, den Träger aufzugeben, signalisierte Gehres verärgert zurück: „Zum Teufel, wir schwimmen doch noch!"

Ein Pilot wirft sich aus dem Cockpit auf die Tragfläche seiner Hellcat, um sich vor den Flammen zu retten, die das Flugzeug nach einer Bruchlandung auf der „Ticonderoga" umhüllen. Beim Aufsetzen der Maschine war ein Zusatztank abgerissen, in den laufenden Propeller geraten und explodiert.

Die riesige, bewegungslose Rauchsäule, die die Position des angeschlagenen Trägers markierte, zog weitere japanische Angreifer an, die jedoch von patrouillierenden Jägern, der Flak auf den Geleitschiffen und den letzten noch funktionstüchtigen 4-cm-Kanonen der Franklin abgeschossen wurden. Um 14 Uhr nahm der Kreuzer *Pittsburgh* die *Franklin* in Schlepp. Die Feuerlöschtrupps brachten die größeren Brände bis Sonnenuntergang unter Kontrolle, und wenige Stunden nach Mitternacht, am 20. März, setzten die Heizer die Maschinen wieder in Gang. Als die *Franklin* eine Geschwindigkeit von zwölf Knoten erreicht hatte, kappte sie die Schlepptrosse und nahm Kurs auf Ulithi, begleitet von einer starken Eskorte. Die Zahl ihrer Gefallenen belief sich auf 724 Mann. Aber 265 der Verwundeten konnten gerettet werden. 1700 Mann, die auf der Flucht vor den Flammen das Schiff verlassen hatten, wurden von anderen Schiffen geborgen. Sowohl Oberleutnant Gary als auch Pfarrer O'Callahan erhielten für besondere Tapferkeit die Medal of Honor (Kriegsverdienstmedaille). Vielen der Überlebenden und auch der Gefallenen wurden das Navy Cross (Ehrenkreuz der Marine) und andere Auszeichnungen verliehen.

Während die *Franklin* um ihr Überleben kämpfte, starteten andere Träger weiter ihre Angriffsverbände gegen Flugplätze in Japan, um den Gegner daran zu hindern, die amerikanischen Landetruppen bei Okinawa aus der Luft anzugreifen. Nach Schätzung der US-Marine wurden dabei über 500 Feindflugzeuge vernichtet. Dann drehten die schnellen Träger ab, um sich bei Okinawa zu versammeln. Vorher allerdings kam es noch einmal zu einem Kamikaze-Angriff. Am Nachmittag des 21. März nahmen 48 Feindmaschinen Kurs auf Mitschers Einsatzgruppe. Sie wurden sogleich mit einem Luftschirm von 150 Hellcats und Corsairs empfangen und ausnahmslos abgeschossen oder zurückgedrängt, bevor sie überhaupt in die Nähe der Schiffe gelangen konnten.

Der Angriff, der glücklicherweise abgewehrt werden konnte, war gefährlicher, als die Amerikaner ahnten. Zu der Kamikaze-Gruppe gehörten nämlich 16 Bettys, die mit einer neuen Kamikaze-Waffe ausgerüstet waren – der *Ohka*-Bombe (Kirschblütenbombe). Von der US-Marine *Baka* (verrückte) Bombe genannt, handelte es sich in Wirklichkeit um eine bemannte Rakete mit einem Gefechtskopf, der mehr als eine Tonne Sprengstoff enthielt. Die Kirschblütenbombe, die aussah wie ein sechs Meter langer Torpedo mit kurzen Stummelflügeln aus Holz, war unter einem Mutterflugzeug aufgehängt und konnte 32 Kilometer vor dem Ziel ausgeklinkt werden. Ihr Pilot, der in einem Cockpit direkt hinter den Stummelflügeln saß, zündete nach dem Ausklinken die Raketenmotoren und raste wenig später mit einer Geschwindigkeit von mehr als 1000 Stundenkilometern auf sein Ziel zu. Während der Okinawa-Operation verursachten die *Ohkas* erhebliche Verluste unter den Zerstörern und anderen mit Radar ausgerüsteten Schiffen, die als Vorposten etliche Kilometer von den amerikanischen Verbänden entfernt Position bezogen. Glücklicherweise traf keine dieser gefährlichen Raketen einen Flugzeugträger.

Doch die Träger hatten bereits schwere Schläge hinnehmen müssen. Außer der *Franklin* mußte die *Wasp* eine Reparaturwerft anlaufen. Ihnen folgte die *Enterprise,* die einem ungewöhnlichen Zwischenfall zum Opfer fiel: Sie wurde von Granaten der eigenen Flak getroffen, die auf das Schiff zurückfielen und explodierten. Die Besatzungen von Mitschers restlichen Trägern, insbesondere die Piloten, waren durch die tagelangen Einsätze in der Luft beziehungsweise durch die dauernde Alarmbereitschaft der Erschöpfung nahe. Glücklicherweise erhielt die US-Trägerflotte genau in dem Moment, da sie dringend Hilfe brauchte, Unterstützung von einer unerwarteten Seite. Großbritannien stellte den Amerikanern vier Flugzeugträger –

Indomitable, Victorious, Illustrious und *Indefatigable* – sowie deren Versorgungsschiffe zur Verfügung, nachdem der bevorstehende Sieg in Europa abzusehen war und die englischen Schiffe aus dem Atlantik in den Pazifik verlegt werden konnten. Die britischen Träger vereinigten sich mit Mitschers Einsatzverband vor Okinawa.

Am 1. April landeten amerikanische Armee-Einheiten an der Küste Okinawas. Flugzeuge von zwölf Geleitträgern flogen Bodenkampfunterstützung für die vorstürmende Infanterie, während die schnellen Träger, in vier Einsatzgruppen aufgeteilt, ein Eingreifen der Japaner von Flugplätzen auf Okinawa und anderen Inseln der Ryukyu-Kette verhinderten, die sich von Kyushu nach Süden erstreckte. Alle vier Tage zog sich eine der Gruppen, die drei oder vier Träger umfaßte, zurück, um aufzutanken und Verpflegung und Munition zu ergänzen, ein Verfahren, das bis zur endgültigen Einnahme Okinawas beibehalten wurde.

Es war in erster Linie den erfolgreichen Angriffen, die die Amerikaner rund zwei Wochen zuvor auf Flugplätze in Japan geflogen hatten, zu verdanken, daß der „göttliche Wind" den Verteidigern auf Okinawa bis zum 6. April nur gelegentlich zu Hilfe kam. An diesem Tag jedoch wehte er mit Orkanstärke. Zum erstenmal vereinten Heer und Marine ihre Kamikaze-Einsätze zu *kikusui* – „schwimmenden Chrysanthementeppichen" –, gewaltigen Schwärmen von Selbstmordfliegern, die Tag und Nacht angriffen.

Als Auftakt der *kikusui*-Kampagne zogen Heer und Marine in Japan 699 Flugzeuge zusammen – davon 355 Kamikaze-Flugzeuge, der Rest Jäger und Bomber, die zum Teil mit *Ohka*-Bomben beladen waren. Es sollte die größte Kamikaze-Operation des ganzen Krieges werden. Während der zwei Tage dauernden Angriffe schossen Mitschers Hellcats und Corsairs über 200 Feindflugzeuge ab; die Schiffsartillerie vernichtete weitere. Obwohl zahlreiche Kamikaze-Flieger die Sperren durchbrachen, wurde nur ein Träger, die *Hancock,* getroffen, aber nicht versenkt. Die Zerstörer erlitten die schwersten Verluste; drei von ihnen wurden versenkt, acht schwer beschädigt. Ein Fahrzeug der Landungsflotte ging unter. Das Schlachtschiff *Maryland* zählte nach einem Angriff 53 Gefallene. Zehn kleinere Schiffe wurden gleichfalls beschädigt oder versenkt.

Während sich die Träger noch im Kampf mit den Kamikaze-Fliegern herumschlugen, meldeten die U-Boote *Threadfin* und *Hackleback,* die vor der Bungo-Straße, der Ausfahrt aus dem japanischen Binnenmeer, Station bezogen hatten, mehrere in Richtung Süden laufende, nicht identifizierte japanische Kriegsschiffe. Seit der Schlacht in der Leyte-Bucht hatten die Großkampfschiffe der Kaiserlichen Marine den Hafen nicht mehr verlassen. Aber es war undenkbar, daß ein so mächtiges Schlachtschiff wie die *Yamato* keinen Versuch zur Rettung Japans unternehmen oder gar in feindliche Hände fallen sollte. Am 6. April hatte die *Yamato* in Begleitung des Kreuzers *Yahagi* und einer Eskorte von acht Zerstörern Anker gelichtet, um amerikanische Schiffe auf der Hagushi-Reede vor Okinawa anzugreifen. Die Japaner waren sich bereits vorher sicher, daß die *Yamato* von diesem Einsatz nicht zurückkehren würde, und bunkerten nur so viel Öl, wie sie brauchte, um Okinawa zu erreichen.

Als er die Meldung von den U-Booten erhielt, entsandte Admiral Mitscher zwölf seiner schnellen Träger, um die feindlichen Kriegsschiffe abzufangen. Am 7. April wurden sie um 8.23 Uhr von einem Aufklärer von der *Essex* gesichtet. Um 10 Uhr rollten die ersten von Hunderten von Maschinen, die an diesem Tag starten sollten, um die *Yamato* und ihre Geleitschiffe anzugreifen, die Flugdecks der amerikanischen Träger entlang.

Tiefhängende Wolken, Regenschauer und Nebel zwangen die amerikanischen Sturzkampfbomber, nicht wie üblich aus 3600 Meter Höhe,

Nach einem Angriff amerikanischer Trägerflugzeuge schleppt sich das Super-Schlachtschiff „Yamato" am 7. April 1945 brennend in Richtung Okinawa, als eine Bombe neben der rechten Bordwand explodiert. Das riesige Schiff – Stolz der japanischen Marine – sank noch am gleichen Tag, von fünf Bomben und zehn Torpedos getroffen.

sondern im Tiefflug anzugreifen, was ihre Wirksamkeit naturgemäß einschränkte. Nichtsdestoweniger erlitt die *Yamato* bei einem Angriff von Helldivers von der *Bennington* um 12.41 Uhr zwei Treffer in der Nähe des Hauptmastes. Vier Minuten später detonierte ein Torpedo, den eine zum gleichen Träger gehörende Avenger ausgeklinkt hatte, in der Nähe des Bugs an der Backbordseite des Schlachtschiffs. Die *Yamato* wehrte sich mit dichtem Flakfeuer. Aus allen Rohren, von den riesigen 45,7-cm-Geschützen bis zum leichtesten Maschinengewehr, wurde auf die Amerikaner gefeuert – jedoch ohne wesentlichen Erfolg. Während ihres fünfmonatigen Aufenthalts im Hafen hatten die Kanoniere der *Yamato* keine Möglichkeit gehabt, ihre Treffsicherheit an beweglichen Zielen zu erproben – ein Versäumnis, das sich nun rächte.

Über eine Stunde lang wurde die *Yamato* fast pausenlos aus der Luft angegriffen. Von der Brücke aus beobachtete Leutnant zur See Mitsuru Yoshida voller Entsetzen, wie Avengers drei weitere Torpedotreffer auf der Backbordseite erzielten und anschließend die Kanoniere an den Fliegerabwehrgeschützen mit Bordwaffen beschossen. „Daß diese Piloten ihre

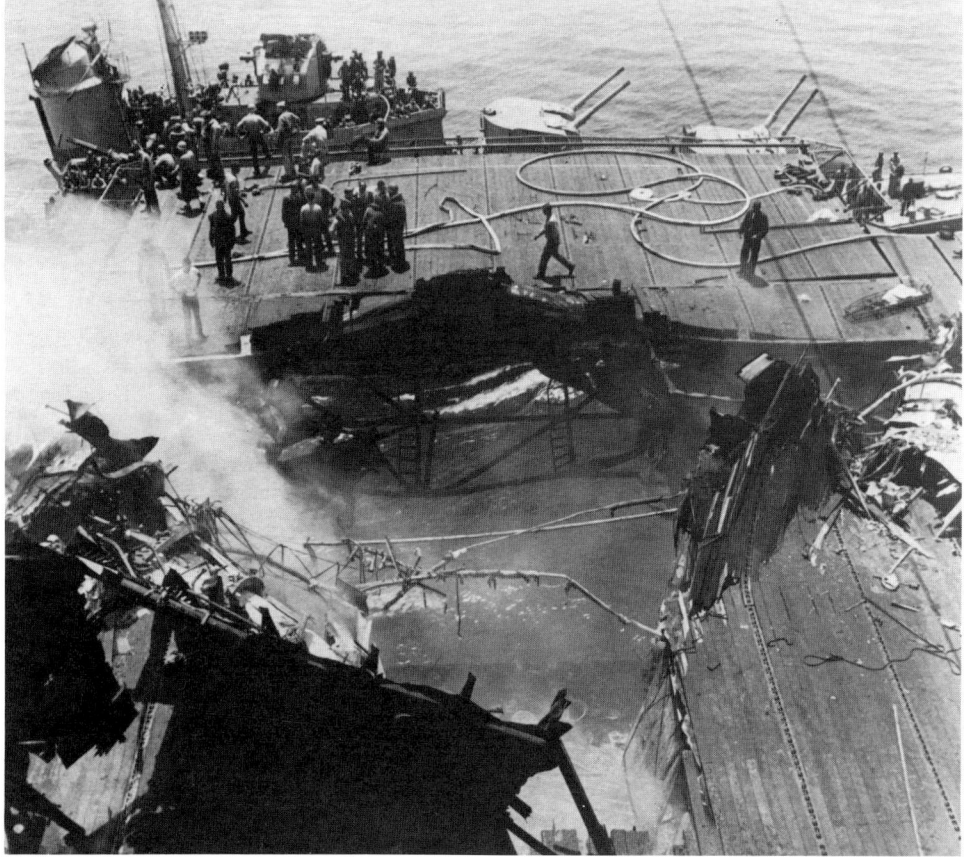

An Bord der „Bunker Hill" versuchen Seeleute, die Brände zu löschen, die ausbrachen, als der Träger am 11. Mai 1945 von zwei Kamikaze-Fliegern voll getroffen wurde (oben). Eine von dem zweiten Flugzeug abgeworfene Bombe riß ein riesiges Loch in das Deck (unten). Dennoch ging die U.S.S. „Bunker Hill" nicht unter.

Angriffe so kaltschnäuzig und präzise flogen", sagte er später, „war ein klarer Beweis für die unendliche, ungeahnte Stärke unserer Gegner!"

Die schwersten Schäden entstanden auf der Backbordseite des Schiffes. Nach zwei weiteren Torpedotreffern legte sich die *Yamato* leicht über. Infolge der zahlreichen Gefallenen und Verwundeten unter ihren Löschtrupps konnte die Schlagseite nicht durch Fluten der Steuerbordtanks behoben werden. Über dem mächtigen Schlachtschiff verdichteten sich die Rauchwolken, und es begann, Fahrt zu verlieren. Ein Ruder war blockiert und zwang es in eine weite Linkskurve. Währenddessen kamen die Amerikaner mit einer Angriffswelle nach der anderen und erzielten einen Treffer nach dem anderen. „In der Nähe des Schornsteins", erinnerte sich Yoshida, „quollen dicke schwarze Qualmwolken hervor. Plötzlich verstärkte sich unsere Schlagseite, und die Fahrt ging auf nur sieben Knoten zurück! Damit wurden wir zur leichten Beute für die Flugzeuge. Als ob sie auf diesen Moment gewartet hätten, stießen die Feinde aus den Wolken auf uns herab, um uns den Gnadenstoß zu versetzen." „Festhalten, Männer!" brüllte der Kapitän, und Yoshida warf sich auf der Brücke zu Boden. „Ich klammerte mich fest und wartete auf die schweren Erschütterungen."

Bei den Flugzeugen, die Yoshida sah, handelte es sich um sechs Avengers von der *Yorktown*, die von Oberleutnant Thomas Stetson angeführt wurden. Einer der Heckschützen, Harvey Ewing, hielt den Atem an, als sie sich dem Schiff näherten. „Als wir anflogen, sah ich rings um das Flugzeug lauter explodierende Geschosse der Flak", berichtete er, „und Angst ist eine eindeutige Untertreibung für das, was ich empfand. Wir warfen unseren Aal ab und zogen in einer Steilkurve über die *Yamato* hinweg, über der wir minutenlang zu hängen schienen, während aus allen verfügbaren Waffen, einschließlich der 45,7-cm-Geschütze, auf die hinter uns anfliegenden Maschinen gefeuert wurde."

Mindestens vier Torpedos trafen ins Schwarze. „Auf einmal schossen mittschiffs an der Backbordseite riesige Wasserfontänen in die Luft", beschrieb Yoshida. Während die *Yamato* noch von den Explosionen erschüttert wurde, drang die See in Kaskaden durch die aufgerissene Bordwand. „Der Horizont schien wegzukippen. Es sah aus, als ob die dunklen Wellen nach uns greifen würden, als das getroffene Schiff die unglaubliche Schlagseite von 80 Grad einnahm." Die *Yamato* kenterte und ging um 14.23 Uhr unter. Yoshida hörte „den Knall, das Brechen und Bersten der Schotten, die dem Druck der eingeschlossenen Luft und den Detonationen explodierender Magazine, die bereits überflutet waren, nachgaben." Er war einer von nur 269 Überlebenden der 2767 Mann starken Besatzung des Schlachtschiffs.

Der *Yamato* folgten an diesem Nachmittag zahlreiche andere Schiffe auf den Meeresgrund, darunter der Kreuzer *Yahagi* und vier der Geleitzerstörer, die mit ihr ausgelaufen waren. Die übrigen vier Zerstörer schleppten sich mit unterschiedlich schweren Beschädigungen nach Japan zurück. Fast 3700 japanische Seeleute kamen ums Leben. Admiral Mitscher dagegen verlor nur zehn Flugzeuge. Wenn es noch eines Beweises bedurft hätte, daß das einst mächtige Schlachtschiff seine Vormachtstellung in der Seekriegführung an den Flugzeugträger abgetreten hatte, so wurde er an jenem Nachmittag erbracht, an dem die *Yamato* sank.

Die Vernichtung des größten Schlachtschiffs der Welt war ein Höhepunkt, an den sich für die US-Träger vor Okinawa ein aufreibender Abnutzungskrieg anschloß. Die Kamikaze-Einsätze erfolgten von nun an nach dem Muster der *kukusui*-Angriffe vom 6. und 7. April. So massiert traten die Japaner im April noch dreimal, im Mai viermal und im Juni zweimal an. Der Widerstand der japanischen Landstreitkräfte bremste den

Vorstoß der amerikanischen Heeresverbände und hielt Mitschers Einsatz-verband an die Insel gebunden, wo er nicht in der Lage war, den Kamikaze-Fliegern auszuweichen. Auch der Luftschirm, der zum Schutz der Schiffe vor den *kikusui*-Angriffen rund um die Uhr aufrechterhalten wurde, konnte nicht verhindern, daß einzelne Selbstmordflieger die Sperre durchbrachen. Dabei zeigte sich, daß die Stahldecks der britischen Flugzeugträger einen besseren Schutz für die tiefer gelegenen Decks boten als die Holzdecks der amerikanischen Träger. Auf der H.M.S. *Indefatigable* beispielsweise ent-stand kaum Schaden, als ein Kamikaze-Flieger mit seiner Maschine voll in das Flugdeck raste – eine acht Zentimeter tiefe Beule war alles, was er im Stahldeck hinterließ. Die *Intrepid* oder „Unlucky I" dagegen mußte nach einem ähnlichen Zwischenfall mit durchschlagenem Deck und schweren Schäden zur Reparatur in die Vereinigten Staaten zurückgezogen werden.

Die ständigen Angriffe stellten Mitschers Piloten und die Besatzungen der Schiffe auf eine schwere Probe. Die *kikusui*-Angriffe gingen weiter, aber die Zahl der eingesetzten Kamikaze-Flieger nahm allmählich ab – von 185 am 12. und 13. April über 110 am 27. und 29. Mai auf schließlich nur noch 45 am 21. und 22. Juni bei den beiden letzten Einsätzen dieser Art. Alles in allem jedoch hatten Heer und Marine des japanischen Kaiserreichs zwi-schen April und Juni 1465 Piloten mit selbstmörderischem Auftrag nach Okinawa geschickt. Ihre Bilanz belief sich auf 26 versenkte und 164 beschädigte amerikanische Schiffe, unter den letzteren auch Mitschers Flaggschiff *Bunker Hill,* für die der Krieg damit zu Ende war. Gleichzeitig mit dem letzten *kikusui*-Angriff im Juni brach der geordnete Widerstand der Japaner auf Okinawa zusammen. Schon lange vorher aber hatten Jäger des Heeres und des Marinekorps, die von eroberten Flugplätzen auf Okinawa starteten, den Trägern einen Großteil ihrer Deckungsaufgaben für die amerikanischen Landstreitkräfte abgenommen.

Der nächste Auftrag der schnellen Träger war die Vorbereitung der voraussichtlich härtesten Schlacht überhaupt – der Invasion Japans, die für den 1. November geplant war. Doch dazu sollte es nicht mehr kommen. Das öffentliche Leben in Japan war bereits fast zum Stillstand gekommen. Amerikanische Bomber vom Typ B-29, die auf den Marianen stationiert waren, bombardierten systematisch eine Stadt und ein Industriegebiet nach dem anderen, während U-Boote und aus der Luft abgeworfene Minen der Alliierten den Schiffsverkehr fast vollständig zum Erliegen gebracht hatten. Die Wirtschaft des Landes lag darnieder, und die Kaiserlichen Streitkräfte hielten sich zurück, um mit den geringen noch verbliebenen Kräften bei der bevorstehenden Invasion Widerstand zu leisten. Nicht ein einziger japani-scher Jäger startete, um die Luftangriffe auf Tokio oder andere Landziele zu verhindern, die im Juli von den schnellen Trägern eingeleitet wurden. Am 6. August 1945 warf eine B-29 die Atombombe auf Hiroshima ab; drei Tage später wurde Nagasaki auf gleiche Weise verwüstet. Der Einsatz der Atombombe – dieser furchtbaren neuen Waffe – beschleunigte das unver-meidbare Ende. Am 15. August kapitulierte Japan.

Am 11. August, zwei Tage nach dem Abwurf der Atombombe auf Nagasaki, gab Admiral Marc Mitscher, in seiner Eigenschaft als neuer Chef der Marineluftstreitkräfte in Washington, D. C., eine Erklärung an die Presse ab. Während er darin den unverzichtbaren Beitrag der Marine insgesamt, der Landstreitkräfte, Marineinfanteristen und landgestützten Fliegerverbän-de im Krieg gegen Japan ausdrücklich würdigte, ließ er dennoch nicht den geringsten Zweifel daran, daß die Hauptlast des Krieges von den Flugzeug-trägern getragen worden war – eine Auffassung, der Militärexperten zustimmten. „Japan ist geschlagen", sagte Mitscher in seiner Erklärung, „bezwungen durch die Übermacht unserer Flugzeugträger." ~

Mit Girlanden und Ballons geschmückt, läuft die U.S.S. „Yorktown

1945 nach dem amerikanischen Sieg über Japan in die Bucht von San Francisco ein. Auf dem Flugdeck drängen sich Seeleute, froh, endlich die Heimat wiederzusehen.

Bibliographie

Agawa, Hiroyuki: *The Reluctant Admiral: Yamamoto and the Imperial Navy.* Kodansha International, 1979

Belote, James H., und Belote, William M.: *Titans of the Seas: The Development and Operations of Japanese and American Carrier Task Forces During World War II.* Harper & Row, 1975

Brown, David: *Träger-Jagdflugzeuge 1939–1945. Entwicklung, Einsatz, Taktik.* Pietsch-Verlag, Stuttgart 1980

Brown, Eric: *Wings of the Navy: Flying Allied Carrier Aircraft of World War Two.* Jane's, London 1980

Collier, Basil: *Japanese Aircraft of World War II.* Mayflower Books, 1979

Dull, Paul S.: *Die Kaiserlich Japanische Marine 1941–1945.* Pietsch-Verlag, Stuttgart 1980

Falk, Stanley L.: *Decision at Leyte.* W. W. Norton & Company, 1962

Fetridge, William Harrison (Hrsg.): *The Navy Reader.* Books for Libraries Press. Neuaufl. 1971

Francillon, René J.:
Japanese Carrier Air Groups 1941–1945. Osprey, London 1979
U.S. Navy Carrier Air Groups Pacific 1941–1945. Osprey, London, 1978

Frank, Pat, und Harrington, Joseph D.: *Rendezvous at Midway.* John Day, 1967

Friedman, Norman:
Carrier Air Power. Conway Maritime Press, London 1981
USS Yorktown. Leeward Publications, 1977

Fuchida, Mitsuo: *Midway.* Naval Institute Press, 1955

Gay, George: *Sole Survivor: The Battle of Midway and Its Effects on His Life.* George H. Gay, 1979

Green, William: *Famous Bombers of the Second World War.* Doubleday, 1960

Griffin, Alexander R.: *A Ship to Remember.* Howell, Soskin, 1943

Halsey, William F., und Bryan III, J.: *Admiral Halsey's Story.* Da Capo Press, 1976

Hezlet, Sir Arthur: *Aircraft and Sea Power.* Stein and Day, 1970

Inoguchi, Rikihei, und Nakajima, Tadashi: *The Divine Wind.* Naval Institute Press, 1958

Ito, Masanori: *The End of the Imperial Japanese Navy.* Weidenfeld and Nicolson, London 1956

Jensen, Oliver: *Carrier War.* Simon and Schuster, 1945

Jentschura, Hansgeorg, Jung, Dieter, und Mickel, Peter: *Warships of the Imperial Japanese Navy, 1869–1945.* Naval Institute Press, 1977

Johnson, Stanley:
The Grim Reapers. E. P. Dutton, 1943
Queen of the Flat-Tops: The U.S.S. Lexington and The Coral Sea Battle. E. P. Dutton, 1942

Karig, Walter:
Battle Report: The Atlantic War. Farar & Rinehart, 1946
Battle Report: Pacific War: Middle Phase. Rinehart, 1947
Battle Report: Victory in the Pacific. Rinehart, 1949

Kemp, Peter K.: *Fleet Air Arm.* Herbert Jenkins, London 1954

Lord, Walter:
Die Schlacht um Midway. Bastei-Verlag, Gustav H. Lübbe, Bergisch Gladbach 1979
Day of Infamy. Henry Holt, 1957

MacDonald, Scot: *Evolution of Aircraft Carriers.* U.S. Government Printing Office, 1964

Marder, Arthur J.: *From the Dreadnought to Scapa Flow.* Bd. 3 und 4. Oxford University Press, London 1969 und 1978

Melhorn, Charles M.: *Two-Block Fox.* Naval Institute Press, 1974

Mikesh, Robert C.: *Zero Fighter.* Crown, 1981

Miller, John, jr.: *Guadalcanal: The First Offensive.* Department of the Army, 1949

Morison, Samuel Eliot:
History of United States Naval Operations in World War II:
Bd. 3: *The Rising Sun in the Pacific.* Little, Brown, 1948
Bd. 4: *Coral Sea, Midway and Submarine Actions, May 1942–August 1942.* Little, Brown, 1949
Bd. 5: *The Struggle for Guadalcanal, August 1942–February 1943.* Little, Brown, 1949
Bd. 8: *New Guinea and the Marianas, March 1944–August 1944.* Little, Brown, 1953
Bd. 12: *Leyte, June 1944–January 1945.* Little, Brown, 1958
Bd. 14: *Victory in the Pacific, 1945.* Little, Brown, 1960
The Two-Ocean War. Little, Brown, 1963

Naval Aircraft. Chartwell Books, Inc., Phoebus, London 1977

O'Callahan, Joseph: *I Was Chaplain on the Franklin.* Macmillan, 1956

Okumiya, Masatake, und Horikoshi, Jiro: *Zero!* E. P. Dutton, 1956

Olds, Robert: *Helldiver Squadron.* Dodd, Mead, 1944

Polmar, Norman: *Aircraft Carriers: A Graphic History of Carrier Aviation and Its Influence on World Events.* Doubleday, 1969

Potter, E. B.: *Nimitz.* Naval Institute Press, 1976

Pratt, Fletcher: *The Navy Has Wings.* Harper & Brothers, 1943

Reynolds Clark G.:
Command of the Sea: A History and Strategy of Maritime Empires. William Morrow, 1974
The Fast Carriers: The Forging of an Air Navy. Robert E. Krieger, 1978

Reynolds, Clark G., und Stover, E. T.: *The Saga of Smokey Stover.* Tradd Street Press, 1978

Roscoe, Theodore: *On the Seas and in the Skies: A History of the U.S. Navy's Air Power.* Hawthorn Books, 1970

Sakai, Saburo, Caidin, Martin, und Saito, Fred: *Samurai!* Bantam Books, 1978

Schofield, B. B.: *The Attack on Taranto.* Naval Institute Press, 1973

Skiera, Joseph A: *Aircraft Carriers in Peace and War.* Franklin Watts, 1965

Smith, Myron J., jr.: *World War II at Sea:* Bd. 2 und 3. Scarecrow Press, 1976

Stafford, Edward P.: *The Big E: The Story of the USS Enterprise.* Random House, 1962

Steichen, Edward: *The Blue Ghost.* Harcourt, Brace and Company, 1947

Taylor, Theodore: *The Magnificent Mitscher.* W. W. Norton, 1954

Terzibaschitsch, Stefan: *Flugzeugträger der US-Navy.* Bd. I: *Flottenflugzeugträger.* Bernard & Graefe, München 1978

Tillman, Barrett:
Avenger at War. Charles Scribner's Sons, 1980
Corsair, the F4U in World War II and Korea. Naval Institute Press, 1979
The Dauntless Dive Bomber of World War Two. Naval Institute Press, 1976
Hellcat: The F6F in World War II. Naval Institute Press, 1979

Toliver, Raymond F., und Constable, Trevor J.: *Fighter Aces of the U.S.A.* Aero, 1979

Van Deurs, George:
Anchors in the Sky. Presidio Press, 1978
Wings for the Fleet. Naval Institute Press, 1966

Whitehouse, Arch: *Squadrons of the Sea.* Doubleday, 1962

Wragg, David: *Wings Over the Sea: A History of Naval Aviation.* Arco, 1979

Young, Desmond: *Rutland of Jutland.* Cassell & Company, London 1963

Danksagungen

Das Register dieses Buches wurde von Gale Linck Partoyan erstellt. Für ihre Hilfe bei der Vorbereitung dieses Bandes danken die Herausgeber darüber hinaus: **In Frankreich:** Paris – André Bénard, Odile Benoist, Elisabeth Bonhomme, Alain Degardin, Georges Delaleau, Gilbert Deloizy, Yvan Kayser, General Pierre Lissarague, Direktor, Jean-Yves Lorent, Stéphane Nicolaou, General Roger de Ruffray, Stellvertretender Direktor, Oberst Pierre Willefert, Kurator, Musée de l'Air; Claude Bellarbre, Jacques Chantriot, Marjolaine Matikhine, Leiterin der Geschichtsforschung, Catherine Touny, Musée de la Marine. **In Großbritannien:** Alton, Hampshire – M. H. Brice; Hendon – R. Simpson und R. W. Mack,

Royal Air Force Museum; Lee-on-Solent – Laurence Bagley; London – J. O. Simmonds, J. Wood, E. Hine, M. Willis, Imperial War Museum; Marjorie Willis, BBC Hulton Picture Library; E. Moore, *Illustrated London News;* R. Chesneau, Conway Maritime Press; Yeovilton, Somerset – Kapitänleutnant L. A. Cox, Fleet Air Arm Museum. **In Italien:** Rom – Contessa Maria Fede Caproni, Museo Aeronautico Caproni di Taliedo; Admiral Massimiliano Marandino, Direktor, Stato Maggiore Della Marine, Ufficio Storico. **In Japan:** Atsugi – General Minoru Genda; Fuchu – Hideki Shingo; Higashi-Murayama – Kaneo Fukuchi; Kamakura – Motoyoshi Hori; Kiyose – Hitoshi Yamauchi; Tokio – Masataka Chihaya, Takashi Iwata, Suguru

Mitsumura, Toshio Morimatsu, Masao Murata, Fumio Nishimura, Tadashi Nozawa, Kazuo Takasaki, Mannosuke Toda, Keiichi Yoshino; Tsu – Wataru Yoshikawa; Yokohama – Shizuo Fukui. **In den USA:** Washington, D. C. – John M. Elliott; Don Montgomery, Defense Audio Visual Agency; Philip Edwards, Robert C. Mikesh, Karl P. Suthard, Glenn Sweeting, National Air and Space Museum; Jim Trimble, Paul White, National Archives; John C. Reilly jr., Michael Walker, Naval Historical Center; Oberst Yoshida, japanische Botschaft; New York – James T. Bryan, U.S.S. *Yorktown* CV-10 Association; Oberst a. D. John R. Elting, U.S.A.; Dick Taylor, United Press International; Texas – Tom Lea; Virginia – Lou Casey.

Quellennachweis der Abbildungen

Die Nachweise sind bei Abbildungen von links nach rechts durch Semikolons, von oben nach unten durch Gedankenstriche getrennt.
Einband und Vorsatzblatt: Gemälde von R. G. Smith. 6, 7: U.S. Naval Academy. 8, 9: U.S. Naval Academy; U.S. Navy (3). 10–15: Imperial War Museum, London. 16, 17: National Archives (Nr. 80-G-416312 und 80-G-416300); Culver Pictures. 18, 19: Aus der Sammlung von Shizuo Fukui, Yokohama – UPI; Photo von Rudy Arnold. 20, 21; U.S. Navy. 22, 23: Imperial War Museum, London. 24: BBC Hulton Picture Library, London. 25–31: Imperial War Museum, London. 33, 34: National Archives (Nr. 80-G-460873 und 80-G-451356). 36: Zeichnung von Yukihiko Yasuda, mit frdl. Genehmigung der Tokioer Universität der Künste. 37: Mit frdl. Genehmigung von General Minoru Genda, Atsugi, Japan. 39, 40: Motoyoshi Hori, Kamakura, Japan. 41: Hideki Shingo, Fuchi, Japan. 42: Popperfoto, London – Derek Bayes, © Gemälde von Laurence Bagley, mit frdl. Genehmigung des R.N.A.S., Yeovilton (Offiziersmesse). 45: Mannosuke Toda, Tokio. 46–49: U.S. Navy. 50–59: Mannosuke Toda, Tokio. 60, 61: Kaneo Fukuchi, Higashi-Murayama, Japan. 62, 63: Karte

von Frederic F. Bigio vom B-C Graphics. 64: National Archives (Nr. 80-G-64834). 65: Zeichnung von George Snowden. 67: Harris and Ewing Photos. 70: Karte von Frederic F. Bigio vom B-C Graphics. 71: National Archives (Nr. 80-G-17024 und 80-G-17015). 72: Karte von Frederic F. Bigio vom B-C Graphics. 73–75: National Archives (Nr. 80-G-16802 und 80-G-7398). 76–81: Zeichnungen von John Amendola. 82, 83: U.S. Navy. 85: National Archives (Nr. 80-G-7133). 86, 87: Peter Stackpole für *Life*. 90: Gemälde von William Reynolds. 91–95: National Archives (Nr. 80-G-17678, 80-G-701845, 80-G-701850, 80-G-701852, 80-G-701868, 80-G-701898 und 80-G-701859). 98, 99: UPI – U.S. Navy. 100–101: J. R. Eyerman für *Life*. 102, 103: J. R. Eyerman für *Life* (3) – Johnny Florea für *Life;* National Archives (Nr. 80-G-474667). 104, 105: National Archives; J. R. Eyerman für *Life;* National Archives (Nr. 80-G-471229 und 80-G-470195). 106, 107: U.S. Navy; National Archives (Nr. 80-G-418194). 108, 109: J. R. Eyerman für *Life* – National Archives (Nr. 80-G-470992 und 80-G-471200). 110–111: National Archives (Nr. 80-G-747693 und 80-G-14376); U.S. Navy. 112, 113: Culver Pictures; National Archives (Nr. 80-G-417636

und 80-G-322077). 114, 115: Mit frdl. Genehmigung von Edgar E. Stebbins. 116: Mit frdl. Genehmigung der Monatszeitschrift *Maru,* Tokio. 118: National Archives (Nr. 80-G-62431). 119: Zeichnungen von Frederic F. Bigio vom B-C Graphics. 121: National Archives (Nr. 80-G-418212). 123: Mit frdl. Genehmigung von Vizeadmiral a. D. A. B. Vosseller, U.S.N. (2); National Archives (Nr. 80-G-68693). 126, 127: National Archives (Nr. 80-G-68695). 128: Gemälde von Tom Lea, mit frdl. Genehmigung des Chief of Military History, U.S. Naval Photographic Center. 129: Gemälde von Tom Lea, mit frdl. Genehmigung der U.S. Army. 130, 131: National Archives (Nr. 80-G-474630 und 80-G-89095). 133: Culver Pictures. 134, 135: UPI. 136, 137: National Archives (Nr. 80-G-476248 und 80-G-217772). 138: UPI. 140: J. R. Eyerman für *Life*. 141: W. Eugene Smith für *Life*. 142, 143: National Archives (Nr. 80-G-238363). 144–149: Zeichnungen von John Amendola. 150: National Archives (Nr. 80-G-700580). 152, 153: Mainichi Press, Tokio. 154–159: U.S. Navy. 161–163: National Archives (Nr. 80-G-413915 und 80-G-273900). 164–167: UPI. 168: U.S. Navy. 170, 171: National Archives (Nr. 80-G-376521).

Register

Reprosatz: Alfred Utesch GmbH, Hamburg
Druck: Artes Gráficas Toledo, S. A. Spanien